**Kohlhammer**

Die Herausgeberin, der Herausgeber

**Prof. Dr. Ruth Enggruber** ist Professorin für Erziehungswissenschaft im Fachbereich Sozial- und Kulturwissenschaften der Hochschule Düsseldorf. Ihre Schwerpunkte in Forschung und Lehre sind Arbeitsfelder im Schnittpunkt von Sozial- und Berufspädagogik, vor allem die Jugendberufshilfe bzw. sozialpädagogisch unterstützte Berufsbildung junger Menschen mit Benachteiligungen oder Behinderungen.

**Michael Fehlau**, M. A., ist als wissenschaftlicher Mitarbeiter im Bereich Lehre-Forschung-Praxis-Transfer im Fachbereich Sozial- und Kulturwissenschaften der Hochschule Düsseldorf tätig. Sein Forschungsinteresse gilt insbesondere der Frage nach dem Verhältnis sozialpädagogischer Professionalität zu digitalisierten Dokumentationsanforderungen im Tätigkeitsfeld der Jugendberufshilfe.

Ruth Enggruber, Michael Fehlau (Hrsg.)

# Jugendberufshilfe

Eine Einführung

Verlag W. Kohlhammer

Dieses Werk einschließlich aller seiner Teile ist urheberrechtlich geschützt. Jede Verwendung außerhalb der engen Grenzen des Urheberrechts ist ohne Zustimmung des Verlags unzulässig und strafbar. Das gilt insbesondere für Vervielfältigungen, Übersetzungen, Mikroverfilmungen und für die Einspeicherung und Verarbeitung in elektronischen Systemen.

Die Wiedergabe von Warenbezeichnungen, Handelsnamen und sonstigen Kennzeichen in diesem Buch berechtigt nicht zu der Annahme, dass diese von jedermann frei benutzt werden dürfen. Vielmehr kann es sich auch dann um eingetragene Warenzeichen oder sonstige geschützte Kennzeichen handeln, wenn sie nicht eigens als solche gekennzeichnet sind.

Es konnten nicht alle Rechtsinhaber von Abbildungen ermittelt werden. Sollte dem Verlag gegenüber der Nachweis der Rechtsinhaberschaft geführt werden, wird das branchenübliche Honorar nachträglich gezahlt.

1. Auflage 2018

Alle Rechte vorbehalten
© W. Kohlhammer GmbH, Stuttgart
Gesamtherstellung: W. Kohlhammer GmbH, Stuttgart

Print:
ISBN 978-3-17-031310-1

E-Book-Formate:
pdf: ISBN 978-3-17- 031311-8
epub: ISBN 978-3-17- 031312-5
mobi: ISBN 978-3-17- 031313-2

Für den Inhalt abgedruckter oder verlinkter Websites ist ausschließlich der jeweilige Betreiber verantwortlich. Die W. Kohlhammer GmbH hat keinen Einfluss auf die verknüpften Seiten und übernimmt hierfür keinerlei Haftung.

# Vorwort zur Reihe

Mit dem sogenannten „Bologna-Prozess" galt es neu auszutarieren, welches Wissen Studierende der Sozialen Arbeit benötigen, um trotz erheblich verkürzter Ausbildungszeiten auch weiterhin „berufliche Handlungsfähigkeit" zu erlangen. Die Ergebnisse dieses nicht ganz schmerzfreien Abstimmungs- und Anpassungsprozesses lassen sich heute allerorten in volumigen Handbüchern nachlesen, in denen die neu entwickelten Module detailliert nach Lernzielen, Lehrinhalten, Lehrmethoden und Prüfungsformen beschrieben sind. Eine diskursive Selbstvergewisserung dieses Ausmaßes und dieser Präzision hat es vor Bologna allenfalls im Ausnahmefall gegeben.

Für Studierende bedeutet die Beschränkung der akademischen Grundausbildung auf sechs Semester, eine annähernd gleich große Stofffülle in deutlich verringerter Lernzeit bewältigen zu müssen. Die Erwartungen an das selbständige Lernen und Vertiefen des Stoffs in den eigenen vier Wänden sind deshalb deutlich gestiegen. Bologna hat das eigene Arbeitszimmer als Lernort gewissermaßen rekultiviert.

Die Idee zu der Reihe, in der das vorliegende Buch erscheint, ist vor dem Hintergrund dieser bildungspolitisch veränderten Rahmenbedingungen entstanden. Die nach und nach erscheinenden Bände sollen in kompakter Form nicht nur unabdingbares Grundwissen für das Studium der Sozialen Arbeit bereitstellen, sondern sich durch ihre Leserfreundlichkeit auch für das Selbststudium Studierender besonders eignen. Die Autor/innen der Reihe verpflichten sich diesem Ziel auf unterschiedliche Weise: durch die lernzielorientierte Begründung der ausgewählten Inhalte, durch die Begrenzung der Stoffmenge auf ein überschaubares Volumen, durch die Verständlichkeit ihrer Sprache, durch Anschaulichkeit und gezielte Theorie-Praxis-Verknüpfungen, nicht zuletzt aber auch durch lese(r)freundliche Gestaltungselemente wie Schaubilder, Unterlegungen und andere Elemente.

*Prof. Dr. Rudolf Bieker, Köln*

# Zu diesem Buch

In Deutschland ist Soziale Arbeit ein fester Bestandteil in vielen Angeboten bzw. Maßnahmen zur Berufsorientierung in allgemeinbildenden Schulen, zur Berufsausbildungsvorbereitung im Übergang zwischen Schule und Berufsausbildung sowie zur Unterstützung einer Berufsausbildung. Diese auch für Fachleute kaum noch überschaubare Vielfalt an sogenannten sozialpädagogisch begleiteten Berufsbildungsangeboten wird im vorliegenden Band unter der Bezeichnung *Jugendberufshilfe* zusammengefasst. Trotz ihrer Verschiedenheit verbindet diese Angebote, dass dort Fachkräfte Sozialer Arbeit mit ihrem Wissen und Können junge Menschen begleiten und dabei unterstützen sollen, eine Berufswahl zu treffen, eine Berufsausbildung zu beginnen, diese erfolgreich abzuschließen, oder, sofern dies nicht gelingt, zumindest eine Erwerbsarbeit aufzunehmen.

Die meisten der Jugendlichen, die nicht über die (Fach-)Hochschulreife verfügen, streben die Aufnahme und den Abschluss einer dualen Berufsausbildung an, von der zwei Drittel der Ausbildungszeit in einem Betrieb und ein Drittel in der Berufsschule stattfinden. Dabei sind die Betriebe die entscheidende Instanz dafür, ob Ausbildungsinteressierten die Aufnahme einer Berufsausbildung gelingt. Denn diese bestimmen vor allem aufgrund ihres Fachkräftebedarfs, wie viele Ausbildungsplätze sie anbieten und wen sie als Auszubildende einstellen. So gesehen ist der Zugang zu einer dualen Berufsausbildung – ebenso wie jener zu Erwerbsarbeit – marktwirtschaftlich organisiert und damit von den jeweiligen Bedingungen auf den regionalen Ausbildungs- und Arbeitsmärkten beeinflusst. Dieser zentrale Bezug zum Ausbildungs- und Arbeitsmarkt dokumentiert sich auch in den rechtlichen Grundlagen der Jugendberufshilfe. So werden die meisten ihrer Angebote aus den Sozialgesetzbüchern II und III als arbeitsmarktpolitische Instrumente und nicht aus dem Sozialgesetzbuch VIII, also der Kinder- und Jugendhilfe, finanziert.

Mit der institutionellen Verortung der Jugendberufshilfe als arbeitsmarktpolitisches Instrument gestaltet sich dieses Arbeitsfeld aus professionstheoretischer Perspektive als überaus widerspruchsvoll und dadurch auch herausfordernd für dort tätige Sozialpädagog*innen oder Sozialarbeiter*innen. Was dies im Einzelnen bedeutet, wird in den insgesamt 17 Kapiteln dieses Buchs aus verschiedenen Blickwinkeln beleuchtet. Trotz dieser kritischen Perspektiven auf Jugendberufshilfe möchten wir mit dem hier vorgelegten Band Fachkräfte Sozialer Arbeit dafür gewinnen, auf Basis des professionstheoretischen Verständnisses Lebensweltorientierter Sozialer Arbeit nach Hans Thiersch Freiräume für eine lebensweltorientierte Fachlichkeit auszuloten und im Sinne der teilnehmenden jungen Menschen zu nutzen.

Jeder Sammelband lebt von der Einsatzbereitschaft der Autor*innen. Deshalb bedanken wir uns als Herausgeber*innen ausdrücklich bei den acht Autor*innen, die sich auf unser Lehrbuchprojekt eingelassen und mit uns so manche Änderungsschleife geduldig ‚gedreht' haben. Zudem hat Rudolf Bieker, der Herausgeber der Reihe „Grundwissen Soziale Arbeit", unseren Sammelband mit seinen fundierten Rückmeldungen und bemerkenswerten Anmerkungen bereichert –

besten Dank dafür! Abschließend gilt ein besonderes Dankeschön von uns Birthe Sander, die uns mit ihren Korrekturarbeiten sehr unterstützt hat.

Düsseldorf, im April 2017                        Ruth Enggruber und Michael Fehlau

# Inhalt

Vorwort zur Reihe .................................................... 5

Zu diesem Buch ...................................................... 7

## Zur Einführung

Kapitel 1: Zielsetzungen und Aufbau des Lehrbuchs .................... 13
*Ruth Enggruber & Michael Fehlau*

Kapitel 2: Die Perspektive der Nutzer*innen auf Angebote der Jugendberufshilfe: Ein eigenständiges Qualitätsurteil ‚von unten' ..... 23
*Michael Fehlau & Anne van Rießen*

## Grundlagen der Jugendberufshilfe

Kapitel 3: Jugendberufshilfe – ein vielfältiges und widerspruchsvolles Tätigkeitsfeld Sozialer Arbeit ............................... 39
*Ruth Enggruber*

Kapitel 4: Lebensweltorientierte Soziale Arbeit – eine professionstheoretische Grundlage für die Jugendberufshilfe ............. 54
*Ruth Enggruber & Michael Fehlau*

Kapitel 5: Die historische Entwicklung der Jugendberufshilfe vom Nachkriegsdeutschland bis heute in ihrem spezifischen gesellschaftlichen Kontext .................................. 69
*Anne van Rießen*

Kapitel 6: Sozialrechtliche Grundlagen der Jugendberufshilfe ........... 78
*Peter Schruth*

Kapitel 7: Träger der Jugendberufshilfe – Institutioneller Wandel und Ökonomisierung ........................................ 96
*Lutz Wende*

Kapitel 8: Kompetenzfeststellung in der Jugendberufshilfe – Über die Verselbständigung eines irreführenden Versprechens .......... 110
*Rüdiger Preißer*

Kapitel 9: Professionelles Handeln Sozialer Arbeit in der
Jugendberufshilfe zwischen einem engeren und weiten
Methodenverständnis .......................................... 123
*Michael Fehlau*

## Zur Vielfalt der Angebote der Jugendberufshilfe

Kapitel 10: Berufsorientierung und Berufseinstiegsbegleitung ........... 141
*Michael Fehlau*

Kapitel 11: Produktionsschulen ......................................... 148
*Cortina Gentner*

Kapitel 12: Zur Vielfalt außerschulischer Maßnahmen – ein Ausschnitt:
Berufsvorbereitende Bildungsmaßnahmen, Einstiegs-
qualifizierung und theaterpädagogische Maßnahmen ........ 156
*Anne van Rießen*

Kapitel 13: Angebote zur Berufsausbildungsvorbereitung und
Schulsozialarbeit in berufsbildenden Schulen ................ 165
*Ruth Enggruber*

Kapitel 14: Außerbetriebliche Berufsausbildung ........................ 171
*Katja Jepkens*

Kapitel 15: Ausbildungsbegleitende Hilfen und Assistierte Ausbildung –
Jugendberufshilfe in der regulären betrieblichen Ausbildung   179
*Birgit Beierling & Ralf Nuglisch*

## Ausblicke

Kapitel 16: Freiräume lebensweltorientierter Fachlichkeit
in der Jugendberufshilfe .................................... 189
*Michael Fehlau*

Kapitel 17: Jugendberufshilfe im Rahmen einer inklusiv gestalteten
Berufsausbildung ........................................... 199
*Ruth Enggruber*

Register ............................................................. 205

Angaben zu den Autor*innen und Herausgeber*innen ................. 216

# ZUR EINFÜHRUNG

# KAPITEL 1: ZIELSETZUNGEN UND AUFBAU DES LEHRBUCHS

*Ruth Enggruber & Michael Fehlau*

## Überblick

Vor dem Hintergrund, dass in Deutschland Erwerbsarbeit von zentraler Bedeutung für die soziale Teilhabe und Biografien der Menschen ist, wird in das Lehrbuch eingeführt und das zugrundeliegende Verständnis von *Jugendberufshilfe* geklärt. Ferner werden die dabei verfolgten Zielsetzungen begründet: Es sollen die vielfältigen Angebote der Jugendberufshilfe gesichtet und die widerspruchsvollen Bedingungen herausgearbeitet werden, die sich den Fachkräften Sozialer Arbeit im Spannungsfeld zwischen sozial- bzw. arbeitsmarktpolitischem Auftrag einerseits und professionellem Selbstverständnis Sozialer Arbeit andererseits stellen. Im Weiteren werden die insgesamt 17 Kapitel, die in vier Teile gegliedert sind, jeweils kurz vorgestellt.

## Einleitung

In der Gesellschaftsordnung der Bundesrepublik Deutschland war und ist Erwerbsarbeit für die Teilhabechancen, Identitätskonstrukte, Lebensentwürfe und Biografien der Bürger*innen von zentraler Bedeutung. Dabei ist der Arbeitsmarkt in Deutschland über das Berufsprinzip strukturiert.

> **Berufsprinzip**
>
> Das Berufsprinzip in Deutschland bedeutet, dass für die meisten Arbeitsplätze ein gesetzlich geregelter Berufsabschluss gefordert ist, über den die Stelleninhaberin oder der Stelleninhaber verfügen sollte. Auf der einen Seite gewährleisten damit Berufsabschlüsse, wie jene einer dualen Berufsausbildung nach dem Berufsbildungsgesetz (BBiG), dass die Betriebe bei ihrer Einstellung von neuem Personal mit qualifizierten Arbeitskräften rechnen können, denn Berufsausbildungen nach dem BBiG sind bundesweit einheitlich geregelt. Andererseits richten sich die Tariflöhne und damit auch die spätere Altersversorgung nach dem jeweils erreichten Berufsabschluss, so dass dieser ebenfalls maßgeblich für die ökonomische Existenz der Menschen ist.

Deshalb beeinflusst der erreichte Berufsabschluss entscheidend die Arbeitsstelle, den gesellschaftlichen Status sowie die Identitätsentwicklung der Bürger*innen und mindert zudem ihr Risiko, erwerbsarbeitslos zu werden. In besonderem Maße sind junge Menschen gefordert, sich frühzeitig beruflich zu orientieren, sichere Berufswahlentscheidungen zu treffen und ihre berufliche Biografie in der Abfolge Schulabschluss, Ausbildung und Erwerbsarbeit möglichst ohne Umwege und Abbrüche zu bewältigen. Für Jugendliche ohne Hochschulzugangsberechtigung gilt dabei die duale Berufsausbildung immer noch als „Königsweg" (Arnold 2015, S. 224). Obwohl der Anteil an Schulberufsausbildungen seit Jahren kontinuierlich ansteigt und immer mehr junge Menschen ein (Fach-)Abitur haben und studieren, ist die duale Berufsausbildung mit zwei Dritteln der Ausbildungszeit in einem Betrieb und einem Drittel in der Berufsschule immer noch besonders attraktiv. Denn sie eröffnet vor allem durch ihre betrieblichen Anteile gute Aussichten auf einen festen und auskömmlichen Erwerbsarbeitsplatz.

Die betrieblichen Ausbildungsplätze werden jedoch nach marktwirtschaftlichen Prinzipien vergeben. D. h., die Jugendlichen bewerben sich bei den Betrieben, und diese bestimmen dann, wie viele und wen sie als Auszubildende einstellen. Im Wettbewerb um Ausbildungsstellen geht die Angebots-Nachfrage-Relation regelmäßig zu Ungunsten der nachfragenden Jugendlichen aus, d. h., die Anzahl der von den Betrieben angebotenen Ausbildungsplätze ist meistens geringer als die der von den Bewerber*innen nachgefragten (Frieling/Ulrich 2013, S. 69). Vielen jungen Menschen bleibt damit der reibungslose Übergang in eine Berufsausbildung und spätere Erwerbsarbeit außerhalb prekärer und atypischer Beschäftigungsverhältnisse vorübergehend oder dauerhaft verwehrt. Vor allem für Jugendliche aus Haupt- und Förderschulen sowie mit Migrationshintergrund ist das Risiko, keinen betrieblichen Ausbildungsplatz zu bekommen und damit an den strukturellen Bedingungen auf dem Ausbildungsmarkt zu scheitern, überproportional erhöht (BMBF 2014, S. 38–40).

Seit den 1970er Jahren sind Jugendarbeits- und -ausbildungslosigkeit als soziale Probleme in der Bildungs- und Sozialpolitik anerkannt. Seitdem ist ein vielfältiger Übergangssektor mit zahlreichen schulischen und außerschulischen, betrieblichen und außerbetrieblichen Maßnahmen bzw. Angeboten entstanden, um die auf dem Ausbildungsmarkt aus unterschiedlichen Gründen benachteiligten Jugendlichen ‚aufzufangen' und ihnen dennoch eine Berufsausbildung und einen Berufsabschluss zu ermöglichen. In vielen dieser Angebote gibt es eine sozialpädagogische Begleitung, so dass sie auch als ein Tätigkeitsfeld Sozialer Arbeit bezeichnet werden können. Die sogenannte *Jugendberufshilfe* steht im Mittelpunkt des vorliegenden Lehrbuches, wobei wir *Soziale Arbeit* und *Sozialpädagogik* trotz ihrer unterschiedlichen historischen Wurzeln und wissenschaftlichen Traditionen gleichbedeutend verstehen.

**Jugendberufshilfe**

Im weitesten Sinne bezeichnet Jugendberufshilfe alle sozialpädagogisch begleiteten Angebote, die – unabhängig von ihren jeweiligen rechtlichen Grundlagen – vor allem als benachteiligt oder potentiell benachteiligt geltende junge Menschen bei ihrem Übergang von der Schule in eine Berufsausbildung, während ihrer Ausbildung und/oder beim Übergang in Erwerbsarbeit unterstützen (Enggruber 2013).

Mehrere zehntausend Fachkräfte Sozialer Arbeit sind in diesem Arbeitsfeld tätig, das sich durch zahlreiche Schnittstellen mit entsprechenden Kooperationsbeziehungen zu allgemein- und berufsbildenden Schulen, Jugendhilfeträgern, Akteuren der dualen Berufsausbildung (z. B. Betriebe, Berufsschulen, Industrie- und Handels-, Ärzte- sowie Handwerkskammern), Arbeitsverwaltung (also Agenturen für Arbeit und Jobcenter) u. a. auszeichnet.

# 1 Zielsetzungen

Während in den in der Berufspädagogik geführten Fachdebatten von „beruflicher Integrationsförderung" oder „Benachteiligtenförderung" die Rede ist (Enggruber 2013), wurde hier die Bezeichnung *Jugendberufshilfe* gewählt (vgl. Kap. 3). Mit dieser Begriffswahl stellen wir ausdrücklich unsere sozialpädagogische Perspektive heraus, mit der die Jugendlichen in ihrer gesamten Persönlichkeitsentwicklung und nicht nur bezogen auf ihre Berufsausbildung und Erwerbsarbeitsfähigkeit gesehen werden. Vielmehr sollen sie im Rahmen der diversen Angebote der Jugendberufshilfe darin unterstützt werden, sich für ein selbstbestimmtes Leben entscheiden und dieses nach ihren Maßstäben führen zu können. Professionstheoretisch lässt sich dieses emanzipatorische Verständnis von *Sozialer Arbeit* bzw. *Sozialpädagogik* mit dem Konzept der Lebensweltorientierung begründen (Grunwald/Thiersch 2016). So verstanden geht es aus sozialpädagogischer Sicht nicht darum, im Rahmen der Jugendberufshilfe junge Menschen ‚um jeden Preis' in irgendeine Berufsausbildung oder Erwerbsarbeit zu vermitteln. Im Vordergrund steht vielmehr die subjekt- und verständigungsorientierte Unterstützung und Verwirklichung eigensinniger Lebensentwürfe unter Rahmenbedingungen berufsbiografischer Ungewissheiten und institutioneller Zumutungen (Krafeld 2008).

Dieses lebensweltorientierte Verständnis von *Jugendberufshilfe* steht jedoch in Konflikt zu ihrem sozialpolitischen Auftrag. Bereits 1993 sprach Michael Galuske deshalb vom „Orientierungsdilemma" in der Jugendberufshilfe. Sozialpädagogische Fachkräfte sehen sich mit dem Widerspruch konfrontiert, einerseits die Jugendlichen möglichst schnell, passgenau und ‚reibungslos' mit pädagogischen Mitteln in den Ausbildungs- und Arbeitsmarkt vermitteln zu sollen. Andererseits fehlen jedoch Ausbildungsplätze, um allen Ausbildungsinteressierten mit ihren individuellen Voraussetzungen und Wünschen eine duale Berufsausbildung ermöglichen zu können. Vergleichbare strukturelle Probleme gibt es gleichermaßen auf dem Arbeitsmarkt. Dennoch wird von den sozialpädagogischen Fachkräften erwartet, dass sie in multiprofessionellen Teams gemeinsam mit Ausbilder*innen und Lehrer*innen die jungen Menschen ausschließlich für den Ausbildungs- oder Arbeitsmarkt qualifizieren, anstatt sie in einem erweiterten, lebensweltorientierten Sinne individuell und strukturell darin zu unterstützen, eine eigene Zukunft in gesellschaftlicher Teilhabe entwerfen und einen „gelingenderen Alltag" (Grunwald/Thiersch 2016, S. 24) leben zu können. So gesehen kann die *Jugendberufshilfe* seit jeher als ein widerspruchsvolles Tätigkeitsfeld Sozialer Arbeit bezeichnet werden.

Angesichts des Wandels, in dem sich der deutsche Sozialstaat seit Jahren befindet, hat sich für die sozialpädagogischen Fachkräfte in der Jugendberufshilfe diese widerspruchsvolle Struktur noch weiter zugespitzt. Der insbesondere in der Einführung der sogenannten Hartz-Gesetze, vor allem des Sozialgesetzbuchs (SGB) II, zu beobachtende Wandel der sozialpolitischen Programmatik wird in Fachdebatten als Aktivierung von Selbst- und Sozialverantwortung der Bürger*innen bezeichnet und kritisiert (Lessenich 2008, S. 17). In ihrem Mittelpunkt steht die Herstellung von Erwerbsarbeitsfähigkeit aller Bürger*innen im erwerbsfähigen Alter. Die Menschen sollen aktiv – notfalls auch unter dem Zwang drohender Leistungskürzungen, wie bei Bezug von Arbeitslosengeld II nach dem SGB II – alles ‚unternehmen', um ihre ökonomische Existenz durch Erwerbsarbeit zu sichern, Armut zu vermeiden und damit möglichst auf keine oder nur geringe Unterstützung des Staates angewiesen zu sein. Damit wird Erwerbsarbeit zu einer „moralischen Bürgerpflicht" (Nadai 2017) überzeichnet. Denn einerseits gilt sie als unabdingbar, um *selbst*verantwortlich die eigene Existenz zu sichern. Andererseits wird damit auch *sozial*verantwortlich ein Beitrag zur volkswirtschaftlichen Entwicklung und Entlastung der Staatshaushalte geleistet.

Von dieser sozialpolitischen Programmatik des ‚Förderns und Forderns' ist die Jugendberufshilfe in besonderer Weise betroffen. Denn vor allem von Ausbildungs- und Erwerbsarbeitslosigkeit bedrohte junge Menschen stehen im Fokus aktivierender Arbeitsmarktpolitik (Galuske/Rietzke 2008, S. 409). Sie gelten als die zukünftigen Fachkräfte für die Wirtschaft, die aufgrund des demografischen Wandels dringend benötigt werden. Zudem werden die meisten der Teilnehmer*innen der Jugendberufshilfe inzwischen nach dem SGB II gefördert (Fahlbusch 2014), so dass sie von der dort rechtlich verankerten Aktivierungsprogrammatik direkt betroffen sind. Falls sie nicht regelmäßig und motiviert an den Maßnahmen teilnehmen, drohen ihnen Leistungskürzungen von Seiten ihres Jobcenters, die bis zum Entzug aller Leistungen gehen können (§ 31a SGB II).

In der **Gesamtschau** ist somit festzuhalten, dass die Soziale Arbeit bzw. die sozialpädagogischen Fachkräfte in der Jugendberufshilfe immer schon – und in den letzten Jahren in noch stärkerem Maße – in überaus widerspruchsvolle institutionelle Bedingungen verstrickt sind. Diese vermessen und begrenzen den ihnen offenstehenden „Freiraum der Fachlichkeit" (Pantuček-Eisenbacher 2015, S. 30) deutlich. Deshalb stellt sich aus professionstheoretischer Sicht zunächst die grundsätzliche Frage, ob den Fachkräften überhaupt noch Freiräume für eine lebensweltorientierte Arbeit mit den Jugendlichen bleiben, und, falls ja, die anschließende Frage, wie sie diese für subjekt- und verständigungsorientierte Soziale Arbeit in den Maßnahmen nutzen können.

Im Folgenden wird diesen beiden Grundfragen nach möglichen und auch unmöglichen ‚Freiräumen' für eine professionstheoretisch begründete Fachlichkeit Sozialer Arbeit innerhalb des widersprüchlichen und auch unübersichtlichen Tätigkeitsfeldes nachgegangen. Mit diesem Lehrbuch möchten wir das breite und heterogene Feld der Jugendberufshilfe, das aufgrund der Vielzahl und großen Vielfalt unterschiedlicher Angebote bzw. Maßnahmen auch als *Förderdschungel* bezeichnet wird, kartieren und damit Studierenden der Sozialen Arbeit und verwandter Studiengänge sowie Einsteiger*innen in dieses Berufsfeld Orientierungs- und Begründungspfade für ihr professionelles Handeln bahnen.

## 2 Aufbau

Das Lehrbuch gliedert sich in vier Teile mit insgesamt 17 Kapiteln:
In diesem *ersten Teil* „Zur Einführung" kommen unmittelbar im zweiten Kapitel an prominenter Stelle die jungen Menschen zu Wort, die Angebote der Jugendberufshilfe nutzen oder nutzen müssen, sofern sie Grundsicherung für Arbeitsuchende nach dem SGB II, umgangssprachlich ‚Hartz IV' genannt, erhalten.

Denn nicht nur die Fachkräfte in der Jugendberufshilfe sind dem von Michael Galuske (1993) so bezeichneten „Orientierungsdilemma" ausgesetzt. Auch und vor allem die teilnehmenden Jugendlichen selbst erfahren und deuten die einführend skizzierten strukturellen Bedingungen vor den Hintergründen ihrer Lebensrealitäten und Nutzenerwartungen. Einem lebensweltorientierten Verständnis Sozialer Arbeit entsprechend werden die Stimmen der jungen Menschen ausdrücklich einbezogen. Vor dem Hintergrund einer im Fachdiskurs anhaltenden Kritik an der Ineffektivität der Jugendberufshilfe gehen **Anne van Rießen** und **Michael Fehlau** im zweiten Kapitel der Frage nach, was die Jugendlichen und jungen Erwachsenen aus ihrer Perspektive davon haben, wenn sie an entsprechenden Maßnahmen teilnehmen (müssen). Dazu werden ausgewählte Forschungsergebnisse aus vorrangig qualitativ angelegten Studien, in denen sich subjektive Deutungsmuster und Bewertungen der befragten Teilnehmer*innen entfalten, referiert und nach nutzenfördernden und -limitierenden Bedingungen befragt.

Der *zweite Teil* „Grundlagen der Jugendberufshilfe" versammelt sieben grundlegende Beiträge. **Ruth Enggruber** startet im dritten Kapitel mit einer systematischen Betrachtung des vielfältigen und widerspruchsvollen Tätigkeitsfeldes. Zu den markanten Merkmalen der Jugendberufshilfe gehören ihre Bezüge zur dualen Berufsausbildung sowie ihre Adressat*innen und die sie dominierende Arbeitsmarktorientierung, die in ihrer Widersprüchlichkeit zu einer lebensweltorientierten Fachlichkeit Sozialer Arbeit problematisiert wird. Die Jugendberufshilfe wird in mehreren Politikressorts verhandelt und ist in verschiedenen Sozialgesetzen verankert, so dass sie eine Vielzahl unterschiedlicher Angebote beinhaltet. Die sozialpädagogischen Fachkräfte arbeiten mit Ausbilder*innen und/oder Lehrer*innen zusammen. Die von ihnen zu übernehmenden Aufgaben werden ebenso erläutert wie die damit verbundenen Schwierigkeiten. Abschließend wird die Notwendigkeit von Netzwerkarbeit mit Akteur*innen am regionalen Ausbildungsmarkt und der kommunalen Jugendhilfe begründet.

Das lebensweltorientierte Selbstverständnis sozialpädagogischer Professionalität wird im vierten Kapitel vorgestellt und erörtert. Dazu begründen **Ruth Enggruber** und **Michael Fehlau** zunächst die Wahl der *Lebensweltorientierten Sozialen Arbeit*, die maßgeblich von Hans Thiersch innerhalb der letzten vier Jahrzehnte entwickelt wurde (Grunwald/Thiersch 2016) als professionstheoretische Grundlage für die Jugendberufshilfe. Sie skizzieren weiterhin den historischen Entwicklungskontext des Konzepts. In dessen theoretische Grundannahmen führen sie entlang von fünf widerspruchsvollen Grundfragen ein, die die Soziale Arbeit und somit auch die Jugendberufshilfe kennzeichnen. Zum Abschluss stellen sie Handlungs- und Strukturmaximen vor, mit denen die sozialpädagogische und institutionelle Praxis gestaltet und selbst- sowie institutionenkritisch reflektiert werden soll.

**Anne van Rießen** zeichnet im fünften Kapitel die historische Entwicklung der Jugendberufshilfe von der Nachkriegszeit der 1950er Jahre bis in die Gegenwart nach. Dabei macht sie deutlich, dass die Geschichte und Entwicklung der Jugendberufshilfe nicht unabhängig von den jeweiligen historisch-gesellschaftlichen Bedingungen und Verhältnissen betrachtet werden kann: Denn erst durch die Kontextualisierung wird nachvollziehbar, dass die Angebote und Ziele der Jugendberufshilfe stets auf gesellschaftliche Bedingungen und Verhältnisse reagieren.

**Peter Schruth** argumentiert im sechsten Kapitel aus rechtswissenschaftlicher Perspektive, dass das in mehreren Sozialgesetzbüchern geregelte Leistungsangebot der Jugendberufshilfe rechtsdogmatisch von den Grundsätzen des Jugendhilferechts (SGB VIII) und den wesentlichen Inhalten der Jugendsozialarbeit des § 13 SGB VIII geprägt ist. Insbesondere die Reform des SGB II und die dort – in Verknüpfung mit dem SGB III – speziell für junge Menschen mit ‚sozialen Benachteiligungen' enthaltenen Eingliederungshilfen haben zu dem ‚Förderdschungel' geführt, dem sich die immer mehr ausgedünnten Angebote des SGB VIII unterzuordnen haben. Da aber das SGB II mit seinem autoritär-fürsorglichen Sanktionsansatz zur Erzwingung von (fremdbestimmter) Eigenverantwortung insbesondere junger Menschen unvereinbar ist mit dem Recht auf Erziehung des SGB VIII, plädiert Peter Schruth für fachpolitische Ansätze der rechtsverbindlichen Stärkung der Jugendberufshilfe als persönlichkeitsfördernde Angebote für junge Menschen im Sinne von § 1 Abs. 1 SGB VIII.

Im Zentrum des siebten Kapitels stehen die Träger der Jugendberufshilfe, denn die Ausgestaltung ihrer Maßnahmen bzw. Angebote wird auch durch die dort vorhandenen institutionellen Bedingungen bestimmt. **Lutz Wende** diskutiert die Einbindung der Bildungsträger in die freie Wohlfahrtspflege, das Spannungsfeld zwischen Jugendberufshilfe in der freien Wohlfahrtspflege und dem staatlichen Steuerungsanspruch sowie die Verarbeitung dieser Rahmenbedingungen durch deren Einrichtungen. Im Mittelpunkt seines Beitrags steht insbesondere die seit über zwanzig Jahren zu verzeichnende Ökonomisierung der Jugendberufshilfe. Diese wirkt sich einengend auf das gesamte Arbeitsfeld aus, was den unmittelbaren fachlichen Arbeitsgegenstand genauso wie die Arbeitsbedingungen der Mitarbeiter*innen umfasst.

**Rüdiger Preißer** führt im achten Kapitel kritisch in den die Jugendberufshilfe pädagogisch-programmatisch leitenden Kompetenzansatz ein. Er erläutert die konzeptionellen Grundlagen von Kompetenzfeststellung als Bestandteil der Berufsorientierung und -vorbereitung und weist auf einige grundlegende konzeptionelle Mängel hin. Anschließend wirft er einige Schlaglichter auf die Anwendungspraxis von Kompetenzfeststellung in der Jugendberufshilfe. Zuletzt leitet er daraus Forderungen an eine subjekt- und kompetenzorientierte Jugendberufshilfe ab. Dabei vertritt er die These, dass Jugendberufshilfe diese als eine originär pädagogische Bildungsaufgabe begreifen sollte, die curricular-didaktisch verankert und konzipiert werden muss.

Zum Abschluss des zweiten Teils dieses Lehrbuches zeichnet **Michael Fehlau** im neunten Kapitel Konfliktlinien zwischen dem weiten Methodenverständnis einer lebensweltorientierten Professionalität und institutionellen Rahmenbedingungen, die den Sozialpädagog*innen von Seiten der Arbeitsverwaltung gesetzt werden, nach. Ein lebensweltorientiertes, methodisches Handeln in „strukturierter Offenheit" (Grunwald/Thiersch 2016, S. 51) richtet sich flexibel in einer grundlegenden Problem-, Ziel- und Verfahrensoffenheit an den Bedürfnissen und Wünschen der Adressat*innen aus. Für arbeitsmarktpolitische Maßnahmen der Jugendberufshilfe werden jedoch Zielvorgaben und handlungsmethodische Ansätze in standardisierten, öffentlichen Ausschreibungsverfahren vorgegeben. Beispielhaft vorgestellt und diskutiert werden die geforderte individuelle und EDV-gestützte Förderplanung sowie sogenannte Verhaltenstrainings, die in Folge von Standardisierungsprozessen und eines verschärften Vermittlungsdrucks in den Sog eines sozialtechnologisch verengten Methodenverständnisses geraten können.

Im *dritten Teil* „Zur Vielfalt der Angebote der Jugendberufshilfe" wird der bereits oben erwähnte ‚Förderdschungel' der Jugendberufshilfe zeitlich und nach Zielgruppen systematisiert und anhand ausgewählter Angebote gesichtet. Diese Zusammenstellung ist nicht abschließend zu verstehen, vielmehr wird versucht, die als zentral erachteten Angebote systematisch vorzustellen, um Einblicke in die bestehende Vielfalt der Jugendberufshilfe zu geben, im Einzelnen:

Vor dem Hintergrund sogenannter ‚Passungsprobleme' zwischen den Interessen der Jugendlichen und jenen der Betriebe im Übergangsgeschehen von der Schule in eine Berufsausbildung gewinnen präventive Handlungsansätze in der Jugendberufshilfe zunehmend an Bedeutung. Sie werden Schüler*innen an allgemeinbildenden Schulen bereits ab der siebten oder achten Klasse angeboten. Zwei solcher präventiven Ansätze stellt **Michael Fehlau** im zehnten Kapitel vor und zwar erstens berufsorientierende Angebote, an denen tendenziell alle Jugendlichen teilnehmen, und zweitens das arbeitsmarktpolitische Instrument der Berufseinstiegsbegleitung (BerEb) für die eingegrenzte Zielgruppe ‚förderungsbedürftiger junger Menschen'.

Die Frage nach neuen Zugangswegen in Ausbildung und Erwerbsarbeit für junge Menschen, die beim Übergang Schule-Beruf chancenlos geblieben sind, hat den Blick verstärkt auf produktionsorientierte Ansätze in der Jugendberufshilfe gelenkt. **Cortina Gentner** skizziert im elften Kapitel das pädagogische Selbstverständnis von Produktionsschulen und führt in deren wichtigste Merkmale ein: *Produktionsschule* ist in erster Linie ein pädagogisches Konzept, das Arbeiten und Lernen verbindet, indem Produkte und Dienstleistungen für reale Kund*innen in betriebsähnlichen Strukturen erbracht und verkauft werden. Dies ermöglicht die Entwicklung und den Erwerb von grundlegenden beruflichen Kompetenzen, die für die Aufnahme einer Berufsausbildung oder einer Erwerbstätigkeit notwendig sind. Die Entwicklung dieser Kompetenzen und die

Verbindung von praktischer Arbeit mit ‚Ernstcharakter' werden dabei mit der Förderung der persönlichen Entwicklung der Jugendlichen verknüpft.

Es fällt auch erfahrenen Akteur*innen im Tätigkeitsfeld inzwischen schwer, die vielen berufsvorbereitenden Angebote der Jugendberufshilfe noch zu überblicken. **Anne van Rießen** stellt im zwölften Kapitel mit den berufsvorbereitenden Bildungsmaßnahmen der Agentur für Arbeit (BvB), der Einstiegsqualifizierung (EQ) und theaterpädagogischen Angeboten drei ausgewählte außerschulische Maßnahmen im Übergang zwischen Schule und Berufsausbildung oder Erwerbsarbeit dar. Sie macht Gemeinsamkeiten und Unterscheidungen sichtbar und eröffnet so einen Einblick in die Vielfalt des Angebotsspektrums in diesem Bereich der Jugendberufshilfe.

Angebote zur Berufsausbildungsvorbereitung werden nicht nur außerschulisch, sondern auch in berufsbildenden Schulen erbracht. Da sie in den 16 Bundesländern jeweils unterschiedlich gestaltet werden, gibt es dazu – wie im außerschulischen Bereich – eine kaum noch überschaubare Vielfalt, zu der **Ruth Enggruber** im dreizehnten Kapitel nur einen kurzen Überblick gibt. Entscheidend ist, dass die Schüler*innen an berufsbildenden Schulen in der Regel von Schulsozialarbeiter*innen begleitet werden, deren Stellen institutionell unterschiedlich verankert und organisiert sind. Dabei gibt es insgesamt zu wenige Stellen gemessen an der hohen Schüler*innenzahl. Deshalb sind die Schulsozialarbeiter*innen gefordert, Schwerpunkte in der Vielzahl ihrer möglichen Aufgaben zu setzen. Ihre konzeptionellen Ideen zur Gestaltung lebensweltorientierter Schulsozialarbeit versteht Ruth Enggruber als Vorschläge, auf deren Basis Schulsozialarbeiter*innen ihr Aufgabenprofil schärfen und im Rahmen von Schulentwicklung und Politik für bessere Bedingungen streiten können.

Für ausbildungsinteressierte junge Menschen ohne einen betrieblichen Ausbildungsplatz gibt es die Möglichkeit, eine Berufsausbildung in außerbetrieblichen Einrichtungen (BaE) oder Jugendwerkstätten zu absolvieren. Diese öffentlich finanzierte, sozialpädagogisch begleitete Berufsausbildung bieten freie Träger Sozialer Arbeit im Auftrag der Agentur für Arbeit oder des örtlichen Jugendamts an. **Katja Jepkens** betrachtet im vierzehnten Kapitel die außerbetriebliche Berufsausbildung mit ihren Gesetzesgrundlagen, verschiedenen Formen, den beteiligten Berufsgruppen und mit der sozialpädagogischen Arbeit und deren Aufgaben und Zielen. Abschließend thematisiert sie die Herausforderungen, Grenzen und Widersprüche, denen sich Fachkräfte Sozialer Arbeit in der Jugendberufshilfe generell und in der außerbetrieblichen Berufsausbildung speziell ausgesetzt sehen.

Auch junge Menschen, die eine betriebliche Ausbildung absolvieren, können sozialpädagogisch unterstützt werden. Im fünfzehnten Kapitel behandeln **Birgit Beierling** und **Ralf Nuglisch** mit den ausbildungsbegleitenden Hilfen (abH) und der Assistierten Ausbildung (AsA) die beiden Angebotstypen der Jugendberufshilfe, die zur Begleitung betrieblicher Ausbildungsverhältnisse eingesetzt werden können. Sie erläutern die Entwicklung dieser Instrumente und geben jeweils einen Überblick zu deren Zielen und konzeptionellen Rahmenbedingungen. Dabei belassen es Birgit Beierling und Ralf Nuglisch nicht dabei, die Zielsetzungen und den bestehenden Umsetzungsrahmen der beiden Maßnahmentypen im Hinblick auf eine lebensweltorientiertere Ausgestaltung zu bewerten, sondern darüber hinaus formulieren sie auch Chancen und Möglichkeiten, wie diese lebensweltorientierter weiterentwickelt werden könnten.

Im *vierten Teil* „Ausblicke" schließt das Lehrbuch mit zwei Kapiteln, in denen wir als Herausgeber*innen Blicke in die Zukunft der Jugendberufshilfe wagen, die wir uns für deren Nutzer*innen wünschen: Im sechzehnten Kapitel knüpft **Michael Fehlau** an die professionstheoretischen Überlegungen aus dem vierten Kapitel an. Das übergeordnete Ziel einer lebensweltorientierten Professionalität Sozialer Arbeit, die Teilnehmer*innen in den Maßnahmen der Jugendberufshilfe zu einem ‚gelingenderen Alltag' zu verhelfen, erscheint innerhalb der vor allem arbeitsmarktpolitisch eng gesetzten institutionellen Grenzen herausfordernd. Vor diesem Hintergrund geht er mit Bezug auf die Struktur- und Handlungsmaximen Partizipation und anwaltschaftliche Einmischung auf Spurensuche nach möglichen Freiräumen lebensweltorientierter Fachlichkeit. Es geht also um die Frage, wie Fachkräfte Sozialer Arbeit, ohne sich selbst zu überfordern, die jungen Menschen darin unterstützen können, sich als Subjekte ihrer alltäglichen Verhältnisse erfahren zu können. Damit löst Michael Fehlau abschließend eine der zentralen Zielsetzungen ein, die wir als Herausgeber*innen mit diesem Lehrbuch insgesamt verfolgen.

Nicht nur angesichts der aktuellen Debatten zu Inklusion, sondern auch aufgrund der damit verbundenen Chancen auf professionstheoretisch zu begrüßende Weiterentwicklungen der Jugendberufshilfe schließt das Lehrbuch mit einem Beitrag von **Ruth Enggruber** zu inklusiver Berufsausbildung. Im siebzehnten Kapitel stellt sie zunächst die Inklusionsbegriffe der UN-Behindertenrechtskonvention und der UNESCO vor und begründet, warum sie sich für das Verständnis der UNESCO entschieden hat. Daraus resultieren weitreichende Reformvorschläge für eine inklusive Gestaltung der dualen Berufsausbildung, die auch die Jugendberufshilfe und ihre institutionelle Gestaltung grundlegend betreffen würden. Infolge einer Ausbildungsgarantie für alle ausbildungsinteressierten jungen Menschen wäre sie nicht mehr länger daran beteiligt, Probleme auf dem Ausbildungsmarkt bzw. fehlende Ausbildungsplätze in Betrieben durch Defizitzuschreibungen an die Jugendlichen zu individualisieren und mittels sozial- und berufspädagogischer Angebote auszugleichen. Vielmehr käme ihr dann nur noch die Aufgabe zu, junge Menschen individuell und lebensweltorientiert so zu unterstützen, dass sie die von ihnen gewünschte Berufsausbildung erfolgreich absolvieren und insgesamt für sich einen zufriedenstellenderen Alltag gestalten können.

## Literatur

Arnold, Helmut (2015): Die Rolle der Sozialen Arbeit im Übergangssystem Schule-Arbeitswelt. In: Wetzel, Konstanze (Hrsg.): Öffentliche Erziehung im Strukturwandel. Umbrüche, Krisenzonen, Reformoptionen. Wiesbaden, S. 223–234.
BMBF – Bundesministerium für Bildung und Forschung (Hrsg.) (2014): Berufsbildungsbericht 2014. Berlin.
Enggruber, Ruth (2013): Jugendberufshilfe. In: Rauschenbach, Thomas/Borrmann, Stefan: Enzyklopädie Erziehungswissenschaft Online (EEO): Jugend und Jugendarbeit, Kooperationspartner der Jugendarbeit. Weinheim/Basel.

Fahlbusch, Jonathan (2014): Gelingensbedingungen der Jugendberufsagenturen und Hinweise für die Jugendhilfe. In: Der Paritätische Gesamtverband (Hrsg.): Fachtagung: Kein Jugendlicher darf zurückgelassen werden. Des Rätsels Lösung: Jugendberufsagenturen. Berlin, S. 3–7.

Frieling, Friederike/Ulrich, Joachim Gerd (2013): Die Reformdebatte zum Übergang Schule/Berufsausbildung im Spiegel divergierender Interessen. In: Maier, Maja/Vogel, Thomas (Hrsg.): Übergänge in eine neue Arbeitswelt? Blinde Flecke der Debatte zum Übergangssystem Schule-Beruf. Wiesbaden, S. 69–93.

Galuske, Michael (1993): Das Orientierungsdilemma. Jugendberufshilfe, sozialpädagogische Selbstvergewisserung und die modernisierte Arbeitsgesellschaft. Bielefeld.

Galuske, Michael/Rietzke, Tim (2008): Aktivierung und Ausgrenzung – Aktivierender Sozialstaat, Hartz-Reformen und die Folgen für Soziale Arbeit und Jugendberufshilfe. In: Anhorn, Roland/Bettinger, Frank/Stehr, Johannes (Hrsg.): Sozialer Ausschluss und Soziale Arbeit. Positionsbestimmungen einer kritischen Theorie und Praxis Sozialer Arbeit. 2., überarb. u. erw. Aufl., Wiesbaden, S. 399–416.

Grunwald, Klaus/Thiersch, Hans (2016): Lebensweltorientierung. In: Grunwald, Klaus/Thiersch, Hans (Hrsg.): Praxishandbuch Lebensweltorientierte Soziale Arbeit. Handlungszusammenhänge und Methoden in unterschiedlichen Handlungsfeldern. 3., vollst. überarb. Aufl., Weinheim, S. 24–64.

Krafeld, Franz Josef (2008): Lebensweltorientierte Jugendberufshilfe. In Schneider, Klaus (Hrsg.): Bildung und Qualifizierung jugendlicher Arbeitsloser. Theorie und Praxis der Jugendberufshilfe. Luxemburg, S. 38–53.

Lessenich, Stephan (2008): Der Sozialstaat im flexiblen Kapitalismus. Bielefeld.

Nadai, Eva (2017): Asymmetrische Responsibilisierung oder wie man Arbeitgeber vom Wert von „Behinderten" überzeugt. In: Bilgi, Oktay/Frühauf, Marie/Schulze, Kathrin (Hrsg.): Widersprüche gesellschaftlicher Integration – Zur Transformation Sozialer Arbeit. Wiesbaden, S. 111–128.

Pantuček-Eisenbacher, Peter (2015): Bedrohte Professionalität? Welche Professionalität? Über Gegenstand und Missverständnisse. In: Becker-Lenz, Roland/Busse, Stefan/Ehlert, Gudrun/Müller-Hermann, Silke (Hrsg.): Bedrohte Professionalität. Einschränkungen und aktuelle Herausforderungen für die Soziale Arbeit. Wiesbaden, S. 29–42.

# KAPITEL 2: DIE PERSPEKTIVE DER NUTZER*INNEN AUF ANGEBOTE DER JUGENDBERUFSHILFE: EIN EIGENSTÄNDIGES QUALITÄTSURTEIL ‚VON UNTEN'

*Michael Fehlau & Anne van Rießen*

**Überblick**

Vor dem Hintergrund einer im Fachdiskurs anhaltenden Kritik an der Ineffektivität des ‚Förderdschungels' der Jugendberufshilfe geht der Beitrag der Frage nach, was die jungen Menschen aus ihrer Perspektive davon haben, wenn sie an entsprechenden Maßnahmen bzw. Angeboten teilnehmen (müssen). Dazu werden ausgewählte Forschungsergebnisse aus vorrangig qualitativ angelegten Studien, in denen sich subjektive Deutungsmuster und Bewertungen von Teilnehmer*innen in Bezug zu den aktuellen strukturellen Bedingungen entfalten, referiert und nach nutzenfördernden und -limitierenden Bedingungen befragt.

## Einleitung

Im ersten, einleitenden Beitrag wurde das Tätigkeitsfeld der Jugendberufshilfe mit seinen widersprüchlichen Überschneidungen einer erwerbsarbeitszentrierten Programmatik auf der einen zu einer primär an der individuellen Persönlichkeitsentwicklung orientierten Sozialen Arbeit auf der anderen Seite skizziert. Die aus diesen Rahmenbedingungen geformte Landschaft von Maßnahmen bzw. Angeboten wird im Fachdiskurs als ‚Labyrinth' und wenig erfolgreich in der Umsetzung ihrer vorrangigen Zielvorstellung einer nachhaltigen Vermittlung in Ausbildung oder Erwerbsarbeit kritisiert (Weiß 2015, S. 9). Dieses in der Tendenz negative Qualitätsurteil von Expert*innen betrifft ca. eine Viertelmillion junger Menschen ohne Ausbildungsplatz, die jährlich in Maßnahmen der Jugendberufshilfe einmünden (ebd., S. 7). Es stellt sich daher die Frage, was jenen, die an diesen Angeboten teilnehmen (müssen), im Zusammenhang mit den Herausforderungen ihrer individuellen Alltagsbewältigung eine Teilnahme ‚eigentlich bringt'.

Wir nehmen in diesem Kapitel diese Frage auf und werden dazu Perspektiven der jungen Menschen mit ihren subjektiven Deutungsmustern, ihren Erfahrungen und Bewertungen vorstellen. Denn erst dieser so nachvollziehbar werdende Blick durch die Brille der jungen Akteur*innen erlaubt es, die Institutionen, die Professionellen und die spezifischen Angebote der Jugendberufshilfe „von den Subjekten her zu denken" (Schaarschuch 1999, S. 93). Diese Perspektive ist keinesfalls neutral, wir verstehen diese auch nicht als die ‚bessere' Position. Wir vertreten aber die These, dass hierdurch die Möglichkeit entsteht, ein „eigenständiges Qualitätsurteil von unten" (Bauer 1996) einzuholen. Insofern verfolgen wir mit unserem Ansatz, der die jungen Menschen zu Wort kommen lässt und ihnen eine eigenständige Stimme gibt, auch partizipatorische Zielsetzungen. Wir schließen damit an grundlegende Diskurse zu einer emanzipatorisch orientierten Weiterentwicklung Sozialer Arbeit an. Denn die im Folgenden referierten Forschungsergebnisse geben Hinweise darauf, ob und unter welchen Bedingungen Jugendberufshilfe Angebote für ihre Nutzer*innen bereithält, mittels derer es ihnen möglich ist, ein selbstbestimmte(re)s Leben zu führen. Mit der Platzierung dieses Beitrages im einleitenden ersten Teil dieses Buches möchten wir weiterhin dazu anregen, diese eigenständige Perspektive in allen folgenden Kapiteln mitzudenken.

1. Die ‚Stimme der Nutzer*innen' entnehmen wir ausgewählten Studien, die sich forschungsperspektivisch in der Adressat*innen- und sozialpädagogischen Nutzer*innenforschung verorten. Zur Einführung skizzieren wir diese Ansätze akteur*innenbezogener Forschung und grenzen diese von anderen Konzepten ab.
2. Anschließend geben wir Einblicke in empirische Ergebnisse.
3. Dann befragen wir die Jugendberufshilfe nach nutzenfördernden und -begrenzenden Bedingungen.
4. Abschließend ziehen wir mit Blick auf die Frage nach einem Qualitätsurteil ‚von unten' ein kurzes Fazit.

## 1 Die Stimme der Nutzer*innen: Forschungszugänge

Als Mitte der 1990er Jahre sowohl die öffentliche Verwaltung als auch die Wohlfahrtspflege nach Effektivitäts- und Effizienzprinzipien umgestaltet wurden (vgl. Kap. 5), intensivierten sich vor dem Hintergrund steigender Anforderungen an Leistungsnachweise die Diskussionen um eigene professionelle Maßstäbe Sozialer Arbeit. In diesem Kontext entstanden Forschungsbemühungen, die die Perspektiven der Teilnehmer*innen auf Angebote Sozialer Arbeit stärker als bisher ins Zentrum rücken und diese auch zum Ausgangspunkt für professionstheoretische Weiterentwicklungen nehmen. Dem liegt der Gedanke zugrunde, dass eine Bewertung nicht nur aus Sicht der Institutionen und Professionellen erfolgen kann, sondern dass Beurteilungen der Qualität Sozialer Arbeit immer als Kompromiss zwischen den verschiedenen beteiligten Akteur*innen zu verstehen sind.

Als entsprechende akteur*innenbezogene Forschungsperspektiven gelten in der wissenschaftlichen Diskussion Sozialer Arbeit insbesondere (1) die Wirkungsforschung, (2) die Adressat*innenforschung und (3) die sozialpädagogische Nutzer*innenforschung (für einen Überblick Graßhoff (Hrsg.) 2013). Ihnen gemeinsam ist zwar, dass sie die Voraussetzungen, Bedingungen und Effekte der Inanspruchnahme sozialer Dienstleistungen in den Blick nehmen. Allerdings basieren die drei Forschungsperspektiven nicht nur auf unterschiedlichen Verständnissen der Subjektpositionen der Nutzer*innen bzw. Adressat*innen und deren Prozessen der Inanspruchnahme, sondern sie gründen auch auf verschiedenen theoretischen Bezügen und forschungsmethodischen Zugängen:

1. **Wirkungsforschung** orientiert sich vorrangig an den programmatischen Zielen der Maßnahmen. Zentraler Indikator für eine Messung von Wirkungen – oder präziser: der Wirksamkeit – von Angeboten der Jugendberufshilfe ist die Eingliederungsquote in Ausbildung oder Erwerbsarbeit. Erforscht werden weiterhin Wirkfaktoren, die einen günstigen oder hemmenden Einfluss auf einen schnellen Übergang in Ausbildung haben (Weiß 2015). Wirkungsforscher*innen setzen überwiegend standardisierte Verfahren der quantitativen Sozialforschung ein, um Zusammenhänge zwischen der Teilnahme an Maßnahmen und darauf zurückführbare Wirkungen nachweisen zu können. Damit werden die jungen Menschen forschungsperspektivisch eher als passive Objekte konstruiert, auf die ein Angebot der Sozialen Arbeit (ein)wirkt.
2. In der **Adressat*innenforschung** werden die Teilnehmer*innen einerseits als starke Subjekte in den Blick genommen, die aktiv und eigensinnig mit den Bedingungen der Angebote umgehen (müssen). Andererseits werden sie in Abhängigkeit zu den Maßnahmen und Programmen ‚adressiert' und damit definiert und erscheinen so tendenziell als klassifizierte Objekte derselben. Das Interesse dieser Forschungsperspektive zielt – anders als bei der Wirkungsforschung – nicht auf eine zielentsprechende Optimierung Sozialer Arbeit, sondern auf die Professionalisierung sozialpädagogischer Handlungspraxis (vgl. Kap. 4). Diese Forschungsrichtung sucht z. B. nach sinnhaften Bedeutungszusammenhängen (‚Deutungsmustern') zwischen der Alltagsbewältigung der Adressat*innen und sozialpädagogischen Angeboten und setzt daher eher verschiedene Verfahren der qualitativen Sozialforschung ein, um diese wechselseitigen Sinnzusammenhänge nachvollziehbar verstehen zu können.
3. Die **sozialpädagogische Nutzer*innenforschung** geht von starken Subjekten aus, die sich ihr (verändertes) Verhalten, ihre Bildung etc. im nutzenden Umgang mit den Rahmenbedingungen und Ausgestaltungen von Angeboten Sozialer Arbeit selbsttätig aneignen. Die zentrale Fragestellung richtet sich dementsprechend darauf, „was die Nutzerinnen und Nutzer an den sozialen Dienstleistungen aus *ihrer Perspektive* als nutzbringend im Zusammenhang mit den sich ihnen stellenden Aufgaben der Lebensführung betrachten" (Oelerich/Schaarschuch 2005, S. 80, kursiv i. O.). So fragt die Nutzer*innenforschung – eher qualitativ – nach dem Nutzen und nach Strategien der Nutzung von Angeboten Sozialer Arbeit, was wiederum interpretative Rückschlüsse auf gesellschaftliche und institutionelle Rahmenbedingungen erlaubt. Mit der Bezeichnung der teilnehmenden jungen Menschen als *Nutzer*innen* in diesem Kapitel schließen wir uns dem starken Subjektverständnis dieser Forschungsperspektive an.

In Abgrenzung zu quantitativen Forschungsdesigns der Wirkungsforschung eröffnen qualitativ angelegte Untersuchungen den befragten Adressat*innen bzw. Nutzer*innen die Möglichkeit, ihr subjektives Relevanzsystem (van Rießen 2016, S. 119) – also das, was aus ihrer Sicht für sie selbst bedeutsam erscheint –

zu entfalten. Wir werden daher ausgewählte empirische Ergebnisse vor allem aus der Adressat*innen- und sozialpädagogischen Nutzer*innenforschung vorstellen, um die Stimmen der jungen Menschen zu Angeboten und Maßnahmen der Jugendberufshilfe ‚hörbar' zu machen. Wir ergänzen diese Ausführungen um Ergebnisse aus der soziologischen SINUS-Jugendstudie (Calmbach u. a. 2016), die die Vielfalt subjektiver Erwartungen von Jugendlichen an eine berufliche Zukunft abbildet.

## 2 Mit der Taschenlampe im Förderdschungel: Ausgewählte empirische Einblicke

Wir möchten voranstellen, dass es angesichts der Komplexität des Geschehens im Übergang von der Schule in den Beruf nicht möglich ist, dieses auch nur annähernd in seiner Gesamtheit abzubilden. Stattdessen werden wir beispielhaft ausgewählte empirische Analysen wie ‚eine Taschenlampe' auf den forscherisch noch wenig aufgehellten ‚Förderdschungel' richten, um subjektiv relevante Deutungen junger Menschen, die an Jugendberufshilfeangeboten teilnehmen, deutlicher auszuleuchten. Wir beginnen mit der Frage nach Bedeutungen von Ausbildung und Erwerbsarbeit in den Lebensentwürfen der jungen Menschen und daran anknüpfend nach den subjektiven Erwartungen an eine Teilnahme. Soweit nicht anders belegt, stammen die illustrierenden und anonymisierten Zitate aus Interviews, die wir selbst mit Nutzer*innen von Angeboten der Jugendberufshilfe geführt haben.

### 2.1 Erwartung(slosigkeit)en

Erwerbsarbeit stellt eine Schlüsselkategorie für gesellschaftliche Teilhabe auch über Konsumfähigkeit (Sammet/Weißmann 2012, S. 186–187), soziale (Selbst-)Positionierung sowie Anerkennung dar und ist in den Selbstaussagen interviewter Teilnehmer*innen an vielfältige Sinnzuschreibungen geknüpft (Wéber 2015, S. 153). Berufsausbildung und Erwerbsarbeit gelten als „zentrale gesellschaftliche Identitäts- und Selbstdefinitionsangebote" (Bojanowski 2012, S. 123). Die meisten Jugendlichen mit maximal einem mittleren Bildungsabschluss möchten dementsprechend nach dem Besuch der allgemeinbildenden Schule eine Berufsausbildung beginnen (Beicht 2011, S. 73): „*Weil später will man ja eine Zukunft haben*" (Interview Shiyar). Insofern werden diejenigen Angebote der Jugendberufshilfe, die keinen qualifizierenden Berufsabschluss ermöglichen (vgl. Kap. 12–14), lediglich als ‚zweite Wahl' oder sogar einzig verbliebene Alternative zum ‚Nichtstun' bewertet (van Rießen 2016, S. 242). Gleichwohl knüpft das programmatische Versprechen dieser Angebote auf eine Integration in Ausbildung an den grundsätzlichen Wunsch der jungen Menschen nach einem Ausbildungsplatz als Eintrittskarte zu einer ‚späteren Zukunft' an.

(Zukunfts-)Vorstellungen über und Bedeutungszuschreibungen an Ausbildung und Erwerbsarbeit formen sich aus Alltagserfahrungen (Calmbach u. a. 2016).

Gerade die als sozial benachteiligt geltenden jungen Menschen aus „prekären Lebenswelten" (ebd., S. 75; auch Eckelt/Schmidt 2014), die über die geringsten Zugangschancen zum Ausbildungs- und Erwerbsarbeitsmarkt verfügen, halten besonders an der Erwerbsarbeitsorientierung fest und beziehen ihren primären Selbstwert daraus, eine ‚Arbeit zu haben' (Sammet/Weißmann 2012, S. 186). Sie zeichnen Zukunftsbilder von einem selbstbestimmten Leben durch ‚ehrliche' Erwerbsarbeit, um einer als erniedrigend empfundenen Abhängigkeit von Sozialtransfers wie ‚Hartz IV' zu entgehen (Eckelt/Schmidt 2014, S. 15). Der Zusammenhang von Bildungserfolg und sozialem Aufstieg ist ihnen in der Regel bewusst, sie wissen aber auch meistens, dass selbst ein Schulabschluss keinen Ausbildungsplatz garantiert (Calmbach u. a. 2016, S. 81 f.). In ihren oft erfolglosen Bemühungen um eine berufliche Perspektive erfahren sich diese jungen Menschen als machtlose ‚Versager*innen' gegenüber der Konkurrenz auf dem Ausbildungsmarkt (Eckelt/Schmidt 2014, S. 7).

Sowohl Anne van Rießen (2016, S. 141) als auch Thomas Gurr u. a. (2016, S. 304) sowie Júlia Wéber (2015, S. 148) zeigen an Aussagen interviewter Jugendlicher und junger Erwachsener, dass sich deren individuelle Erwartungen an Angebote der Jugendberufshilfe auf konkrete, sinnhafte Unterstützungen unter Berücksichtigung ihrer Interessen und Lebenswirklichkeiten richten. Darüber hinaus formen sich Erwartungen auch in Abhängigkeit von der Darstellung durch Familie, Freund*innen und Bekannte aus: „*(E)in Freund von mir war hier vor einem Jahr und er meinte zu mir, dass das sich lohnt ... Da dachte ich mir auch: So, ja, das mache ich*" (Interview Angelo). ‚Gelohnt' hat sich die Teilnahme des Freundes in Form eines erreichten höheren Schulabschlusses und im erleichterten Zugang zu einem Ausbildungsplatz.

Die Teilnahmeerwartungen werden weiterhin durch – vielfach negativ abgegrenzte – Vorerfahrungen aus der Schule (Maier 2013, S. 209), mit Beratungs- und Zuweisungsprozessen der Arbeitsverwaltung sowie vorausgehenden Besuchen von Angeboten Sozialer Arbeit (van Rießen 2016, S. 167 ff.) sowohl in positiver, als auch negativer Tendenz geformt. Enttäuschte Erwartungen ergeben sich z. B. aus unzureichenden oder beschönigenden Informationen durch die zuweisenden Fachkräfte der Arbeitsverwaltung und (Sozial-)Pädagog*innen in den Maßnahmen (Gurr u. a. 2016, S. 304 ff.). Die selektive Weitergabe von Informationen beeinflusst die Entscheidungs- und Spielräume der jungen Menschen, wenn ihnen beispielsweise die Teilnahme ‚schmackhaft' gemacht und unattraktive Inhalte nicht genannt werden (van Rießen 2016, S. 145 ff.).

In den Interviews, die Thomas Gurr u. a. (2016) geführt haben, wird erkennbar, dass es teilweise gelingen kann, eine Passung zwischen subjektiven Interessen und institutionellen Angeboten herzustellen. Zum überwiegenden Teil zeigt sich jedoch, dass diesen Interessen nicht oder nur zum Teil entsprochen wird. Zunächst hohe Erwartungen der Jugendlichen bzw. jungen Erwachsenen werden z. B. durch Beschäftigungen gebrochen, die die Jugendlichen als sinnlos und absurd bewerten, etwa, wenn sie „*sechs Stunden ... Kreuzworträtsel lösen, Mandalas malen*" (ebd., S. 307) oder mit 15 anderen Jugendlichen in acht Stunden zwei Autos zur ‚beruflichen Qualifizierung' reinigen müssen (Interview René).

> **Erwartungen bleiben oft unerfüllt!**
> Den grundsätzlichen Wunsch der Nutzer*innen nach einer beruflichen Perspektive kann Jugendberufshilfe oftmals nicht erfüllen. Etwa 45 Prozent der jungen Menschen im Übergangsbereich erhalten im Anschluss an eine Maßnahme keinen erhofften Ausbildungsplatz (Weiß 2015, S. 12). Die Bildungswege vieler Teilnehmer*innen verlaufen danach sogar weniger günstig als bei jenen, die direkt im Anschluss an die Schule eine Ausbildung beginnen (Enggruber/Ulrich 2014): Je länger Jugendliche und junge Erwachsene einen Ausbildungsplatz suchen, desto geringer werden ihre Chancen der Einmündung (Beicht/Ulrich 2010). Die jungen Menschen durchleben stattdessen eine von Unsicherheit geprägte Phase unterschiedlicher und teilweise anhaltender Dauer, die durch weitere berufsvorbereitende Maßnahmen ('Maßnahmenkarriere'), prekäre 'Jobs' und Erwerbsarbeitslosigkeit gekennzeichnet ist (Eckelt/Schmidt 2014, S. 7).

## 2.2 Die Kunst, freiwillig teilnehmen zu müssen

Im Zusammenhang mit Erwartungshaltungen wird weiterhin die institutionelle Zumutung des ‚Förderns' und insbesondere des ‚Forderns' bedeutsam, die als relativer Zwangskontext bezeichnet werden kann. Unter 25-jährige, die Leistungen nach dem Sozialgesetzbuch (SGB) II beantragen und nicht unverzüglich in Ausbildung oder Erwerbsarbeit vermittelt werden, können auch Maßnahmen der Jugendberufshilfe zugewiesen werden. Die ‚motivierte' Teilnahme daran wird als Pflicht zur Eigenbemühung um Beendigung der ‚Hilfebedürftigkeit' in sogenannten Eingliederungsvereinbarungen nach § 15 SGB II bestimmt und kann bei fehlender Zustimmung der Jugendlichen bzw. jungen Erwachsenen einseitig durch einen Verwaltungsakt festgelegt werden. Wird die Teilnahme verweigert oder durch ‚maßnahmewidriges Verhalten selbstverschuldet' beendet, können die Leistungen zum Lebensunterhalt für drei Monate reduziert oder – bei Wiederholung – sogar einschließlich der Kosten für Miete und Heizung mit zum Teil drastischen Folgen für den Lebensalltag der jungen Sanktionierten ganz eingestellt werden (Schreyer/Zahradnik/Götz 2013). Sowohl die Zuweisungsprozesse, als auch die Teilnahme selbst sind daher verwoben mit fremdbestimmenden Anteilen in Form von Vermittlungsdruck und dem ‚Damoklesschwert' empfindlicher Sanktionen, die durch die Jobcenter bei Fehlverhalten (z. B. Fehlzeiten oder negative Verhaltensbeurteilungen durch pädagogische Fachkräfte) verhängt werden können (vgl. Kap. 6).

Einige der jungen Befragten thematisieren Anteile von Zwang. Schon bei der Zuweisung sei ihnen bewusst gewesen, dass das Angebot nicht ihren Interessen entsprechen würde. Die Zusage zur Teilnahme sei nur unter Androhung von Sanktionen erfolgt (Gurr u. a. 2016, S. 306). Zwang als „Verengung von Handlungsspielräumen" (Walther 2014, S. 130) findet sich exemplarisch in den Erzählungen einer jungen Frau, die gegen ihren als ‚geschlechtsuntypisch' bewerteten Berufswunsch der Türsteherin schließlich in einer Drucksituation, an der pädagogische Fachkräfte und Eltern beteiligt waren, einen ‚geschlechtsangemessenen' Ausbildungsvertrag ‚in der Pflege' unterschrieben hat. Vor diesem Hintergrund erstaunt zunächst, dass junge Teilnehmer*innen an berufsvorbereitenden Bildungsmaßnahmen der Agentur für Arbeit, die Maja Maier (2013) befragt hat, mit Nachdruck die Freiwilligkeit ihrer Teilnahme herausgestellt, aber mögliche Sanktionen ausgeblendet haben. Sie deutet diesen Befund mit dem Bemühen der Jugendlichen, sich ihre Autonomie gegenüber der doppelten Zumutung ‚besserwissender Erwachsener' und der defizitären Etikettierung als ‚Ausbildungslose' zu erhalten. Die Selbstpositionierung als ‚freiwillige Teilnehmer*in' wird als entscheidende Voraussetzung dafür identifiziert, dass „die Jugendlichen bereit zu sein (scheinen), den an sie gerichteten Erwartungen nachzukommen, Vorgaben und Regeln ein- und Kritik auszuhalten" (ebd., S. 208). Entsprechend kritisch äußern sich die jungen Menschen über ein Handeln sozialpädagogischer Fachkräfte, das diese Selbstpositionierung in Frage stellt, etwa wenn ein angebotenes Erlebniswochenende als „Zwang zur Vergemeinschaftung" (ebd., S. 2010) oder ‚Sozialtrainings' als *„Kindergartenspiele"* (ebd.) bewertet werden. Die jungen Menschen fühlen sich dann wie unmündige Kinder behandelt bzw. *infantilisiert*, und in ihren Bedürfnissen und ihrem Selbstbild als ‚freiwillig Teilnehmende' nicht genügend gewürdigt (ebd.).

## 2.3 Das ‚wahre Leben': warmgehalten und abgekühlt

*„(J)etzt beginnt das wahre Leben.*
*Jetzt macht man halt seinen Hauptschulabschluss,*
*man arbeitet."*
*(Interview Shiyar)*

Der hier befragte junge Mann zieht eine Grenze zwischen seinem ‚früheren' Leben und dem ‚Jetzt' in einer Maßnahme der Jugendberufshilfe. Diese ermögliche ihm den Beginn seines ‚wahren Lebens', zu dem für ihn ein Schulabschluss und Erwerbsarbeit gehören. Diese Aussage, die gleichzeitig als Abgrenzung zu negativer Schulerfahrung und als Ausdruck einer Orientierung an „Normalitätsverhältnissen" (Wéber 2015, S. 153) interpretiert werden kann, steht in Widerspruch zum Maßnahmencharakter von Angeboten der Jugendberufshilfe, die als ein Sondersystem neben dem ‚Normalsystem' dualer und schulischer Berufsausbildung bestehen (vgl. Kap. 17). Nach Anne van Rießen (2016) besteht ein Nutzen für die jungen Teilnehmer*innen daher darin, sich so „darzustellen, dass sie den gesellschaftlichen Erwartungen und Anforderungen entsprechen wollen" (ebd., S. 243).

Die Maßnahmen ermöglichen aber lediglich die „Fiktion eines Normallebenslaufs" (Köngeter/Zeller 2011, S. 11). Dieser ‚Als-ob-Charakter' ergibt sich aus der Simulation von beruflichen Tätigkeiten (Sammet/Weißmann 2012, S. 189) und den oft fehlenden sinnhaften Anschlüssen an eine tatsächliche berufliche Perspektive. Stefan Köngeter und Maren Zeller (2011) typisieren dieses widersprüchliche Verhältnis als eine „Stand-by-Falle" (ebd., S. 11), in der die jungen Menschen für eine Anschlussmöglichkeit ‚warmgehalten' werden. Die Maßnahmen suggerieren die Aussicht auf ein Normalarbeitsverhältnis, ohne diese jedoch einzulösen und ohne berufliche sowie biografische Weiterentwicklungen anbieten zu können (ebd., S. 13).

Dieses ‚Warmhalten' bildet den Gegenpol zu einem anderen Prozess, in dessen Verlauf ‚unrealistisch' erscheinende Berufsinteressen immer weiter ‚abgekühlt' werden, um auf einem weitgehend verschlossen erscheinenden Ausbildungsmarkt doch noch eine Perspektive zu erhalten, auch wenn diese den ursprünglichen Wünschen nicht entspricht. Dieser Prozess vollzieht sich im Zusammenhang mit einer zentralen Anforderung an die (sozial-)pädagogische Arbeit in Maßnahmen der Jugendberufshilfe: dem Herstellen ‚realistischer Berufsperspektiven', nach Erving Goffmann (1952) auch als *Cooling-Out* bezeichnet. Die Besonderheit von Cooling-Out-Prozessen besteht darin, dass junge Menschen ihre Anpassung an das ‚realistisch' Erreichbare und ihren letztendlich aufgenommenen Ausbildungsberuf ‚dritter Wahl' als selbstgewollt deuten und dabei ggf. sogar in den (sozial-)pädagogischen Fachkräften eine positive Hilfe sehen (Walther 2014; Wéber 2015, S. 149).

Wir werden nun den Blick darauf richten, wie Soziale Arbeit in Maßnahmen der Jugendberufshilfe hergestellt bzw. produziert wird, um Bedingungen vorzustellen, die den Nutzen Sozialer Arbeit aus der Perspektive der jungen Nutzer*innen fördern oder begrenzen.

## 3 Chancen und Zumutungen – nutzenerhöhende und -limitierende Bedingungen

Damit die Teilnahme an einer Maßnahme der Jugendberufshilfe „*besser als nix*" (Interview Celia) ist, muss sie aus der Perspektive der Teilnehmer*innen einen Nutzen aufweisen. So betrachtet lassen sich sowohl fördernde als auch begrenzende Faktoren auf der subjektiven wie auch auf der institutionellen Ebene rekonstruieren, die für die Jugendlichen und jungen Erwachsenen einen möglichen Nutzen herstellen. Die institutionellen Faktoren – die als nutzenstrukturierende Bedingungen unterschieden werden in nutzenfördernde und -limitierende Bedingungen – werden wir im Folgenden darstellen (ausführlich van Rießen 2016, S. 122 ff.).

### 3.1 Nutzenfördernde Bedingungen: Vier Dimensionen individueller Unterstützung

Als eine zentrale nutzenfördernde Bedingung erweist sich auf der Ebene der Maßnahme eine Unterstützung, die fortlaufend an den Bedürfnissen und subjektiven Zielen der jungen Menschen anknüpft, damit die Teilnahme sich nicht als persönlicher Rückschritt erweist, der – so der befragte René – ihn „*eher nach hinten geworfen (hat)*". Mithin sollte sich die Unterstützung an der subjektiven Situation der Einzelnen ausrichten, damit sie als hilfreich und (ge)brauchbar erlebt wird. Standardisierte Unterstützungsleistungen können den individuellen Erwartungen und Situationen hingegen nicht gerecht werden. Eine solche subjektorientierte und damit individuelle Unterstützung lässt sich auf der Grundlage von Interviews mit Nutzer*innen der Jugendberufshilfe in folgende vier Dimensionen aufschlüsseln:

**Dialogisches Arbeitsbündnis**

Ein dialogisches Arbeitsbündnis beinhaltet ein grundsätzliches Einverständnis der Beteiligten über den Sinn und das Ziel der infrage stehenden Unterstützung. Zentraler Ansatzpunkt ist somit nicht nur die Berücksichtigung der individuellen Situation und der Bedürfnisse der jeweiligen Jugendlichen und jungen Erwachsenen, sondern dass ihnen auch Aushandlungsoptionen bezüglich der Problemdefinitionen sowie der darauf gerichteten Hilfestellungen offenstehen. Als *dialogisch* gelten demnach Arbeitsbündnisse, die den jungen Menschen Mitwirkung und Mitbestimmung ermöglichen und sie konsequent miteinbeziehen. Die Rahmenbedingungen der jeweiligen Angebote bilden gleichsam den Kontext und damit auch die Begrenzungen, in denen sich ein solches auf Anerkennung und Aushandlung gründendes Arbeitsbündnis realisieren kann. Die in den Maßnahmen der Jugendberufshilfe grundsätzliche Problematisierung der Situation der jungen Erwachsenen als ‚ausbildungs- oder arbeitslos' sowie der oben skizzierte relative Zwangskontext bilden hierbei den Rahmen, in welchem sich das Arbeitsbündnis ausformt. Die möglichen Aushandlungsräume sind so bereits vorgeprägt und erheblich begrenzt.

**Wissen und Können**

Das Wissen und Können der sozialpädagogischen Fachkräfte bewerten die jungen Erwachsenen dann als nutzenfördernd, wenn es sie dabei unterstützt, ihre Perspektiven erweitern zu können. Entsprechend sind damit theoretische und praktische Wissensbestände gemeint, aus denen sie individuelle Problemlösungen ableiten können, um ihren subjektiven Zielvorstellungen entsprechend handeln zu können. Als nutzenfördernde Unterstützungsleistung wird insbesondere das ‚richtige' Wissen, d. h. das Wissen, das letztendlich zur beruflichen Orientierung genutzt werden kann oder die Chancen auf eine Ausbildung oder Erwerbsarbeit erhöht, dargestellt. Gleichwohl erweist sich dabei als äußerst bedeutsam, dass die Fachkräfte nicht nur über dieses Wissen verfügen, sondern dieses den Nutzer*innen auch verständlich machen können, also *„so, dass wir das auch verstehen können"* (Interview Aaron).

**Feldkenntnisse und Netzwerke**

Als nutzenfördernd beschreiben die jungen Erwachsenen zudem, wenn die Fachkräfte nicht nur über theoretische Wissensbestände, sondern auch über Feldkenntnisse sowohl im Hinblick auf die regionale Ausbildungs- und Arbeitsmarktsituation als auch über Kenntnisse im Umgang mit möglichen Arbeitgeber*innen verfügen. Dies wird anschaulich bei der Absolvierung von unentgeltlichen Betriebspraktika, die häufig in Jugendberufshilfemaßnahmen verpflichtend vorgeschrieben sind. Indem die Sozialpädagog*innen die Betriebspraktika aufsuchend begleiten, können sie die dortigen Rahmenbedingungen überprüfen und daran anschließende Perspektiven von Ausbildung oder Erwerbsarbeit verhandeln. So erweist es sich als nutzenfördernd, wenn sie Gespräche und Verhandlungen mit potentiellen Arbeitgeber*innen führen, die den jungen Menschen in der Konkurrenzsituation um einen Ausbildungsplatz einen ‚Ausgleich' verschaffen. Auch können sie über die Einhaltung grundlegender Standards bei der Absolvierung von Betriebspraktika ‚wachen' (Zeit, Tätigkeiten, Zielsetzungen, Anleitung etc.). Zudem erweisen sich die Netzwerke und Kontakte, welche die Sozialpädagog*innen den Nutzer*innen zur Verfügung stellen, als nutzenfördernd. Dies gilt vor allem in Bezug auf die Auswahl von Betrieben, die als Praktikums- und vorzugsweise auch als möglicher Ausbildungsbetrieb in Frage kommen. Zusammenfassend lässt sich feststellen, dass sich die Feldkenntnisse und Netzwerke der Sozialpädagog*innen für die Teilnehmer*innen als relevant erweisen, da sie ihnen häufig Optionen fernab der formellen Strategien zur Einmündung in eine Ausbildung ermöglichen. Sie stellen auch eine Ressource für die Nutzer*innen dar, um ihre begrenzten oder nicht ausreichenden sozialen Netzwerkressourcen zu kompensieren (van Rießen 2016, S. 154 ff.).

**Zeit**

Als vierte Dimension der nutzenfördernden Bedingungen kann die Zeit, die die sozialpädagogischen Fachkräfte für eine individuelle Unterstützung zur Verfügung stellen (können), betrachtet werden. Diese Dimension verbindet sich mit den bereits aufgeführten Dimensionen: Sie ist die zentrale Voraussetzung dafür, von standardisierten Hilfen abzuweichen und die Maßnahme für jene Aktivitäten zu öffnen, welche für die jungen Menschen in diesem Kontext einen konkreten Nutzen haben. So wird die Unterstützung der Sozialpädagog*innen im Hinblick auf die Zielstellung ‚Einmündung in eine Ausbildung oder Arbeit' dann von den jungen Erwachsenen als nutzenfördernd dargestellt, wenn dafür ausreichende – *„immer"* (Interview Lena) – und kontinuierliche Zeiträume zur Verfügung stehen: *„nicht nur einmal über mögliche Ideen für die Zukunft sprechen, sondern bis ich eine Idee dazu habe"* (Interview Alexandra). Die Dimension ‚Zeit' spielt dabei primär auf der Ebene der Aushandlung eine markante Rolle, und zwar bei der Frage, welche Ziele bei der beruflichen Orientierung und der Akquise von Praktika verfolgt werden (sollen), aber auch im Hinblick auf die Lernprozesse, die durch das bereitgestellte Wissen ermöglicht werden. Dies gilt auch in Bezug auf die potentiellen Netzwerke und Kontakte, die genutzt werden müssen bzw. können.

### 3.2 Nutzenlimitierende Bedingungen

Neben diesen Dimensionen der nutzenfördernden Bedingungen finden sich in den Darstellungen der jungen Menschen aber auch nutzenlimitierende Aspekte – die primär eine Umkehrung der dargestellten nutzenfördernden Aspekte darstellen (ausführlich van Rießen 2016, S. 167 ff. und S. 199 ff.).

Dazu zählt erstens die fehlende Berücksichtigung subjektiver Bedürfnisse, Interessen und Qualifizierungswünsche einhergehend mit fehlenden oder als ‚sinnlos' bewerteten Beschäftigungen (ebd. S. 169 ff.), z. B. „*den ganzen Tag rumsitzen und warten*" (Interview René). Zweitens wird das Verfehlen des Ziels der ‚Vermittlung in den Ausbildungs- oder Arbeitsmarkt' von den jungen Erwachsenen als ‚Zeitverschwendung' erlebt (van Rießen 2016, S. 184 ff.; Weber 2015, S. 148). Gerade die ‚Zeitverschwendung' verweist auf Beschädigungen, da sich die Zugangsvoraussetzungen für eine Ausbildung durch den Maßnahmebesuch in der Jugendberufshilfe nicht grundlegend verbessern oder gar verschlechtern.

Drittens werden fehlende Kollegialitätserfahrungen zwischen den Teilnehmer*innen (etwa in Gurr u. a. 2016, S. 294 ff.; van Rießen 2016, S. 173 f.) als nutzenlimitierend genannt. Sie können – so machen empirische Analysen deutlich – einerseits auf die ‚Konkurrenzsituation', die mit der Suche nach einem passenden Ausbildungsplatz einhergeht, zurückgeführt werden: „*(T)ut mir leid, dass ich so sage, jeder guckt auf seinen Arsch heutzutage*" (Interview Shiyar). Andererseits können sie auch der selbstbehauptenden ‚Abgrenzung zu den Anderen' dienen, die aufzeigen, dass die jungen Menschen das herrschende Leitbild von Eigenverantwortung sowie Selbstzuständigkeit übernommen haben und dieses teilen. So gilt nach den Vorstellungen aktivierender Sozialstaatlichkeit, dass Ausbildungs- und Arbeitslosigkeit nicht als Resultate der ausgrenzenden Wirkungen des Ausbildungs- und Arbeitsmarktes, sondern als individuell verantwortete Passivität interpretiert werden. Die Notwendigkeit, Teilnehmer*in einer Maßnahme der Jugendberufshilfe zu sein, verweist somit auf zugewiesene Defizite an die Einzelnen. Die Jugendlichen und jungen Erwachsenen grenzen sich von dieser Zumutung ab, indem sie sich den Status als ‚Andere*r' zuschreiben.

Schließlich führt viertens auch die Bevorzugung von Themen der Einmündung in den Arbeitsmarkt dazu, dass sich für die Teilnehmer*innen nicht immer ein Nutzen aneignen lässt. Dies gilt insbesondere dann, wenn die vorgesehenen Aktivitäten zur Einmündung in eine Ausbildung (und/oder Erwerbsarbeit) ohne Ansehen der besonderen und konkreten Situationen allgemein verpflichtend gemacht werden. Deutlich wird dies beispielsweise bei der Suche nach einem Betriebspraktikum, das sich für die Nutzer*innen nur dann als (ge)brauchbar erweist, wenn es entweder der beruflichen Orientierung dient oder die ‚sichere' Option bieten kann, in ein Ausbildungsverhältnis überzugehen. Ein Praktikumsbetrieb muss daher generell ausbilden können und wollen. Dazu gehören die damit verbundenen formalen Qualifikationen im Hinblick auf eine*n nachweislich qualifizierte*n und damit formell geeignete*n Ausbilder*in (van Rießen 2016, S. 200 ff.).

Abschließend lässt sich fünftens rekonstruieren, dass eine ‚Pädagogisierung der Situation' – also die Übersetzung von gesellschaftlichen Entwicklungen in pädagogische Fragen – und damit die tendenzielle Ausblendung der strukturellen und konjunkturellen Ursachen von Ausbildungslosigkeit sich als nutzenlimitierend erweist. So wird deutlich, dass sich fehlende Ausbildungsplätze nicht durch Anstrengungsbereitschaft und vermehrte Aktivitäten sowie eine gezielte Förderung und Unterstützung pädagogisieren und kompensieren lassen. Ein konkreter

Zugang zu einer als „sinnvoll erachtete(n) Berufsausbildung (…), die zu einem erfüllenden Arbeitsalltag führt" (Wéber 2015, S. 146), ist für viele Nutzer*innen das, was diese als Ressource in ihrer Situation erwarten, nicht pädagogische Interventionen.

## 4 Fazit

Wir haben diesem Beitrag im Anschluss an Rudolph Bauer (1996) die Frage nach dem Nutzen einer Teilnahme an Angeboten der Jugendberufshilfe als ‚Qualitätsurteil von unten' vorangestellt. In Zusammenschau der anschließend referierten ausgewählten Forschungsergebnisse lässt sich ein zwiespältiges Urteil herauslesen:

Einerseits attestieren die Jugendlichen und jungen Erwachsenen ihrem Maßnahmebesuch nutzenfördende Bedeutungen, wenn es den Sozialpädagog*innen innerhalb der Angebote gelingt, kontinuierlich sinnhafte Bezüge zu den Lebenswirklichkeiten und Interessen der jungen Menschen herzustellen, diese in verständigungsorientierten Aushandlungsprozessen an der Ausgestaltung der Hilfeformen zu beteiligen und sie in ihren individuellen Situationen zu verstehen und anerkennend ernst zu nehmen (Gurr u. a. 2016, S. 308 ff.; van Rießen 2016, S. 233 ff.). Andererseits erfüllt sich für sie ihr elementarer Wunsch nach einer subjektiv ‚passenden' Ausbildungsstelle viel zu selten. Ferner zeigen sich Angebotsgestaltungen, die die Interessen und Bedürfnisse der jungen Nutzer*innen verfehlen und nutzenlimitierende Prozesse von Fremdbestimmung, wie etwa das Hineindrängen in ungewollte Berufsausbildungen, beinhalten.

Sowohl in nutzenfördernder als auch -limitierender Hinsicht sind sozialpädagogische Fachkräfte beteiligt. Deshalb ist die Jugendberufshilfe daraufhin in den Blick zu nehmen, an welchen Stellen sie nutzenfördernde Mitbestimmung in dialogischer Aushandlung ermöglicht, und gleichzeitig (selbst-)kritisch zu prüfen, ob und wie auch durch sozialpädagogisches Handeln Mitbestimmung der jungen Menschen verhindert und Cooling-Out-Prozesse befördert werden.

In der Konsequenz wird deutlich, dass eine Perspektive ‚von unten' die Option bietet, diejenigen Bedingungen und Voraussetzungen sichtbar zu machen, die die Handlungsspielräume der Nutzer*innen im Hinblick auf eine Einmündung in Ausbildung als Zugangsvoraussetzung und Ressource für gesellschaftliche Teilhabe und Selbstbestimmung begrenzen oder verhindern. Davon ausgehend lassen sich Anforderungen für eine Neujustierung Sozialer Arbeit in Maßnahmen der Jugendberufshilfe ableiten. So könnten diese sich daran messen lassen, inwiefern sie den Nutzer*innen Handlungs- und Gestaltungsmöglichkeiten anbieten, damit diese ihre individuelle Lebenssituation selbstbestimmt(er) verändern können. Gleichzeitig gerät so auch in den Blick, dass die Erwartungen und Handlungsspielräume der Nutzer*innen (wie auch der Fachkräfte Sozialer Arbeit) sowohl gesellschaftlich geprägt als auch durch die gesellschaftlichen Bedingungen kontextualisiert sind.

## Literatur

Bauer, Rudolph (1996): „Hier geht es um Menschen, dort um Gegenstände." Über Dienstleistungen, Qualität und Qualitätssicherung. In: Widersprüche, 16, Heft 61, S. 11–49.
Beicht, Ursula/Ulrich, Joachim G. (2010): Verbleib von Altbewerbern und Altbewerberinnen. In: Bundesinstitut für Berufsbildung (Hrsg.): Datenreport zum Berufsbildungsbericht 2010, Bonn.
Beicht, Ursula (2011): In der Warteschleife. Zur Bedeutsamkeit und Wirksamkeit von Bildungsgängen am Übergang Schule-Berufsausbildung. In: Henry-Huthmacher, Christine/Hoffmann, Elisabeth (Hrsg.): Aufstieg durch (Aus-)Bildung – der schwierige Weg zum Azubi. Sankt Augustin/Berlin, S. 73–85.
Bojanowski, Arnulf (2012): „Moratorium 2.0". Oder: Wie das Übergangssystem in Sozialisations- und Individuationsprozesse eingreift. In: Ratschinski, Günter/Steuber, Ariane (Hrsg.): Ausbildungsreife. Kontroversen, Alternativen und Förderansätze. Wiesbaden, S. 115–132.
Calmbach, Marc/Borgstedt, Silke/Borchard, Inga/Thomas, Peter Martin/Flaig, Berthold Bodo (2016): Wie ticken Jugendliche 2016? Lebenswelten von Jugendlichen im Alter von 14 bis 17 Jahren in Deutschland. Wiesbaden.
Eckelt, Marcus/Schmidt, Guido (2014). Wie wird man prekäre*r Lohnarbeiter*in? Verändertes Selbstverständnis Jugendlicher in beruflichen Bildungsangeboten. In: bwp@, Nr. 26. URL: www.bwpat.de/ausgabe26/eckelt_schmidt_bwpat26.pdf (Zugriff: 12.10.2016).
Enggruber, Ruth/Ulrich, Joachim G. (2014): Schwacher Schulabschluss – und dennoch rascher Übergang in Berufsausbildung? Einflussfaktoren auf die Übergangsprozesse von Hauptschulabsolventen/-absolventinnen mit Konsequenzen für deren weitere Bildungswege. In: Bundesinstitut für Berufsbildung (Hrsg.): Wissenschaftliche Diskussionspapiere, Heft 154. Bonn.
Goffman, Erving (1952): On Cooling the Mark out: Some Aspects of Adaptation to Failure. In: Psychiatry, 15, Heft 4, S. 451–463.
Graßhoff, Gunther (Hrsg.) (2013): Adressaten, Nutzer, Agency. Akteursbezogene Forschungsperspektiven in der Sozialen Arbeit. Wiesbaden.
Gurr, Thomas/Kaiser, Yvonne/Kress, Laura/Merchel, Joachim (2016): Schwer erreichbare junge Menschen: eine Herausforderung für die Jugendsozialarbeit. Weinheim.
Köngeter, Stefan/Zeller, Maren (2011): Lost in Transition – Jugendliche und junge Erwachsene mit biographischen Krisen im Übergang. In: Diskurs Kindheits- und Jugendforschung, 1, S. 5–16.
Maier, Maja S. (2013): ‚Schule ist Schrott' – Jugendliche Selbstbehauptung und pädagogische Praktiken im Spannungsfeld von Aktivierungspolitik und der Pädagogik am Übergang. In: Maier, Maja S./Vogel, Thomas (Hrsg.): Übergänge in eine neue Arbeitswelt? Blinde Flecke in der Debatte zum Übergangssystem Schule-Beruf. Wiesbaden, S. 203–223.
Oelerich, Gertrud/Schaarschuch, Andreas (2005): Der Nutzen Sozialer Arbeit. In: Oelerich, Gertrud/Schaarschuch, Andreas (Hrsg.): Soziale Dienstleistungen aus Nutzersicht. Zum Gebrauchswert Sozialer Arbeit. München, S. 80–98.
van Rießen, Anne (2016): Zum Nutzen Sozialer Arbeit. Theaterpädagogische Maßnahmen im Übergang zwischen Schule und Erwerbsarbeit. Wiesbaden.
Sammet, Cornelia/Weißmann, Marliese (2012): Autonomiepotenziale, Erwerbsorientierungen und Zukunftsentwürfe von „benachteiligten" Jugendlichen. In: Mansel, Jürgen/Speck, Karsten (Hrsg.): Jugend und Arbeit. Empirische Bestandsaufnahme und Analysen. Weinheim, S. 175–191.
Schaarschuch, Andreas (1999): Theoretische Grundelemente Sozialer Arbeit als Dienstleistung. Ein analytischer Zugang zur Neuorientierung Sozialer Arbeit. In: neue praxis. Zeitschrift für Sozialarbeit, Sozialpädagogik und Sozialpolitik, 6, S. 543–560.

Schreyer, Franziska/Zahradnik, Franz/Götz, Susanne (2013): Sanktionen bei jungen Arbeitslosen im SGB II. Wenn das Licht ausgeht. In: IAB-Forum, 2, S. 60–67.
Walther, Andreas (2014): Der Kampf um ‚realistische Berufsperspektiven'. Cooling-Out oder Aufrechterhaltung von Teilhabeansprüchen im Übergangssystem? In: Karl, Ute (Hrsg.): Rationalitäten des Übergangs in Erwerbsarbeit. Weinheim, S. 118–135.
Wéber, Júlia (2015): Vom Zwischenmenschlichen zum Politischen? Betreuungsbeziehungen im Übergang aus Adressatinnen-Perspektive. In: Solga, Heike/Weiß, Reinhold (Hrsg.): Wirkung von Fördermaßnahmen im Übergangssystem – Forschungsstand, Kritik, Desiderata. Bielefeld, S. 139–161.
Weiß, Reinhold (2015): Viel hilft nicht immer viel: Wirkung von Fördermaßnahmen im Übergang von der Schule in die berufliche Ausbildung – Einführung und Überblick. In: Solga, Heike/Weiß, Reinhold (Hrsg.): Wirkung von Fördermaßnahmen im Übergangssystem – Forschungsstand, Kritik, Desiderata. Bielefeld, S. 7–23.

# GRUNDLAGEN DER JUGENDBERUFSHILFE

# KAPITEL 3: JUGENDBERUFSHILFE – EIN VIELFÄLTIGES UND WIDERSPRUCHSVOLLES TÄTIGKEITSFELD SOZIALER ARBEIT

*Ruth Enggruber*

**Überblick**

Zu den markanten Merkmalen der Jugendberufshilfe gehören ihre Bezüge zur dualen Berufsausbildung und die sie dominierende Arbeitsmarktorientierung, die in ihrer Widersprüchlichkeit zur Fachlichkeit Sozialer Arbeit problematisiert wird. Die Jugendberufshilfe wird in mehreren Politikressorts verhandelt und ist in verschiedenen Sozialgesetzen verankert, so dass sie eine Vielzahl verschiedener Angebote für unterschiedlich benannte Adressat*innen beinhaltet. Dort arbeiten die sozialpädagogischen Fachkräfte mit Ausbilder*innen und/oder Lehrer*innen zusammen. Die von ihnen zu übernehmenden Aufgaben werden ebenso erläutert wie die damit verbundenen Schwierigkeiten. Abschließend wird die Notwendigkeit von Netzwerkarbeit mit Akteur*innen am regionalen Ausbildungsmarkt und der kommunalen Jugendhilfe begründet.

## Einleitung

Der zweite Teil dieses Lehrbuchs „Grundlagen der Jugendberufshilfe" beginnt mit einem Überblick über dieses überaus vielfältige Tätigkeitsfeld Sozialer Arbeit. Damit soll auch eine Art „Landkarte für die folgenden Kapitel", wie schon in der Einführung angekündigt, skizziert werden. Ein besonderes Augenmerk gilt dabei den Widersprüchen, mit denen sozialpädagogische Fachkräfte in diesem Feld konfrontiert sind und die ihre fachliche Arbeit rahmen bzw. beeinflussen. In folgenden Schritten gehe ich vor:

1. Obwohl dies bereits einleitend geschehen ist, werde ich nochmals kurz die Bezeichnung *Jugendberufshilfe* definieren, um davon ausgehend die darunter gefassten Maßnahmen bzw. Angebote zu nennen. Denn darin wird bereits die bunte Vielfalt dieses Arbeitsfeldes Sozialer Arbeit deutlich.
2. Die Jugendberufshilfe, so wie sie sich gegenwärtig darstellt, hat sich seit den 1970er Jahren entwickelt. Angesichts steigender Jugendausbildungs- und -arbeitslosigkeit sahen sich damals Sozial-, Bildungs- und Jugendpolitik gefordert, jungen Menschen, die keinen betrieblichen Ausbildungsplatz für eine duale Berufsausbildung fanden, Alternativen zu eröffnen. Mithin ist die Entwicklung der Jugendberufshilfe in engem Bezug zur dualen Berufsausbildung zu sehen und als Reaktion auf einen darin eingelassenen institutionellen Wi-

derspruch zu verstehen. Dieser beeinflusst die sozialpädagogische Arbeit erheblich, weil von Seiten der Sozialpolitik vor allem versucht wird, diesen arbeitsmarktpolitisch zu lösen, was mit Konflikten mit dem professionellen Selbstverständnis Sozialer Arbeit verbunden ist.
3. Insgesamt wurden im Laufe der Jahre in der Sozial-, Bildungs- und vor allem Arbeitsmarktpolitik zahlreiche Aktivitäten unternommen, um jungen Menschen trotz fehlender betrieblicher Ausbildungsplätze doch noch den Zugang zu einer dualen Berufsausbildung zu ermöglichen. Inzwischen ist daraus ein kaum noch überschaubarer Förderdschungel mit unterschiedlichen rechtlichen Zuständigkeiten und Adressat*innengruppen der Jugendberufshilfe entstanden, der kurz beleuchtet wird.
4. Seit Einführung der sogenannten Hartz-Gesetze und der Verankerung der Jugendberufshilfe auch im Sozialgesetzbuch (SGB) II (Grundsicherung für Arbeitsuchende) ist sie in den Sog der dort herrschenden Aktivierungs- und Sanktionspraxis geraten, denn inzwischen werden viele ihrer Angebote daraus finanziert. Wie ich darstellen werde, sind damit bedeutsame Konsequenzen für die sozialpädagogischen Fachkräfte verbunden.
5. Unabhängig von den verschiedenen politischen und rechtlichen Zuständigkeiten zeichnet sich die Jugendberufshilfe dadurch aus, dass Fachkräfte Sozialer Arbeit dort häufig in Teams mit Lehrer*innen und/oder Ausbilder*innen zusammenarbeiten. Die Aufgaben, die dabei ihre sozialpädagogische Arbeit konzeptionell leiten sollen, sowie die damit verbundenen unterschiedlichen Adressat*innengruppen werden vorgestellt und die dazu in der Praxis vorhandenen Grenzen und Widersprüchlichkeiten problematisiert.
6. Doch nicht nur im Team arbeiten die sozialpädagogischen Fachkräfte mit unterschiedlichen Berufsgruppen zusammen. Des Weiteren sind sie gefordert, sich mit den in der Kommune bzw. Region vorhandenen relevanten Institutionen bzw. Organisationen des Ausbildungs- und Arbeitsmarktes sowie sozialer Dienstleistungen zu vernetzen, um jungen Menschen den Zugang zu einem von ihnen gewünschten Praktikums- oder Ausbildungsplatz in einem Betrieb zu eröffnen und für sie notwendige soziale Hilfen zu sichern. Abschließend wird nicht verschwiegen, dass für die Bildungseinrichtungen Netzwerkarbeit unter den gegebenen sozialpolitischen Verhältnissen auch im betriebswirtschaftlichen Sinne zur Sicherung der eigenen Existenz und damit ebenso der Arbeitsplätze sozialpädagogischer Fachkräfte notwendig ist.

## 1 Jugendberufshilfe – in einem weiten Verständnis mit einem vielfältigen Angebotsspektrum

Bereits einführend ist *Jugendberufshilfe* in diesem Lehrbuch im weitesten Sinne definiert worden. Danach bezeichnet dieser Begriff alle sozialpädagogisch begleiteten Angebote, die – unabhängig von ihren verschiedenen rechtlichen Grundlagen – vor allem als benachteiligt oder potentiell benachteiligt geltende junge Menschen bei ihrem Übergang von der Schule in eine Berufsausbildung, wäh-

# Jugendberufshilfe – ein vielfältiges und widerspruchsvolles Tätigkeitsfeld

rend ihrer Ausbildung und/oder beim Übergang in Erwerbsarbeit unterstützen (Enggruber 2013). Damit markiert der Begriff ein überaus vielfältiges Tätigkeitsfeld Sozialer Arbeit, das die folgenden Angebote bzw. Maßnahmen umfasst:

- Berufsorientierung in allgemeinbildenden Schulen,
- Berufseinstiegsbegleitung,
- niedrigschwellige Angebote für junge Menschen, die institutionell schwer erreichbar sind,
- Berufsvorbereitung in Bildungseinrichtungen (auch Jugendwerkstätten) sowie in berufsbildenden Schulen (auch Sonderberufsschulen für junge Menschen mit Behinderungen), wobei für Letztere vor allem Schulsozialarbeit zuständig ist,
- außerbetriebliche Berufsausbildungen bei Bildungsträgern, auch Berufsbildungswerke für junge Menschen mit Behinderungen,
- kooperative Varianten von Betrieben und Bildungseinrichtungen gemeinsam und
- Angebote wie ausbildungsbegleitende Hilfen (abH) und die Assistierte Ausbildung (AsA), die die duale Berufsausbildung in Betrieben oder jene in berufsbildenden Schulen begleiten, sofern deren erfolgreicher Abschluss zu scheitern droht.

Im Detail werden diese verschiedenen Angebote bzw. Maßnahmen im dritten Teil dieses Lehrbuchs vorgestellt. Deshalb reicht hier der Hinweis, dass sich lediglich die Berufsorientierung in allgemeinbildenden Schulen an alle Schüler*innen, also auch jene in Gymnasien, richtet. Im Gegensatz dazu können die anderen Maßnahmen nur dann von jungen Menschen genutzt werden, wenn sie keinen betrieblichen Ausbildungsplatz gefunden haben und/oder eine individuelle oder soziale Benachteiligung, auch aufgrund einer Behinderung, nachweisen können.

---

**Merkmale der jugendlichen Adressat*innen der Jugendberufshilfe**

Für alle Adressat*innen gilt, dass sie entweder **keinen betrieblichen oder schulischen Ausbildungsplatz** haben oder ihre **Berufsausbildung zu scheitern droht**. Darüber hinaus sind es häufig, aber nicht immer Jugendliche, die ...

- gar keinen oder einen zu schlechten Schulabschluss haben, gemessen an den Vorstellungen der Ausbildungsbetriebe bei einer dualen Berufsausbildung oder den formalen Zugangsvoraussetzungen zu der von ihnen gewünschten schulischen Berufsausbildung,
- einen Migrationshintergrund haben,
- eine Behinderung oder chronische, auch psychische Erkrankungen haben,
- soziale Benachteiligungen aufweisen wie gravierende soziale Probleme in ihrer Familie oder Straffälligkeit,
- Lebensentwürfe jenseits von Berufsausbildung und Erwerbsarbeit haben.

Die meisten der Adressat*innen streben im Sinne einer gesellschaftlich anerkannten Normalbiografie die Aufnahme und den Abschluss einer dualen Berufsausbildung an (z. B. Beiträge in Mansel/Speck (Hrsg.) 2012). Damit kommt die institutionelle Ordnung der dualen Berufsausbildung in den Blick, die maßgeblich die Entwicklung und den Ausbau der Jugendberufshilfe in den letzten vier Jahrzehnten beeinflusst hat.

## 2 Jugendberufshilfe als Reaktion auf den institutionellen Widerspruch in der dualen Berufsausbildung

Die gegenwärtig vorhandene bunte Angebotsvielfalt der Jugendberufshilfe hat sich seit nun mehr als 35 Jahren entwickelt. Obwohl sich ihre Anfänge bis in die Weimarer Republik zurückverfolgen lassen (Hermanns 2001, vgl. auch Kap. 5), so gilt doch die Phase wirtschaftlicher Rezession in den 1970er Jahren als zentraler Auslöser für den rasanten Ausbau sowie die Institutionalisierung der Jugendberufshilfe in ihrer heutigen Form (Heisler 2016, S. 4.). Wie schon einführend und auch immer wieder in verschiedenen Beiträgen dieses Sammelbandes thematisiert wird, lässt sich ihre Entwicklung nur in engem Zusammenhang zu wirtschaftlichen Prozessen, insbesondere jenen am Ausbildungs- und Arbeitsmarkt verstehen. Dies gilt auch für die 1970er Jahre: In Folge wirtschaftlicher Probleme nahmen Ausbildungs- und Arbeitslosigkeit unter den Jugendlichen zu. Denn es fehlten betriebliche Ausbildungsplätze, um allen ausbildungsinteressierten jungen Menschen einen Zugang zu einer dualen Berufsausbildung zu ermöglichen.

Dabei ist die *duale Berufsausbildung* – mit zwei Dritteln der Ausbildungszeit in einem Betrieb und einem Drittel in der Berufsschule – bis heute der einzige Bildungsbereich in Deutschland, für den **keine formalen Zugangsvoraussetzungen** wie ein bestimmter Schulabschluss gelten.

Nur für junge Menschen mit Behinderungen sieht das Berufsbildungsgesetz (BBiG) in § 66 BBiG Ausnahmeregelungen vor, wenn „für behinderte Menschen, für die wegen Art und Schwere ihrer Behinderung eine Ausbildung in einem anerkannten Ausbildungsberuf nicht in Betracht kommt". Ansonsten gilt aufgrund der fehlenden formalen Zugangsvoraussetzungen zu einer dualen Berufsausbildung der bildungspolitische Grundsatz ‚**Ausbildung für alle**'. Hingegen ist der Zugang marktwirtschaftlich geregelt, denn die Betriebe entscheiden, wie viele Ausbildungsplätze sie anbieten und wen sie als Auszubildende*n einstellen. Trotz fehlender formaler Einstiegsvoraussetzungen scheitern viele Ausbildungsinteressierte an dieser **marktwirtschaftlichen Zugangssteuerung**. Verena Eberhard und Joachim Gerd Ulrich (2010) sehen darin einen institutionellen Widerspruch.

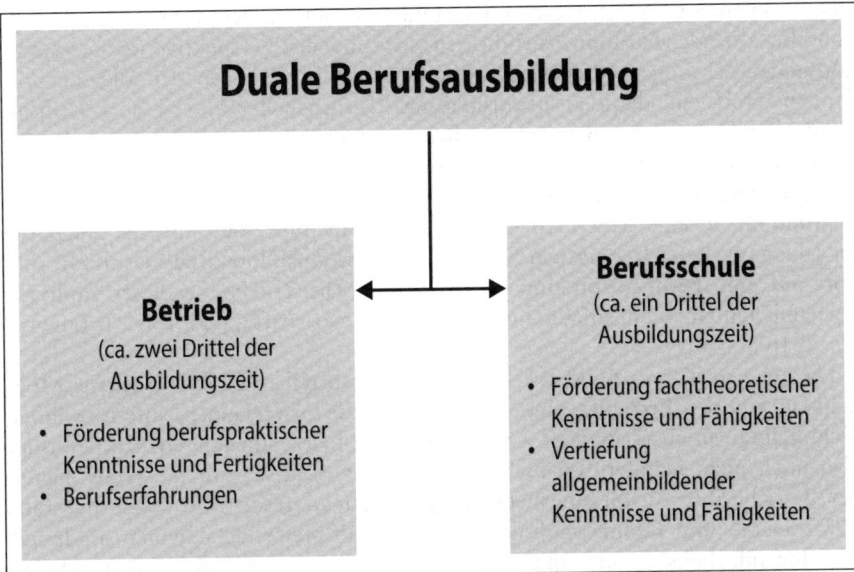

Abb. 1: Duale Berufsausbildung

**Der institutionelle Widerspruch in der dualen Berufsausbildung**
Einerseits soll eine duale Berufsausbildung allen Ausbildungsinteressierten, unabhängig von ihren schulischen Zugangsvoraussetzungen, offenstehen, andererseits wird jedoch vielen jungen Menschen der Zugang zu einer betrieblichen Berufsausbildung durch die marktwirtschaftliche Steuerung verwehrt. Dieser institutionelle Widerspruch ist vor allem für die Jugendlichen mit Nachteilen verbunden. Denn anstatt die Betriebe stärker in die Pflicht zu nehmen, mehr Ausbildungsplätze anzubieten oder andernfalls eine Ausgleichsabgabe zahlen zu müssen – dies wurde schon 1980 in einem Urteil des Bundesverfassungsgerichts als verfassungskonform erklärt (Eberhard/Ulrich 2010, S. 134) – werden den Ausbildungsinteressierten mangelnde „Ausbildungsreife" (Enggruber 2016) bzw. individuelle oder soziale Benachteiligungen oder eine Behinderung zugeschrieben. Diese Defizite sollen sie zunächst in berufsausbildungsvorbereitenden Angeboten der Jugendberufshilfe ausgleichen, um dann anschließend erst in eine betriebliche Ausbildung vermittelt werden zu können.

Mit dem Fokus auf den in die Ordnung der dualen Berufsausbildung eingelassenen institutionellen Widerspruch geht es keineswegs darum, die unterschiedlichen Voraussetzungen zu vernachlässigen, die junge Menschen aufgrund ihrer individuellen Biografien für eine Berufsausbildung mitbringen. Dennoch gilt es festzuhalten, dass in dem seit 1969 geltenden BBiG keine formalen Zugangsvoraussetzungen vorgegeben werden, was bildungspolitisch dem Grundsatz ‚Ausbildung für alle' gleichkommt. Aus dieser institutionellen Perspektive wäre es somit konsequenter, jungen Menschen unmittelbar nach Verlassen der allgemeinbildenden Schule eine duale Berufsausbildung zu ermöglichen und sie dort ihren individuellen Voraussetzungen entsprechend sozial- und berufspädagogisch zu fördern (vgl. dazu auch Kap. 17). Gegenwärtig werden ihnen jedoch stattdessen fehlende Ausbildungsreife und andere Defizite zugeschrieben, um sie mit dieser Begründung in eine Maßnahme der Jugendberufshilfe oder sonstige Angebote im Übergangsbereich zwischen Schule und Berufsausbildung zu vermitteln und dort auf eine Berufsausbildung vorzubereiten. Die Ergebnisse dieser zahlreich vorhandenen Übergangsmaßnahmen sind allerdings strittig (vgl. Kap. 2; Enggruber 2016).

Die auch nach dem Bundesverfassungsgerichtsurteil von 1980 gegebene Möglichkeit, von den Betrieben eine Ausgleichsabgabe zu verlangen, sofern es ihnen nicht gelingt, in ausreichender Zahl Ausbildungsplätze anzubieten, wurde bisher also noch nicht genutzt. Vielmehr wird bildungspolitisch auf die Freiwilligkeit der Betriebe ihre Ausbildungsbeteiligung betreffend gesetzt. So reagierten auch 1980 Sozial- und Bildungspolitik auf die damals steigende Jugendausbildungs- und Jugendarbeitslosigkeit mit der Einführung der sogenannten „Benachteiligtenförderung" (BMBF 2005) für als individuell und sozial benachteiligt geltende Jugendliche. Zunächst wurden in Modellversuchen Ansätze zur sogenannten „sozialpädagogisch orientierten Berufsausbildung" (BMBW 1992) erprobt. Aufgrund ihrer guten Ergebnisse wurden sie 1988 im damaligen Arbeitsförderungsgesetz (AFG) verstetigt. Auch der Ausbau von Berufsbildungswerken (BBW) für junge Menschen mit Behinderungen fiel in das Ende der 1970er Jahre (Hermanns 2001). Mithin wurde Ausbildungslosigkeit schon damals, und dies ist bis heute so geblieben, individualisiert und pädagogisiert, indem ihre Ursachen vorrangig bei den Jugendlichen und ihren vermeintlichen Defiziten und weniger in fehlenden betrieblichen Ausbildungsplätzen gesehen und entsprechend abgebaut werden. In kritischer Lesart haben die freien Träger der Jugendberufshilfe und das dort tätige (sozial-)pädagogische Personal allerdings maßgeblich von dieser Individualisierung und Pädagogisierung profitiert, denn als Reaktion auf zunehmende Jugendausbildungs- und -arbeitslosigkeit wird bis heute eine große Vielzahl unterschiedlicher Angebote mit entsprechenden Arbeitsplätzen finanziert.

Mit dieser Entwicklung ist jedoch für sozialpädagogische Fachkräfte in der Jugendberufshilfe das schon 1993 von Michael Galuske benannte „Orientierungsdilemma" verbunden: Einerseits sollen sie ihrem sozial- und bildungspolitischen Auftrag entsprechend die jungen Menschen ‚tauglich' für den Ausbildungs- und Arbeitsmarkt machen, andererseits fehlen jedoch betriebliche Ausbildungs- und Arbeitsplätze. Dabei wünschen sich die meisten Jugendlichen, wie schon erwähnt, aufgrund ihres gesellschaftlich vermittelten Verständnisses von Normalbiografie einen betrieblichen Ausbildungs- und Arbeitsplatz (vgl. Kap. 2).

Um diesem Widerspruch bzw. „Orientierungsdilemma" zu begegnen, wird in der Wissenschaft Sozialer Arbeit schon länger dafür plädiert, in der Jugendberufshilfe die enge Ausbildungs- und auch Arbeitsmarktorientierung zugunsten von „ganzheitlichen Lebensorientierungen" (Krafeld 1989) aufzugeben, so dass jungen Menschen Lebensperspektiven eröffnet werden, die nicht nur von einem anerkannten Berufsabschluss und Erwerbsarbeit bestimmt werden (siehe auch Kap. 4). Eine solche programmatische Neuausrichtung wurde jedoch bisher in Sozial-, Bildungs- sowie Jugendpolitik nicht aufgenommen. Denn dort überwiegt eine klare Berufs- und Arbeitsmarktfixierung, um Jugendausbildungs- und -arbeitslosigkeit zu vermeiden bzw. zu reduzieren.

## 3 Jugendberufshilfe – ein Thema in Jugend-, Bildungs- und Sozialpolitik mit verschiedenen rechtlichen und institutionellen Zuständigkeiten

In den vorherigen Ausführungen deutet sich schon an, dass sich nicht nur ein Politikressort mit Jugendausbildungs- und -arbeitslosigkeit beschäftigt. Schließlich gilt eine Berufsausbildung mit einem anerkannten Berufsabschluss innerhalb des erwerbsarbeitszentrierten Gesellschaftsmodells in Deutschland als zentral für die soziale Integration junger Menschen. Deshalb wurden mit den Jahren in Jugend-, Bildungs- und Sozial-, insbesondere Arbeitsmarktpolitik diverse rechtlich verankerte Instrumente in Gestalt der heutigen bunten Vielfalt von Angeboten der Jugendberufshilfe entwickelt. Allerdings verfolgen die verschiedenen Politikressorts unterschiedliche Zielsetzungen, die sich auch in den jeweiligen rechtlichen Zuständigkeiten ausdrücken: Während in der Jugendpolitik die Förderung junger Menschen zu einer „eigenverantwortlichen und gemeinschaftsfähigen Persönlichkeit" (§ 1 SGB VIII) durch Berufsbildung im Vordergrund steht, geht es in der Berufsbildungspolitik um einen anerkannten Berufsabschluss gemäß §§ 1, 4 BBiG. Aus sozialpolitischer Sicht sind hingegen die Integration in Erwerbsarbeit und die Vermeidung von Arbeitslosigkeit (§ 1 SGB II, III) sowie die gleichberechtigte und selbstbestimmte Teilhabe junger Menschen mit Behinderungen (§ 1 SGB IX) die primären Zielsetzungen. Neben den darin enthaltenen unterschiedlichen Zielsetzungen gelten die verschiedenen Sozialgesetzbücher auch für unterschiedliche Zielgruppen.

Wie bereits oben erwähnt, erfolgte 1988 die Verstetigung der sogenannten ‚Benachteiligtenförderung' im Arbeitsförderungsgesetz, dem heutigen SGB III. Seitdem wird im Sozialrecht nicht nur zwischen Angeboten für junge Menschen mit *Behinderungen* (SGB IX sowie § 19 SGB III) und *Benachteiligungen* (SGB III, II) unterschieden (vgl. Kap. 6), sondern auch zwischen verschiedenen *Benachteiligungen*: Denn nur für junge Menschen, bei denen ein *besonderer* sozialpädagogischer Förderbedarf aufgrund vielfältiger Benachteiligungen diagnostiziert wird, gilt das SGB VIII (Kinder- und Jugendhilfe; vgl. Kap. 6). Die anderen werden nach SGB III (Arbeitsförderung, teilweise in Verbindung mit SGB II: Grundsicherung für Arbeitsuchende) unterstützt (BMBF 2009). Neben diesen in unterschiedlichen Sozialgesetzen verankerten Maßnahmen gibt es weitere Angebote, die aus diversen Bundes- und Länderprogrammen sowie dem Europäischen Sozialfonds gefördert werden und die sich wiederum an verschiedene Zielgruppen richten.

Mit der Zeit ist ein kaum noch durchschaubarer **Förderdschungel** entstanden, in dem aufgrund seiner starken Zielgruppenunterscheidungen erhebliche Stigmatisierungs- und Etikettierungsrisiken für die Jugendlichen stecken. Denn bevor sie entsprechenden Maßnahmen zugeteilt werden, sind bei ihnen zunächst entsprechende Defizite zu diagnostizieren, damit sie dann mit diesem ‚Etikett' versehen in die ‚passende' Maßnahme vermittelt werden können, finanziert entweder aus dem SGB III (Arbeitsförderung), meistens in Verbindung mit SGB II (Grundsicherung für Arbeitsuchende), oder dem SGB VIII (Kinder- und Jugendhilfe) oder SGB IX (Rehabilitation und Teilhabe behinderter Menschen).

Die verschiedenen rechtlichen Zuständigkeiten spiegeln sich teilweise auch noch in den Fachdebatten zur Jugendberufshilfe wider, die in verschiedenen Wissenschaftsdisziplinen geführt werden. Aufgrund der seit 1988 erfolgten unterschiedlichen rechtlichen Verankerung wird zwischen *Jugendberufshilfe* im engeren Sinne nur für Angebote nach dem SGB VIII und *Benachteiligtenförderung* für jene nach SGB III sowie *Berufsausbildung für junge Menschen mit Behinderungen* nach SGB IX und § 19 SGB III unterschieden (Enggruber 2013). Während in der Wissenschaft Soziale Arbeit überwiegend von *Jugendberufshilfe* die Rede ist, so auch in diesem Lehrbuch, wird in den Berufsbildungswissenschaften die Bezeichnung *berufliche Benachteiligtenförderung* bevorzugt (ebd.). Ungeachtet dieser begrifflichen Feinheiten benutzen wir in diesem Lehrbuch die Bezeichnung *Jugendberufshilfe* im weiten Sinne, so dass alle für das Tätigkeitsfeld relevanten politischen und rechtlichen Zuständigkeiten einbezogen werden.

Je nach Politikressort und entsprechenden rechtlichen Grundlagen sind auch unterschiedliche Institutionen bzw. öffentliche Träger für die jeweiligen Angebote der Jugendberufshilfe federführend: Während Maßnahmen nach SGB II im Jobcenter verwaltet und finanziert werden, sind für Angebote nach SGB III die örtliche Agentur für Arbeit sowie für jene nach SGB VIII das jeweilige Jugendamt zuständig. Für Leistungen zur Jugendberufshilfe nach SGB IX sind verschiedene öffentliche Träger, teilweise auch das örtliche Sozialamt relevant. In der Jugendberufshilfe tätige Fachkräfte Sozialer Arbeit sind mithin gefordert, sich mit diesen unterschiedlichen rechtlichen und institutionellen Zuständigkeiten vertraut zu machen. Darauf wird hier Peter Schruth im sechsten Kapitel noch ausführlicher eingehen. Dabei wird er besonders problematisieren, dass seit der Einführung des SGB II im Jahr 2005, dem sogenannten Hartz-IV-Gesetz, die meisten Angebote der Jugendberufshilfe aufgrund der in § 3 Abs. 2 SGB II verankerten Vorrangregelung aus SGB II finanziert werden (Fahlbusch 2014).

Als **Altersgrenze** gilt nach § 28 Abs. 1 SGB II für junge Menschen ohne Berufsausbildung oder Erwerbsarbeit das vollendete 25. Lebensjahr, so dass davon ausgegangen werden kann, dass die Teilnehmer*innen in der Jugendberufshilfe weit überwiegend zwischen **15 und unter 25 Jahre alt** sind oder zumindest so alt waren, als sie die Maßnahme begonnen haben.

Aufgrund der Vorrangregelung gibt es nur noch wenige Maßnahmen, die nach SGB VIII, also aus Mitteln der Kinder- und Jugendhilfe gefördert werden. Der jugendpolitische Anspruch, auch Teilnehmer*innen der Jugendberufshilfe ganzheitlich in ihrer Persönlichkeitsentwicklung zu fördern (§ 1 SGB VIII), ist damit nahezu vollständig zugunsten von Arbeitsmarktorientierung und ‚Aktivierung' von Beschäftigungsfähigkeit aufgegeben worden.

## 4 Jugendberufshilfe im Sog der Aktivierungs- und Sanktionspraxis nach SGB II

Um die Ausführungen von Peter Schruth im sechsten Kapitel nicht vorweg zu nehmen, sollen hier nur kurz die Widersprüche benannt werden, die für die sozialpädagogische Begleitung aus der gesetzlichen Vorrangregelung im SGB II resultieren. Denn in Folge dieser werden seit 2005 die meisten jungen Menschen in Maßnahmen vermittelt, in denen die Logik des Förderns und Forderns gemäß SGB II gilt. Im ersten Kapitel wurde schon herausgestellt, dass die Jugendlichen im SGB-II-Bezug auch unter Androhung von Sanktionen in Form von Leistungskürzungen oder sogar vollständigem Leistungsentzug (§ 31a, Abs. 2, Satz 2 SGB II) alles unternehmen sollen, um eine Berufsausbildung aufzunehmen und erfolgreich abzuschließen, um erwerbsfähig zu werden.

Aus professionstheoretischer Sicht ist damit für die sozialpädagogischen Fachkräfte eine deutliche Verschärfung des Konflikts zwischen Arbeitsmarkt- und Lebensweltorientierung verbunden: Denn aus ihrer fachlichen Sicht geht es um die subjektiven Lebenswünsche und Bedürfnisse der Jugendlichen, die es gemeinsam und verständigungsorientiert mit ihnen zu klären und verfolgen gilt. Davon ausgehend sollen die Teilnehmer*innen in der Jugendberufshilfe darin unterstützt werden, ihren subjektiven Vorstellungen entsprechend ein selbstbestimmtes Leben führen zu können. Dem gegenüber steht jedoch der sozialpolitische bzw. gesetzliche Auftrag, die Jugendlichen für eine Berufsausbildung und Erwerbsarbeit zu qualifizieren. Von Seiten der Jobcenter drohen Sanktionen, wenn sich die Teilnehmer*innen nicht ‚aktivieren' lassen. Die Aufgabe, dem Jobcenter mögliche Fehlzeiten oder sonstiges Fehlverhalten der Jugendlichen zu melden und damit mögliche Sanktionen auszulösen, fällt häufig den sozialpädagogischen Fachkräften in den Bildungseinrichtungen der Jugendberufshilfe zu. Im 16. Kapitel wird Michael Fehlau Möglichkeiten skizzieren, wie die Fachkräfte mit diesem Widerspruch umgehen können, wobei zu berücksichtigen ist, dass sie häufig nicht alleine, sondern meistens in multidisziplinären Teams gemeinsam mit Ausbilder*innen und/oder Lehrer*innen tätig sind.

## 5 Adressat*innen und Aufgaben sozialpädagogischer Fachkräfte im Team mit Ausbilder*innen und/oder Lehrer*innen

Das sozialpädagogische Tätigkeitsfeld der Jugendberufshilfe zeichnet sich – neben unterschiedlichen politischen, rechtlichen und institutionellen Zuständigkeiten, wie soeben skizziert – auch meistens durch die Zusammenarbeit der Fachkräfte in Ausbildungsteams mit Ausbilder*innen und/oder Lehrer*innen aus:

- Die Ausbilder*innen in Betrieben, außerbetrieblichen Bildungseinrichtungen oder Werkstätten (z. B. auch Übungsbüros oder Ausbildungsküchen) berufsbildendender Schulen sollen die Jugendlichen fachpraktisch qualifizieren und ihnen die notwendigen beruflichen Handlungskompetenzen vermitteln.
- Den Lehrer*innen im Berufsschulunterricht oder in schulischen berufsvorbereitenden Maßnahmen sowie im Stützunterricht in außerbetrieblichen Einrichtungen obliegt die Aufgabe, den jungen Menschen die für eine Berufsausbildung und einen Berufsabschluss notwendigen fachtheoretischen und allgemeinbildenden Kenntnisse und Fertigkeiten zu vermitteln.
- Den Fachkräften Sozialer Arbeit kommen in diesem Orchester unterschiedlicher berufs-, schul- und sozialpädagogischer sowie teilweise auch sonderpädagogischer Fachlichkeit konzeptionell zwei zentrale Aufgabenbereiche zu (Enggruber 2013):
  **Pädagogische Aufgaben mit den Teilnehmer*innen**: Zum einen sollen sie die Jugendlichen bzw. jungen Erwachsenen an den verschiedenen Lernorten im Rahmen von Einzelfallhilfe und Gruppenarbeit in ihrer psycho-sozialen Entwicklung unterstützen und ihre Lebensführungskompetenzen stärken. In diesen Aufgabenbereich fallen z. B. Beratungsgespräche, Begleitung bei Behördengängen (auch Jobcenter, Arbeitsagentur oder Jugendgerichtshilfe), Unterstützung bei der Wohnungssuche, Vermittlung an Beratungsstellen (z. B. Drogen-, Schuldner- oder Erziehungsberatung), Gruppenangebote zu ausgewählten Themen (z. B. Bewerbungstraining, Umgang mit Konflikten, berufskundliche Exkursionen), erlebnis- und sonstige freizeitpädagogische Angebote sowie ggf. auch Elternarbeit. Ferner sollen sie die Jugendlichen bei ihrer Suche eines betrieblichen Praktikums-, Ausbildungs- oder Arbeitsplatzes unterstützen.
  **Strukturbildende Aufgaben mit Ausbilder* innen und Lehrer*innen**: Zum anderen sollen die Fachkräfte sozialpädagogische Denk- und Handlungsweisen in alle (Aus-)Bildungsprozesse einbringen, indem sie die anderen in der Jugendberufshilfe tätigen Berufsgruppen an den jeweiligen Lernorten für die lebensweltlichen Bezüge der jungen Menschen sensibilisieren und bei ihnen ein entsprechendes Verständnis fördern. Zumindest konzeptionell sollen also durch die sozialpädagogische Begleitung „Ganzheitlichkeit und Lebensweltbezüge" (BMBF 2005, S. 85) in allen (Aus-)Bildungsprozessen gewährleistet werden. Des Weiteren sind die Fachkräfte Sozialer Arbeit auch für die Gewinnung von betrieblichen Praktikums-, Ausbildungs- oder Arbeitsplätzen (mit) zuständig, so dass sie gefordert sind, Betriebe davon zu überzeugen, als benachteiligt oder behindert geltende junge Menschen auszubilden, und sie entsprechend zu beraten.

Aufgrund dieser beiden Aufgabenbereiche, die der sozialpädagogischen Begleitung in der Jugendberufshilfe zukommen, sind ihre Adressat*innen nicht nur die Jugendlichen bzw. jungen Erwachsenen, sondern zur Strukturbildung ebenfalls Ausbilder*innen und Lehrer*innen an den beteiligten Lernorten sowie Eltern und Betriebs-, Schul- und Einrichtungsleitungen.

### Adressat*innen der sozialpädagogischen Fachkräfte

*Primäre Adressat* innen:*

- Jugendliche bzw. junge Erwachsene

*Sekundäre Adressat* innen:*

- Ausbilder*innen in Betrieben, Bildungseinrichtungen und Schulwerkstätten jedweder Art (auch Produktionsschulen, Übungsfirmen, Ausbildungsküchen u. a.)
- Lehrer*innen in allgemeinbildenden Schulen, schulischen und außerschulischen Berufsvorbereitungsmaßnahmen sowie in Berufsschulen (begleitend zur Berufsausbildung) und außerbetrieblichen Bildungseinrichtungen
- Eltern
- Betriebs-, Einrichtungs- und Schulleitung

In der Praxis stoßen die Fachkräfte Sozialer Arbeit insbesondere bezogen auf ihre Aufgaben, im Team gemeinsam mit Ausbilder*innen und/oder Lehrer*innen an den verschiedenen Lernorten mehr Ganzheitlichkeit und Lebensweltbezüge der (Aus)Bildungsprozesse zu gewährleisten, immer wieder an zwei bedeutsame Grenzen:

1. Hier wurde bereits mehrfach angesprochen, dass in der Bildungs- und Sozialpolitik sowie in den entsprechenden Rechtsgrundlagen Berufs- und Arbeitsmarktorientierung dominieren, in der die berufliche Qualifizierung der Jugendlichen mit Förderung ihrer Beschäftigungsfähigkeit primäre Zielsetzungen sind. Entsprechend zeigen die Untersuchungen von Jan Düker, Thomas Ley und Holger Ziegler (2013, S. 72), dass es in der Jugendberufshilfe zwar im ganzheitlichen Sinne durchaus „um Lebensführungsprobleme aller Art (geht), aber dies eben letztlich nur insofern, wie diese als Hürden für den Übergang in Erwerbsarbeit dechiffriert werden können". Diesem Grundsatz folgt auch die Verwaltungs- und Dokumentationssoftware, die nach den Vorgaben der Arbeitsverwaltung in den Bildungseinrichtungen – zumeist von den sozialpädagogischen Fachkräften – ausgefüllt bzw. bearbeitet werden muss (vgl. Kap. 9).

Erschwerend kommt hinzu, dass alle Angebote der Jugendberufshilfe, die in Bildungseinrichtungen nach dem SGB II oder III finanziert werden, zeitlich befristet sind. Neue Maßnahmen werden den Bildungseinrichtungen nur dann von der Arbeitsverwaltung bewilligt, wenn sie nachweisen können, dass sie in vorherigen Angeboten möglichst viele ihrer Teilnehmer*innen in eine Berufsausbildung oder Erwerbsarbeit vermittelt haben. Die Arbeitsplätze des pädagogischen Personals sind also maßgeblich von den Vermittlungserfolgen abhängig. Damit sind die sozialpädagogischen Fachkräfte schon aus Eigeninteresse an ihrer Arbeitsplatzsicherheit gefordert sind, die Jugendlichen und jungen Erwachsenen ‚um jeden Preis' zu vermitteln. Dies geht oftmals auf Kosten von Ganzheitlichkeit und Lebensweltbezügen.

Denn aufgrund der Vergabepraxis der Arbeitsverwaltung besteht die Gefahr, dass die Teilnehmer*innen von den sozialpädagogischen Fachkräften nur noch in ihrem „institutionellen Selbst", also in ihrer unter den gegebenen Ausbildungs- und Arbeitsmarktverhältnissen „funktionsfähigen Identität" und eben nicht mehr ganzheitlich mit ihren vielfältigen Bedürfnissen und Interessen gesehen werden (Düker/Ley/Ziegler 2013, S. 74; Dick 2017, S. 212 ff.). Damit verbunden sind oftmals Prozesse des ‚Cooling-Out' in dem Sinne, dass die Berufswünsche der jungen Menschen so lange ‚abgekühlt' und angepasst werden, bis sie am regionalen Ausbildungs- und Arbeitsmarkt höhere Vermittlungschancen eröffnen.

2. Eine weitere Hürde könnte bei den Ausbilder*innen und Lehrer*innen liegen, mit denen die sozialpädagogischen Fachkräfte zusammenarbeiten. Nicht nur die sozialpolitischen Vorgaben, sondern ebenfalls ihre im Laufe der eigenen beruflichen Sozialisation entwickelte professionelle Identität könnte begünstigen, dass sie der beruflichen Qualifizierung der Jugendlichen oberste Priorität geben. Zudem basiert ihre pädagogische Arbeit auf Lehr- und Ausbildungsplänen sowie sonstigen Curricula, die sie erfüllen müssen, um die Jugendlichen auf die im BBiG geregelten Prüfungen angemessen vorzubereiten. Hinzu kommt, dass auch für die Jugendlichen eine Berufsausbildung und ein anerkannter Berufsabschluss von großer Bedeutung sind, wie Michael Fehlau und Anne van Rießen oben im zweiten Kapitel zeigen. Nicht nur die eigene pädagogische Professionalität und die diversen Vorgaben aus Bildungs- und Sozialpolitik, sondern auch die Wünsche der Jugendlichen bestärken also Lehrer*innen und Ausbilder*innen in ihrer Berufs- und Arbeitsmarktorientierung. Damit es dennoch den Fachkräften Sozialer Arbeit gelingt, ihre sozialpädagogischen Denk- und Handlungsweisen in alle (Aus-)Bildungsprozesse einzubringen, sind sie gefordert, die professionellen Selbstverständnisse ihrer Teammitglieder zu verstehen und daran anknüpfend sie davon zu überzeugen, die Jugendlichen stärker ganzheitlich und lebensweltorientiert zu fördern und nicht nur deren Berufsausbildung mit Abschluss und Erwerbsarbeit im Blick zu haben.

Trotz all der hier skizzierten Restriktionen gelingt es sozialpädagogischen Fachkräften in der Jugendberufshilfe, subjektorientiert mit den Teilnehmer*innen zusammenarbeiten, wie die Forschungsergebnisse von Oliver Dick (2017, S. 216 ff.) zeigen. Michael Fehlau wird im 16. Kapitel dieses Lehrbuchs genauer erläutern, welche Freiräume Sozialpädagog*innen nutzen können – und im Sinne ihrer Fachlichkeit auch nutzen sollten –, um die jungen Menschen im Sinne Lebensweltorientierter Sozialer Arbeit von Hans Thiersch (2014) bei ihrer Alltagsbewältigung zu unterstützen (vgl. Kap. 4).

Meinen Beitrag werde ich mit der folgenden Kurzvorstellung der vielfältigen Organisationen bzw. Institutionen abschließen, mit denen Fachkräfte Sozialer Arbeit in der Jugendberufshilfe kooperieren oder sich vernetzen sollten, um in Abstimmung mit den Teilnehmer*innen für diese möglichst gute Förder- und Ausbildungsbedingungen gewährleisten zu können.

## 6 Netzwerkarbeit sozialpädagogischer Fachkräfte in der Jugendberufshilfe

Im lokalen oder regionalen Kontext sollten sich Fachkräfte Sozialer Arbeit mit diversen Institutionen und Organisationen – auch in sogenannten ‚Runden Tischen' oder ‚Lokalen Bündnissen' für Berufsausbildung oder anderen Gremien – vernetzen und zwar aus drei Gründen: Erstens ist Netzwerkarbeit mit Partner*innen des lokalen Ausbildungsmarkts eine zentrale Voraussetzung, um den Jugendlichen bzw. jungen Erwachsenen ihren Vorstellungen entsprechende Praktikums- und Ausbildungsplätze in Betrieben anbieten zu können. Zweitens ist sie mit kommunalen Jugendhilfeangeboten und öffentlichen Trägern wie Jobcenter, Jugendamt oder Sozialamt notwendig, damit die Fachkräfte bei Bedarf Teilnehmer*innen gezielt dabei unterstützen können, weitere, über die Jugendberufshilfe hinausgehende soziale Dienste zu nutzen.

Drittens ist aus förderungspolitischer Perspektive eine entsprechende Netzwerkarbeit auch deshalb unabdingbar, um die Existenz der Bildungseinrichtungen und damit die Arbeitsplätze des pädagogischen Personals zu sichern. Denn die Angebote der Jugendberufshilfe werden, wie schon oben erwähnt, im Zuständigkeitsbereich des SGB II vom örtlichen Jobcenter, des SGB III von der Agentur für Arbeit, des SGB VIII vom Jugendamt und im Fall des SGB IX teilweise auch vom Sozialamt finanziert. Vor allem die Maßnahmen nach SGB II und III werden meistens im Rahmen öffentlicher Ausschreibungsverfahren vergeben, so dass die Bildungseinrichtungen den Zuschlag erhalten, deren Angebot die beste Preis-Leistungs-Relation aufweist (vgl. Kap. 9 und Kap. 7). Wie schon oben kritisch herausgestellt, wird die *Leistung* dabei insbesondere an den Vermittlungsquoten in eine Berufsausbildung oder Erwerbsarbeit gemessen. So gesehen sollten die Bildungseinrichtungen auch deshalb vertrauensvolle Kooperationsbeziehungen zu Praktikums- und Ausbildungsbetrieben und sonstigen Akteuren des lokalen Ausbildungs- und Arbeitsmarktes pflegen, um die Jugendlichen vermitteln zu können und damit die eigene Existenz zu sichern.

**Kooperationspartner*innen bezogen auf die Förderung der Berufsausbildung**

- Ausbildungs- und Praktikumsbetriebe
- zuständige Kammern, z. B. Handwerkskammer (HWK), Industrie- und Handelskammer (IHK) oder Ärztekammer
- Arbeitgeber- und Wirtschaftsverbände
- Gewerkschaften und sonstige Arbeitnehmerverbände
- Agentur für Arbeit
- Jobcenter
- Jugendamt
- Sozialamt

Weitere institutionelle Vernetzungen sind mit der jeweils lokalen Jugendhilfe – z. B. durch Mitarbeit im jeweiligen Jugendhilfeausschuss – zu gewährleisten, um den individuellen Bedarfen der Jugendlichen Rechnung tragen und ihnen ein breites Angebot unterschiedlicher sozialer Dienste eröffnen zu können.

> **Kooperationspartner aus der Jugendhilfe**
>
> - Jugendamt
> - Beratungsstellen wie Drogen-, Erziehungs-, Schwangerschafts- oder Schuldnerberatung
> - offene Kinder- und Jugendeinrichtungen
> - ambulante und stationäre Einrichtungen der Jugendhilfe

Darüber hinaus können durch Verbindungen zur lokalen Zivilgesellschaft wie Stiftungen, Kirchengemeinden oder Migrant*innenorganisationen neue innovative Angebote entwickelt und finanziert werden, für die öffentliche Träger keine Mittel zu Verfügung stellen. Zu denken wäre z. B. an inklusiv gestaltete Berufsausbildungsangebote, die allen ausbildungsinteressierten jungen Menschen unmittelbar im Anschluss an ihre allgemeinbildende Schulzeit einen Zugang zu einer dualen Berufsausbildung eröffnen, unabhängig davon, ob sie als benachteiligt, nicht ausbildungsreif oder behindert gelten (vgl. Kap. 17).

Alle zuvor genannten Institutionen und Organisationen folgen einer institutionellen Eigenlogik und spezifischen Kultur. Sie verfügen über eigene Problemdefinitionen und Problemlösungen, weisen spezifische Arbeitsroutinen und -abläufe auf und pflegen ihre eigene Organisationskultur. Ihre Mitglieder bzw. Angehörigen teilen oftmals ein gemeinsames professionelles Selbstverständnis mit entsprechenden Wirklichkeitsverständnissen. Um mit den vielfältigen Institutionen bzw. Organisationen sowie Berufsgruppen zusammenarbeiten zu können, die für die Jugendberufshilfe relevant sind, benötigen dort tätige Fachkräfte Sozialer Arbeit breite institutionelle, rechtliche sowie organisationstheoretische Kenntnisse, die es ihnen ermöglichen, sich mit Vertreter*innen aus den unterschiedlichen organisatorischen ‚Welten' zu vernetzen und mit verschiedenen Berufsgruppen verständnisvoll und verständigungsorientiert zusammen zu arbeiten. Außerdem sind auch in vertrauensvoll gestalteten Kooperationsbeziehungen mit Akteur*innen am regionalen Ausbildungs- und Arbeitsmarkt sowie der sozialen Infrastruktur in der Kommune Freiräume zu finden, die es im Sinne der Jugendlichen für ihre ganzheitliche und lebensweltorientierte Förderung zu nutzen gilt.

Bevor sich Michael Fehlau hier im 16. Kapitel genauer auf die Spurensuche begeben und die Freiräume herausarbeiten wird, die für sozialpädagogische Fachlichkeit in der Jugendberufshilfe trotz des Spannungsfeldes zwischen Lebenswelt- und Arbeitsmarktorientierung sowie des Sanktionskontextes des SGB II bestehen, werden Ruth Enggruber und Michael Fehlau vorbereitend dazu im folgenden vierten Kapitel professionstheoretische Reflexionen zur Jugendberufshilfe anstellen.

## Literatur

BMBF – Bundesministerium für Bildung und Forschung (Hrsg.) (2005): Berufliche Qualifizierung Jugendlicher mit besonderem Förderbedarf – Benachteiligtenförderung. Berlin/Bonn.
BMBF – Bundesministerium für Bildung und Forschung (Hrsg.) (2009): Gutachten zur Systematisierung der Fördersysteme, -instrumente und -maßnahmen in der beruflichen Benachteiligtenförderung. Band 3 der Reihe Berufsbildungsforschung, Bonn/Berlin.
BMBW – Bundesministerium für Bildung und Wissenschaft (Hrsg.) (1992): Sozialpädagogisch orientierte Berufsausbildung. Bonn.
Dick, Oliver (2017): Sozialpädagogik im „Übergangssystem". Implizite Wissens- und Handlungsstrukturen von sozialpädagogischen Fachkräften in einem arbeitsmarktpolitisch dominierten Arbeitsfeld. Weinheim/Basel.
Düker, Jan/Ley, Thomas/Ziegler, Holger (2013): Realistische Perspektiven? – Ungleichheiten, Verwirklichungschancen und institutionelle Reflexivität im Übergangssektor. In: Böllert, Karin/Alfert, Nicole/Humme, Marc (Hrsg.): Soziale Arbeit in der Krise. Wiesbaden, S. 63–81.
Eberhard, Verena/Ulrich, Joachim Gerd (2010): Übergänge zwischen Schule und Berufsausbildung. In: Bosch, Gerhard/Krone, Sirikit/Langer, Dirk (Hrsg.): Das Berufsbildungssystem in Deutschland. Wiesbaden, S. 133–164.
Enggruber, Ruth (2013): Jugendberufshilfe. In: Rauschenbach, Thomas/Borrmann, Stefan (Hrsg.): Enzyklopädie Erziehungswissenschaft Online (EEO): Jugend und Jugendarbeit, Kooperationspartner der Jugendarbeit. Weinheim/Basel.
Enggruber, Ruth (2016): Inklusive Berufsausbildung – ein Schlüssel für bessere Bildungswege von Jugendlichen mit Hauptschulabschluss. In: Sozialer Fortschritt, 6, S. 136–142.
Fahlbusch, Jonathan (2014). Gelingensbedingungen der Jugendberufsagenturen und Hinweise für die Jugendhilfe. In: Der Paritätische Gesamtverband (Hrsg.): Fachtagung Kein Jugendlicher darf zurückgelassen werden. Des Rätsels Lösung: Jugendberufsagenturen. Berlin, S. 3–7.
Galuske, Michael (1993): Das Orientierungsdilemma. Jugendberufshilfe, sozialpädagogische Selbstvergewisserung und die modernisierte Arbeitsgesellschaft. Bielefeld.
Heisler, Dietmar (2016): Inklusion als Herausforderung für das Übergangssystem und die berufliche Integrationsförderung. Ein Diskussionsansatz zu Exklusionskritik und De-Segregationsforderungen. In: bwp@ Berufs- und Wirtschaftspädagogik – online, 30, S. 1–20. URL: http://www.bwpat.de/ausgabe/30/heisler (Zugriff: 05.07.2016).
Hermanns, Manfred (2001): Ursprünge der Jugendsozialarbeit in der Weimarer Republik. In: Fülbier, Paul/Münchmeier, Richard (Hrsg.): Handbuch Jugendsozialarbeit. Münster, S. 20–37.
Krafeld, Franz Josef (1989): Anders leben lernen. Von berufsfixierten zu ganzheitlichen Lebensorientierungen. Weinheim.
Mansel, Jürgen/Speck, Karsten (Hrsg.) (2012): Jugend und Arbeit. Empirische Bestandsaufnahme und Analysen. Weinheim/Basel.
Thiersch, Hans (2014): Lebensweltorientierte Soziale Arbeit. Aufgaben der Praxis im sozialen Wandel. 9. Aufl. Weinheim.

# KAPITEL 4: LEBENSWELTORIENTIERTE SOZIALE ARBEIT – EINE PROFESSIONSTHEORETISCHE GRUNDLAGE FÜR DIE JUGENDBERUFSHILFE

*Ruth Enggruber & Michael Fehlau*

**Überblick**

Der Beitrag stellt das lebensweltorientierte Verständnis sozialpädagogischer Fachlichkeit systematisch vor. Dazu wird zunächst die Wahl der *Lebensweltorientierten Sozialen Arbeit*, die maßgeblich von Hans Thiersch innerhalb der letzten vier Jahrzehnte entwickelt wurde, als professionstheoretische Grundlage für die Jugendberufshilfe begründet. Es folgt eine Skizze des historischen Entwicklungskontextes des Konzepts. In dessen theoretische Grundannahmen wird entlang von fünf widerspruchsvollen Grundfragen eingeführt, die Soziale Arbeit und somit auch die Jugendberufshilfe kennzeichnen. Zum Abschluss werden die fünf Handlungs- und Strukturmaximen vorgestellt, mit denen die sozialpädagogische und institutionelle Praxis gestaltet und selbst- sowie institutionenkritisch reflektiert werden soll.

## Einleitung

In der Einführung in dieses Lehrbuch wird die *Jugendberufshilfe* als ein „widerspruchsvolles Tätigkeitsfeld" bezeichnet. Als ein zentraler Widerspruch wurde in vorherigen Kapiteln jener zwischen Arbeitsmarkt- bzw. Erwerbsarbeits- und Lebensweltorientierung herausgearbeitet, der seit nun fast dreißig Jahren die sozialpädagogischen Debatten zur Jugendberufshilfe bestimmt. Bereits 1989 kritisierte Franz Josef Krafeld die einseitige Berufsfixierung und plädierte für ganzheitliche Lebensorientierungen für die Jugendlichen. Denn ein Selbstverständnis von *Jugendberufshilfe*, das sich einseitig als ‚Brücke in die Arbeitswelt' nur am Lebenskonzept einer ‚Normalerwerbsbiografie' ausrichte, trage nicht (mehr) (auch Krafeld 2000). Zu viele vom Ausbildungs- und Erwerbsarbeitsmarkt ausgeschlossene junge Menschen seien trotz ihrer Teilnahme an Angeboten der Jugendberufshilfe mit Ausbildungs- und Arbeitslosigkeit sowie unsicheren Berufsbiografien konfrontiert. Deshalb verfehle auch die Arbeitsmarktpolitik und damit ebenso die Jugendberufshilfe die Lebensrealität ihrer Adressat*innen, wenn sie an einem längst brüchig gewordenen Versprechen gesellschaftlicher Teilhabe allein durch berufliche Integration festhalte. Stattdessen forderte Franz Josef Krafeld (2000) eine ganzheitlich ausgerichtete, lebensweltorientierte Jugendberufshilfe, die junge Menschen darin unterstütze und ihnen ermögliche, ihre eigensinnigen Lebensentwürfe unter ungewissen, riskanten Zukunftsaussichten ‚ersinnen' und bewältigen zu können.

Auch Michael Galuske problematisierte schon 1993 in seinem Bild des „Orientierungsdilemmas", dass Sozialpädagog*innen in der Jugendberufshilfe gefordert seien, junge Menschen in eine Berufsausbildung oder Erwerbsarbeit zu vermitteln, obgleich entsprechende Ausbildungs- und Arbeitsplätze in Betrieben fehlten. Deshalb sei es sinnvoller, sie im lebensweltlichen Sinne ihren individuellen Bedürfnissen entsprechend ganzheitlich zu unterstützen und auch auf ein Leben mit Zeiten von Ausbildungs- oder Arbeitslosigkeit vorzubereiten, anstatt sie einseitig nur auf eine Ausbildung und Erwerbsarbeit zu orientieren.

Spätestens seit 2005 mit Inkrafttreten der sogenannten Hartz-Gesetze, insbesondere dem Sozialgesetzbuch (SGB) II, ist die Jugendberufshilfe mit in den Sog der sozialpolitischen ‚Aktivierungsprogrammatik' und der damit einhergehenden noch schärferen Ausbildungs- und Erwerbsarbeitsmarktorientierung geraten (vgl. Kap. 3). Seitdem werden ihre ‚Erfolge' vor allem an Vermittlungsquoten in eine Berufsausbildung oder Erwerbsarbeit gemessen, was auch den ‚Vermittlungsauftrag' der sozialpädagogischen Fachkräfte verschärft hat. Ferner zogen mit den sogenannten Hartz-Gesetzen standardisierte, betriebswirtschaftliche Steuerungs- und Kontrollinstrumente in das Tätigkeitsfeld ein, um die Maßnahmen im ökonomischen Sinne ‚effektiver' und ‚effizienter' zu gestalten (vgl. Kap. 7). Diese beiden zentralen Entwicklungen, die hier pointiert als *Aktivierung* und *Verbetriebswirtschaftlichung* bezeichnet werden, werden sowohl in der Literatur (z. B. Enggruber 2016; Galuske/Rietzke 2008), als auch immer wieder in einzelnen Kapiteln dieses Lehrbuchs als institutionelle Grenzen oder Schranken für eine ganzheitlich ausgerichtete, lebensweltorientierte Fachlichkeit in der Jugendberufshilfe kritisiert.

Das in diesen Kritiken angesprochene Verständnis eigener *Fachlichkeit* bzw. *Professionalität* Sozialer Arbeit wurde jedoch bisher in diesem Lehrbuch noch nicht systematisch vorgestellt und erörtert. Es wurde nur an einzelnen Stellen auf das „lebensweltorientierte Verständnis von *Jugendberufshilfe*" verwiesen (vgl. Kap. 1), das theoriegeschichtlich mit dem Konzept Lebensweltorientierter Sozialer Arbeit von Hans Thiersch (2014; auch Grunwald/Thiersch 2015, 2016; Thiersch/Grunwald/Köngeter 2012) verbunden ist. Deshalb wird in diesem Kapitel dieses Verständnis vorgestellt und zwar in den folgenden vier Schritten:

1. Angesichts der Vielzahl der in der Sozialen Arbeit vorhandenen Theorieangebote sind wir gefordert zu begründen, warum wir den Ansatz von Hans Thiersch als professionstheoretische Basis für die Jugendberufshilfe vorschlagen.
2. Da Hans Thiersch sein Konzept in Auseinandersetzung mit gesellschaftlich-historischen Entwicklungen auf der einen und jenen in der Sozialen Arbeit auf der anderen Seite formuliert hat, werden diese kurz skizziert, denn sie haben sein Verständnis *Lebensweltorientierter Sozialer Arbeit* maßgeblich geprägt.
3. Nicht nur im Rahmen des vorliegenden Lehrbuchs, sondern grundlegend für die Profession Sozialer Arbeit werden seit Jahrzehnten Widersprüche bzw.

„Paradoxien" (Schütze 1997) benannt, die die Institutionen und das pädagogische Handeln der Sozialen Arbeit kennzeichnen. Für die Jugendberufshilfe werden wir entlang von fünf widerspruchsvollen Grundfragen in die theoretischen Grundlagen Lebensweltorientierter Sozialer Arbeit einführen, weil wir dort Antworten darauf gefunden haben.

4. Abschließend werden die fünf Handlungs- und Strukturmaximen Lebensweltorientierter Sozialer Arbeit zur Gestaltung pädagogischer und institutioneller Praxis und damit auch in der Jugendberufshilfe kurz vorgestellt, für deren Umsetzung mittels sozialpolitischer Einmischung gestritten werden soll.

## 1 Zur Auswahl Lebensweltorientierter Sozialer Arbeit als professionstheoretische Basis von Jugendberufshilfe

Seit ihrer Akademisierung über die institutionelle Verankerung im Hochschulsystem zu Beginn der 1970er Jahre hat die Wissenschaft *Soziale Arbeit* – vormals differenziert in *Sozialarbeit* und *Sozialpädagogik* – eine Vielfalt unterschiedlicher Theorien hervorgebracht (Lambers 2016). Daher stellt sich die ‚Qual der Wahl' einer professionstheoretischen Basis für die Jugendberufshilfe. Dass die Entscheidung zugunsten Lebensweltorientierter Sozialer Arbeit gefallen ist, hat die folgenden Gründe:

1. Hans Thiersch hat seine Professionstheorie innerhalb von rund vier Jahrzehnten entwickelt. Besondere Prominenz erlangte sie, als er eines der Mitglieder der siebenköpfigen Sachverständigenkommission zur Erstellung des Achten Jugendberichts 1990 war (BMJFFG 1990). Grundsätzlich wurde und wird den Jugendberichten – zunächst bis 1990 in § 25 Jugendwohlfahrtsgesetz (JWG) und seitdem in § 84 SGB VIII – ein erheblicher Einfluss auf die deutsche Kinder- und Jugendpolitik eingeräumt, denn die Bundesregierung ist danach verpflichtet, sie in jeder Legislaturperiode dem Deutschen Bundestag und Bundesrat vorzulegen. Die Berichte sollen „neben der Bestandsaufnahme und Analyse" auch „Vorschläge zur Weiterentwicklung der Jugendhilfe enthalten" (§ 84 SGB VIII, Abs. 1). Diese Gelegenheit hat Hans Thiersch, so ist unseres Erachtens rückblickend festzustellen, gut genutzt. Denn in das Jahr 1990 fällt auch die Reform des JWG zum Kinder- und Jugendhilfegesetz (KJHG), dem Kern des heutigen SGB VIII, in das beispielsweise Thierschs wesentlicher Gedanke der „Partizipation" (Thiersch 2014, S. 30 ff.) maßgeblich eingeflossen ist. Im sechsten Kapitel dieses Lehrbuchs erläutert Peter Schruth aus rechtswissenschaftlicher Sicht, dass die Jugendberufshilfe rechtsdogmatisch durch das ehemalige KJHG, also das heutige SGB VIII geprägt ist. So gesehen basiert also die zentrale gesetzliche Grundlage der Jugendberufshilfe in Teilen auf Hans Thiersch und seiner Lebensweltorientierung. Insbesondere vor diesem Hintergrund ist aus professionstheoretischer Sicht zu problematisieren, dass inzwischen die meisten Angebote der Jugendberufshilfe, wie Peter Schruth ebenfalls zeigen wird, nicht mehr aus dem SGB VIII,

sondern aus den arbeitsmarktpolitischen Instrumenten des SGB II und III finanziert werden. Umso mehr bietet sich für uns die Lebensweltorientierung als professionstheoretische Basis für die Jugendberufshilfe an.
2. Bis heute beeinflusst Hans Thiersch mit seiner Theorie sowohl die Disziplinentwicklung als auch Ausbildung und Praxis Sozialer Arbeit (Grunwald/Thiersch 2016; auch Lambers 2016). Ulrich Deller und Roland Brake (2014, S. 24) stellen sogar fest: „Soziale Arbeit als ‚lebensweltorientierte Soziale Arbeit' zu titulieren, ist heutzutage zu einer Selbstverständlichkeit geworden." Deshalb haben wir sie auch für das Arbeitsfeld der Jugendberufshilfe gewählt.
3. Des Weiteren bietet Lebensweltorientierte Soziale Arbeit von Hans Thiersch aus unserer Sicht Antworten auf zentrale widerspruchsvolle Grundfragen, die die Soziale Arbeit und so auch die Jugendberufshilfe kennzeichnen und die es deshalb lohnen, genauer betrachtet zu werden.

Obwohl sie für die folgenden Überlegungen unbedeutend und deshalb zu vernachlässigen ist, soll hier der Hinweis auf grundsätzliche Kritik nicht fehlen, die in Fachdebatten an *Lebensweltorientierter Sozialer Arbeit* im Verständnis von Hans Thiersch geübt wurde und auch immer noch geübt wird (z. B. Lambers 2016; auch Grunwald/Thiersch 2016).

## 2 Lebensweltorientierte Soziale Arbeit als Reaktion auf gesellschaftlich-historische Bedingungen und fachliche Entwicklungen in der Sozialen Arbeit

Hans Thiersch hat die Lebensweltorientierte Soziale Arbeit in den letzten vierzig Jahren in Auseinandersetzung mit den folgenden gesellschaftlichen und fachlichen Entwicklungen konzipiert, die sich in drei Phasen gliedern lassen:

- Entscheidende Impulse kamen für ihn aus den Emanzipations- und Student*innenbewegungen der 1960er Jahre, z. B. in Form von Kampagnen gegen autoritäre Heimerziehung (Wendt 2017, S. 264). Dort wurde auch die Soziale Arbeit im Hinblick auf ihre gesellschaftsstabilisierende Funktion kritisch auf den Prüfstand gestellt. Im Zuge dessen etablierte sich eine *Soziale Arbeit*, die sich überwiegend gesellschaftskritisch verstand. In dieser waren ihre Adressat*innen mit ihren konkreten Lebensverhältnissen und Alltagsproblemen von nachrangiger Bedeutung, so die Kritik von Hans Thiersch. Ebenso kritisierte er die „Expertenherrschaft" als „fachliche Entfremdung" (Thiersch/Grunwald/Köngeter 2012, S. 179), die sich in Folge der mit Beginn der 1970er Jahre einsetzenden Akademisierung und Verwissenschaftlichung der Sozialen Arbeit herausbildete (ausführlich Wendt 2017, S. 303 ff.). Als Reaktion auf diese beiden Entwicklungen in der Sozialen Arbeit sah er in der Lebensweltorientierung ein integrierendes Konzept, das sowohl die kritischen Impulse der 1960er Jahre aufnehmen als auch den Alltag der Menschen berücksichtigen konnte.

- Ferner war für Hans Thiersch der gesellschaftliche Wandel in den 1980er Jahren von zentraler Bedeutung. In den Bewegungen einer zunehmenden „Pluralisierung von Lebenslagen" und „Individualisierung von Lebensverhältnissen" (Thiersch 2014, S. 18) sah er zentrale Ursachen für ein immer mehr belastetes, sozial entgrenztes bzw. entwurzeltes Alltagsleben der Menschen. Deshalb forderte er mehr Partizipation, also Mitbestimmung und Beteiligung der Adressat*innen sowie ein ausdifferenzierteres, alltagsnahes und flexibles Hilfeangebot, das zum einen stärker auf die bunte Vielfalt individueller Bedürfnisse der Adressat*innen einzugehen vermochte. Zum anderen sollte die soziale Einbindung und Unterstützung der Menschen durch Dezentralisierung, Regionalisierung und Vernetzung gefördert werden. Diese Aspekte Lebensweltorientierter Sozialer Arbeit haben sich dann 1990, wie schon erwähnt, auch im Achten Kinder- und Jugendbericht sowie in der Reform des Kinder- und Jugendhilfegesetzes zum heutigen SGB VIII niedergeschlagen.
- In der Endphase des 20. Jahrhunderts sieht Hans Thiersch das „Erstarken eines ‚nackten' Kapitalismus im Zeichen von Globalisierung und Neoliberalismus" (Thiersch/Grunwald/Köngeter 2012, S. 180; ausführlich Wendt 2017, S. 351 ff.). In dessen Folge sind die Menschen zunehmend gefordert, sich selbst- und sozialverantwortlich um ihr Leben zu kümmern, anstatt staatliche Leistungen in Anspruch zu nehmen (vgl. Kap. 1). Gerade diese Hilfen verhinderten nämlich im Verständnis aktivierender Sozialpolitik, dass sich die Menschen dem Wettbewerb auf dem Arbeits- und auch Ausbildungsmarkt stellten. In dieser Sichtweise wird jedoch vernachlässigt, dass seit Jahren die Kluft zwischen Armut und Reichtum immer weiter auseinandergeht. Viele, vor allem auch junge Menschen sehen sich zunehmend von Arbeitslosigkeit und Armut bedroht, wobei ihnen die Lösung dieser Probleme sowohl von Seiten der Sozialpolitik als auch im Rahmen gesellschaftlicher Diskurse weitgehend selbst überantwortet wird (dazu bereits Krafeld 2000, S. 28 ff.). In diesem Kontext wird Soziale Arbeit – insbesondere im Tätigkeitsfeld der Jugendberufshilfe (Galuske/Rietzke 2008) – als ‚sozialtechnologische' und marktgängig zu gestaltende Dienstleistungs- und Managementaufgabe konzipiert, mit der in erster Linie die Beschäftigungsfähigkeit der Menschen unter Ausblendung der Bedingungen auf dem Ausbildungs- und Arbeitsmarkt hergestellt werden soll. Die individuellen Bedürfnisse der Adressat*innen, ihre Lebensverhältnisse und Lebensweisen bleiben dabei weitgehend außer Acht. Dieser Entwicklung setzt Hans Thiersch die Lebensweltorientierung entgegen: Diese beharrt und drängt darauf, „die Realität des gelebten Lebens zu thematisieren, deren Bewältigung angesichts der gesellschaftlichen Zwänge und Verunsicherungen zunehmend anspruchsvoller und schwieriger wird" (Thiersch/Grunwald/Köngeter 2012, S. 181).

Mit Blick auf die hier angestrebte professionstheoretische Basis für das Tätigkeitsfeld der Jugendberufshilfe bietet Hans Thiersch mit seinen theoretischen Grundlagen aus unserer Sicht beachtenswerte Antworten auf fünf widerspruchsvolle Grundfragen, die die Soziale Arbeit generell und die Jugendberufshilfe in besonderer Weise kennzeichnen.

## 3 Theoretische Grundlagen Lebensweltorientierter Sozialer Arbeit – oder zu fünf widerspruchsvollen Grundfragen Sozialer Arbeit und der Jugendberufshilfe

Bevor wir im Folgenden auf fünf Grundfragen Sozialer Arbeit bzw. Jugendberufshilfe eingehen werden, erläutern wir zunächst das Lebensweltverständnis von Hans Thiersch.

In Anlehnung an Alfred Schütz' soziologischen *Lebensweltbegriff* wird der

> *„Mensch (…) nicht abstrakt als Individuum verstanden, sondern in Erfahrung einer Wirklichkeit, in der er sich immer schon vorfindet. Die materiellen und immateriellen (symbolischen) Ressourcen dieser in der Erfahrung präsenten Wirklichkeit sind gegliedert in Erfahrungen des Raumes, der Zeit und der sozialen Beziehungen (…)."* (Thiersch/Grunwald/Köngeter 2012, S. 184)

So kann beispielsweise Zeit in einem verdichteten Berufsalltag gedrängt, in Phasen längerdauernder Erwerbsarbeitslosigkeit gedehnt und in ihrer fehlenden Zukunftsperspektive drückend erfahren werden. Räume (z. B. Wohnräume oder Räume kultureller oder konsumerischer Teilhabe) können subjektiv zugänglich und weit oder verschlossen und eng erscheinen. Ein ohne seine Eltern nach Deutschland geflohener junger Mensch erfährt sich in seinen auseinandergerissenen sozialen Bezügen wiederum anders als ein heimatlich verwurzelter Jugendlicher in einer gewachsenen Dorfgemeinschaft. Diesem Verständnis entsprechend agiert Lebensweltorientierte Soziale Arbeit in den Dimensionen der von ihren Adressat*innen subjektiv erfahrenen Zeit, des erfahrenen Raumes und der sozialen Beziehungen. Weiterhin gliedert sich die eine *Lebenswelt* „als erfahrene Wirklichkeit (…) in unterschiedliche Lebensräume oder Lebensfelder" (ebd.), die nach Funktionen bzw. Inhalten differenziert werden, beispielsweise in Familie, Schule, Berufsausbildung, Erwerbsarbeit, Clique oder Öffentlichkeit.

### 3.1 „Lebenswelt zwischen Hilfe und Kontrolle"

Indem Hans Thiersch insbesondere die oben erwähnten kritischen Debatten aus den 1960er Jahre aufnimmt, problematisiert er z. B. im Achten Jugendbericht unter der Überschrift „Lebenswelt zwischen Hilfe und Kontrolle" (Bundesminister für Jugend, Familie, Frauen und Gesundheit 1990, S. 89), dass Soziale Arbeit einerseits dafür zuständig ist – und dies nicht nur in ihrem Professionsverständnis, sondern auch aufgrund ihres sozialstaatlichen Auftrags –, ihre Adressat*innen in ihren individuellen Bedürfnissen zu unterstützen. Andererseits unterliegt sie jedoch auch einem sozialpolitischen Normalisierungs- bzw. Kontrollauftrag, der sich auch in rechtlichen und sonstigen institutionellen Vorgaben dokumentiert. Danach sollen die Adressat*innen dazu befähigt werden, einen mit gesellschaftlichen Normalvorstellungen konformeren Alltag zu führen, in dem sie möglichst nicht (mehr) auf staatliche Unterstützung angewiesen sind. In der Jugendberufshilfe betrifft die Kontrollseite die verengte Zielsetzung, die Jugendlichen und jungen Erwachsenen ‚um jeden Preis' in eine Berufsausbildung oder Erwerbsarbeit zu vermitteln.

Diesem Widerspruch zwischen Hilfe und Kontrolle, der nach Fritz Schütze (1997) immer schon Soziale Arbeit kennzeichnet, begegnet Hans Thiersch mit der Stärkung des Adressat*innen- bzw. Subjektbezugs. Als zentralen Bezugs- und Ausgangspunkt für Disziplin, Profession und Praxis Sozialer Arbeit konzipiert er die bzw. den Adressat*in als *Subjekt* und zwar als eigensinnigen ‚Regisseur seiner selbst' in einem immer schon gesellschaftlich vorstrukturierten, sich lebensweltlich ausdifferenzierenden und zunehmend verunsicherten Alltag (Thiersch 2014, S. 38 ff.). Um diese Alltags- bzw. Lebensweltorientierung – teilweise benutzt er auch beide Begriffe gleichbedeutend (Grunwald/Thiersch 2015, S. 934) – empirisch zu fundieren, führt er die bereits oben erwähnten Individualisierungs-, Pluralisierungs- und Globalisierungsprozesse an, die Menschen in ihrem Alltag belasten, verunsichern, sozial ausgrenzen und mit höheren Arbeitslosigkeits- und Armutsrisiken konfrontieren.

Zur theoretischen Begründung bezieht er sich erstens auf die hermeneutisch-pragmatische Traditionslinie der Erziehungswissenschaft, insbesondere auf Wilhelm Dilthey, Hermann Nohl und Erich Weniger. Auch dort wird der Ausgangspunkt im Subjekt gesehen, so dass dort ebenfalls „die Frage nach dem Alltag und der je individuell interpretierten Welt der Menschen (...) bestimmend sei" (Thiersch/Grunwald/Köngeter 2012, S. 182). Eine so konzipierte Soziale Arbeit sei „interessiert an der alltäglichen Praxis des Verstehens und dem darauf bezogenen Handeln" (ebd.) der Menschen. Zweitens stützt er sich – wie schon oben angeklungen ist – auf das Lebenswelt- und Alltagsverständnis der phänomenologisch-interaktionistischen Soziologie, vor allem auf jenes von Alfred Schütz, Peter L. Berger und Thomas Luckmann (ebd.): Danach ist *Alltag*

*„die ausgezeichnete Wirklichkeit für die Menschen und (...) bestimmend für deren Lebenswelt. Die alltägliche Lebenswelt ist strukturiert durch die erlebte Zeit, den erlebten Raum und die erlebten sozialen Bezüge; in ihr wird pragmatisch Relevantes von Nicht-Relevantem unterschieden; Interpretationen und Handlungen gerinnen zu Alltagswissen und Routinen." (Ebd., S. 183)*

Nach Peter L. Berger und Thomas Luckmann (2013) breitet sich die Alltagswelt aus „als Wirklichkeit, die von Menschen begriffen und gedeutet wird und ihnen subjektiv sinnhaft erscheint" (ebd., S. 21). Die alltäglichen Lebenswelten der Adressat*innen und deren subjektiv sinnhafte Anstrengungen zur Bewältigung ihrer Alltagsanforderungen sind in der Praxis Sozialer Arbeit anzuerkennen und zu respektieren, auch wenn diese von Normalvorstellungen eines gelingenden Lebensentwurfs abweichen. Für die Sozialpädagog*innen in der Jugendberufshilfe bedeutet dies, gemeinsam mit den Teilnehmer*innen deren individuelle Wünsche und Bedürfnisse zu klären und sich mit ihnen sowohl über deren subjektiv relevante Problemdefinitionen zu verständigen als auch mögliche Problemlösungen zusammen auszuhandeln. Dass dies auch die zentralen Voraussetzungen aus der Sicht der Jugendlichen und jungen Erwachsenen sind, um für sich einen Nutzen aus ihrer Teilnahme an einer Maßnahme der Jugendberufshilfe ziehen zu können, belegen die Forschungsergebnisse, die Michael Fehlau und

Anne van Rießen hier im zweiten Kapitel zusammengestellt haben. Im Gegensatz dazu zielt jedoch eine verengte Arbeitsmarktorientierung nur auf eine schnelle Vermittlung in eine Berufsausbildung oder Erwerbsarbeit. Dies zeigt sich auch in den Untersuchungsergebnissen von Jan Düker, Thomas Ley und Holger Ziegler (2013), denn es gehe in der Jugendberufshilfe zwar „um Lebensführungsprobleme aller Art, aber dies eben letztlich nur insofern, wie diese als Hürden für den Übergang in Erwerbsarbeit" Bedeutung erlangen (ebd., S. 72).

Ferner sind die Fachkräfte insbesondere in Maßnahmen nach SGB II und III verpflichtet, dem Jobcenter bzw. der Arbeitsagentur unentschuldigte Abwesenheitszeiten und Maßnahmenabbrüche der Teilnehmer*innen zu melden. Diese können für Bezieher*innen von Arbeitslosengeld II nach SGB II empfindliche Sanktionen bis zum vollständigen Entzug sämtlicher Leistungen nach sich ziehen (§§ 31, 31a SGB II). Zudem müssen sie standardisierte Leistungs- und Verhaltensbeurteilungen (LuVs) zu den einzelnen Jugendlichen abgeben, die in festgelegten zeitlichen Abständen den fallführenden Kräften der zuständigen Arbeitsverwaltung (Agentur für Arbeit oder Jobcenter) übermittelt werden müssen.

Somit kann das hier vorgeschlagene lebensweltliche Professionsverständnis *Sozialer Arbeit* für Sozialpädagog*innen in der Jugendberufshilfe zu einer sie überfordernden Konstellation des Widerspruchs zwischen Hilfe und Kontrolle führen. Denn sie sind einerseits in ihren (häufig nur befristeten) Beschäftigungsverhältnissen in Bildungseinrichtungen an die vertraglichen Vorgaben der Arbeitsagenturen bzw. Jobcenter und die dort geregelten Dokumentations- und Berichtspflichten gebunden. Andererseits sollte eine sich lebensweltorientiert verstehende Soziale Arbeit dazu beitragen, dieses Zwangsverhältnis im Sinne der jungen Menschen zu überwinden und mit ihnen gemeinsam fehlende Ausbildungs- und Arbeitsplätze zu problematisieren, aufgrund derer vielen der Übergang in die von ihnen gewünschte Berufsausbildung oder Erwerbsarbeit nicht gelingt. Dass Sozialpädagog*innen in dieser widerspruchsvollen Konstellation dennoch Freiräume für ihre Fachlichkeit bleiben, wird Michael Fehlau im 16. Kapitel dieses Lehrbuchs erläutern.

## 3.2 Adressat*innen Sozialer Arbeit zwischen gesellschaftlicher Determiniertheit und individueller Handlungsfähigkeit

In den Fachdebatten Sozialer Arbeit wird immer wieder die sozialtheoretisch bedeutsame Grundfrage kontrovers diskutiert, inwieweit das Subjekt einerseits in seiner Entwicklung durch die jeweiligen gesellschaftlich-historischen Bedingungen bestimmt ist und über wieviel individuelle Handlungs- und Selbstbestimmungsfähigkeit es andererseits verfügt (z. B. Graßhoff 2013). Zugespitzt stellt sich also die Frage, ob das Subjekt ‚Opfer gesellschaftlicher Verhältnisse' oder ‚seines Glückes Schmied' ist. In seinem Verständnis von *Lebenswelt* als „historisch-soziales Konzept" (Thiersch/Grunwald/Köngeter 2012, S. 185) sieht Hans Thiersch die vermittelnde „Schnittstelle" von gesellschaftlichen Strukturen (z. B. Geschlechterrollen, Ausbildungsmöglichkeiten, Lebenslagen) und individuellen

Handlungsmustern der (jungen) Menschen (ebd.): Die Rekonstruktion der alltäglichen Lebenswelt ermöglicht einen Zugang,

> *„der die Menschen nicht primär nur als Repräsentanten gesellschaftlicher Strukturen betrachtet, sondern sie in ihren alltäglichen Verhältnissen sieht, von denen sie gleichzeitig geprägt werden, die sie aber auch aktiv mitbestimmen und mitgestalten können." (Ebd., S. 182)*

Dieses doppelt konzipierte Subjektverständnis ist auch für die Jugendberufshilfe weiterführend: Denn einerseits erfahren sich viele Teilnehmer*innen im Scheitern an den Strukturen des Ausbildungsmarktes. Dass sie so gesehen also ein ‚Opfer' des regionalen Ausbildungsmarktes sind, wird ihnen jedoch nicht erklärt und verdeutlicht. Deshalb schreiben sich viele junge Menschen ihre Ausbildungslosigkeit als eigenes Versagen zu, womit erhebliche Identitätszumutungen und -verletzungen einhergehen können (Goffmann 1967). Andererseits sind jedoch viele von ihnen auch noch orientierungslos. Mit Unterstützung der Sozialpädagog*innen sind sie deshalb gefordert, sich ihrer selbstbestimmten Lebenspläne und Berufswünsche im normativen Verständnis eines gelingenderen Alltags erst noch zu vergewissern, um sie zu verfolgen oder auch ggf. zu verändern. Damit ist eine weitere Grundfrage Sozialer Arbeit angesprochen.

### 3.3 Zum Normativitätsproblem Sozialer Arbeit zwischen Paternalismuskritik und „adaptierten Präferenzen" ihrer Adressat*innen

Insbesondere im Zuge der Paternalismuskritik, nach der Soziale Arbeit stets besser als ihre Adressat*innen wisse, was für diese gut sei, ist in der Wissenschaft Soziale Arbeit eine lebhafte Debatte zur Normativität Sozialer Arbeit entbrannt (siehe z. B. die Beiträge in Otto/Ziegler 2012). Auf der einen Seite wird für eine eigene professionstheoretisch, auch professionsethisch begründete Normativität der Sozialen Arbeit plädiert. Für die andere Seite gelten die subjektiven Bedürfnisse und Wünsche der Adressat*innen als leitend für professionelles Handeln. Gegen die zuletzt genannte Position wird jedoch kritisch das Konzept der „adaptiven Präferenzen" (Steckmann 2010, S. 100) ins Feld geführt. Danach richten sich Menschen in ihren durch Armut oder Ausgrenzung gekennzeichneten, sozial benachteiligten Lebensbedingungen ein und passen ihre Wünsche bzw. Präferenzen entsprechend an, auch weil sie alles andere als nicht realisierbar erachten.

Mit seinem Verständnis von *Lebenswelt* als „kritisch normatives Konzept" (Grunwald/Thiersch 2015, S. 937) sucht Hans Thiersch Antworten auf diese widerspruchsvolle Frage zwischen Paternalismuskritik auf der einen und der Anpassung von Wünschen an benachteiligte Lebensverhältnisse auf der anderen Seite. Auf der Basis kritischer Alltagstheorien versteht er „lebensweltliche Verhältnisse und die dahinterliegenden gesellschaftlichen Strukturen in der Spannung von Gegebenem und Möglichem" (Thiersch/Grunwald/Köngeter 2012, S. 183):

*"Dabei liegt die Intention der kritischen Alltagstheorie in dieser Doppeldeutigkeit, unentdeckte und verborgene Möglichkeiten aufzuzeigen – Pseudokonkretheit zu ‚destruieren' und ‚Praxis' zu ermöglichen – und so das Protestpotential und die Möglichkeiten einer glücklicheren Lebensbewältigung in den Gegensätzen und Widersprüchen des Alltags hervorzubringen." (Ebd.)*

Dabei legt er die Messlatte für einen ‚gelingenderen Alltag' bzw. eine ‚glücklichere Lebensbewältigung' nicht nur an den subjektiven Maßstäben der Adressat*innen an, sondern gesamtgesellschaftlich gesehen ebenso an einem Mehr sozialer Gerechtigkeit.

Mit der erwähnten „Pseudokonkretheit" bzw. Doppelbödigkeit von *Alltag* respektiert und erkennt auch Lebensweltorientierte Jugendberufshilfe mithin einerseits den Alltag der jungen Menschen ausdrücklich an. Denn er bedeutet für diese nicht nur Enge, Begrenzungen und Belastungen, sondern gleichermaßen soziale Geborgenheit, Sicherheit, Produktivität, auch durch entlastende Routinen und Gewohnheiten. Andererseits sind die Fachkräfte jedoch ebenfalls gefordert, den Alltag gemeinsam mit den Jugendlichen so zu verhandeln und in seinen beschränkenden, ‚borniert' Deutungs- und Handlungsmustern auch taktvoll zu provozieren, dass sich für diese neue und erweiterte Perspektiven „im Horizont der Frage nach einem gelingenderen, freien, produktiven, solidarischen Leben" eröffnen (Thiersch 2014, S. 49). Für eine so verstandene, emanzipatorisch-kritische Soziale Arbeit in der Jugendberufshilfe sind eine vertrauens- und respektvolle Beziehung sowie ein breites Lebensweltverständnis notwendig (Grunwald/Thiersch 2015, S. 939). Damit ist implizit eine weitere widerspruchsvolle Grundfrage Sozialer Arbeit angesprochen.

### 3.4 Soziale Arbeit zwischen Defizit- und Ressourcenorientierung

Grundsätzlich stehen für die Fachkräfte und Einrichtungen Sozialer Arbeit die Probleme bzw. Defizite ihrer Adressat*innen im Vordergrund. Dies gründet vor allem auf ihrem sozialpolitischen Auftrag, Menschen mit sozialen Problemen oder potentiell sozialen Problemen darin zu unterstützen, ihr Leben selbstbestimmt sowie selbst- und sozialverantwortlich führen zu können. Mit dieser sogenannten Defizitorientierung geht jedoch das Risiko einher, die Ressourcen der Menschen zu vernachlässigen und sie nur in ihrer Hilfebedürftigkeit zu sehen. Auch in der Jugendberufshilfe droht bei einer Konzentration auf die Schwierigkeiten der jugendlichen Teilnehmer*innen, deren Stärken, Fähigkeiten und sonstige Ressourcen aus dem Blick zu verlieren. Damit können Abwertungs- und Stigmatisierungsprozesse verbunden sein, in denen sich die jungen Menschen auch nur noch als defizitär erleben.

Die Ambivalenz zwischen Defizit- und Ressourcenorientierung nimmt Hans Thiersch ausdrücklich auf und betont die „Spannung von Ressourcen und Optionen, Gegebenem und Aufgegebenem" (Thiersch/Grunwald/Köngeter 2012, S. 186), die Fachkräfte und Institutionen Sozialer Arbeit im Alltag bzw. der Lebenswelt ihrer Adressat*innen berücksichtigen sollten:

*„Formen des defizitären, unzulänglichen und abweichenden Verhaltens erscheinen in diesem Kontext immer auch als Ergebnis einer Anstrengung, in den gegebenen Verhältnissen zu Rande zu kommen und müssen darin zunächst respektiert werden, auch wenn die Ergebnisse für den Einzelnen und seine Umgebung unglücklich sein mögen."* (Ebd., S. 184)

Für die Jugendberufshilfe vorliegende Forschungsergebnisse von Jan Düker, Thomas Ley und Holger Ziegler (2013, S. 74) zeigen, dass die Fachkräfte die Jugendlichen oftmals nur noch verkürzt in ihren „Institutional Selves" (ebd.), also in ihrer Passung und den damit verbundenen Defiziten für die Vermittlung in eine Berufsausbildung oder Erwerbsarbeit unter den regionalen Ausbildungs- und Arbeitsmarktbedingungen wahrnehmen. Denn einer subjekt- und verständigungsorientierten Zusammenarbeit, gepaart mit entsprechend verengten Wahlmöglichkeiten für die Teilnehmer*innen, sind, wie schon mehrfach herausgestellt worden ist, unter den sozialpolitischen Vorgaben hoher Vermittlungsquoten deutliche Grenzen gesetzt.

## 3.5 Soziale Arbeit zwischen wissenschaftlicher Expertise und Praxiswissen

Auch die letzte und fünfte Grundfrage, die die Soziale Arbeit nach Fritz Schütze (1997) immer schon durchzieht, versucht Hans Thiersch zu beantworten. Denn schon in den Anfängen seiner Überlegungen zur Lebensweltorientierung in den 1970er Jahren hat er sich, wie oben erwähnt, an der „Expertenherrschaft" Sozialer Arbeit kritisch gerieben. Diese Grundfrage betrifft das Spannungsfeld zwischen wissenschaftlicher Expertise in Gestalt wissenschaftlicher Theorien und Befunde einerseits, auf die Fachkräfte Sozialer Arbeit in ihrem professionellen Handeln zurückgreifen sollen. Andererseits wird von ihnen jedoch auch die Fähigkeit des Einzelfallverstehens gefordert und zwar in der individuellen Sprache der jeweiligen Adressat*innen.

In Berufung auf die hermeneutisch-pragmatische Tradition der Erziehungswissenschaft erläutert Hans Thiersch ausdrücklich, dass Lebensweltorientierte Soziale Arbeit zunächst Alltags- und Praxiswissen rekonstruiert,

*„um daran anschließend (...) Methoden des ‚höheren Verstehens' zu entwickeln. Praxis- und Theoriewissen werden jedoch nicht als grundsätzlich voneinander getrennt betrachtet, sondern höheres Verstehen wird durch die Entlastung vom alltäglichen Handlungsdruck ermöglicht."* (Thiersch/Grunwald/Köngeter 2012, S.182)

Damit wird für ihn auch „eine kritische Distanz zu der aufzuklärenden Alltagspraxis" (ebd.) möglich, ohne die Perspektive der Adressat*innen auf ihren Alltag bzw. ihr Handeln in ihrer Lebenswelt abzuwerten und zu missachten.

Dem gegenüber werden insbesondere in den Jugendberufshilfemaßnahmen nach SGB II und III auf wissenschaftlichen Untersuchungen basierende Kompetenzfeststellungsverfahren und sonstige psychologische und andere Tests eingesetzt, die einem theoretisch sensibilisierten, sinndeutenden Verstehen der einzelnen Jugendlichen entgegenstehen können (vgl. Kap. 8 und Kap. 9). Zudem gibt die Arbeitsverwaltung mit dem Ziel, die pädagogische Qualität der Angebote zu sichern, mittels der von ihr vorgegebenen Verwaltungs- und Dokumentationssoftware Standardisierungen der Förderprozesse vor, die nur geringe Spielräume für eine individuelle, verständigungsorientierte Unterstützung der einzelnen Jugendlichen lassen. Darüber hinaus ist die kritische Frage nach den möglichen Orten eines von Handlungsdruck entlasteten ‚höheren Verstehens' an einen von zunehmender Arbeitsverdichtung geprägten sozialpädagogischen Berufsalltag zu richten.

Basierend auf den bisher entlang von fünf Grundfragen Sozialer Arbeit skizzierten theoretischen Grundlagen hat Hans Thiersch fünf Leitideen entwickelt, die sowohl das professionelle Handeln der Fachkräfte als auch die Institutionen Sozialer Arbeit anleiten sollen.

## 4 Struktur- und Handlungsmaximen für professionelles Handeln und institutionelle Gestaltung der Jugendberufshilfe

Diese fünf Leitideen bzw. Struktur- und Handlungsmaxime für Lebensweltorientierte Soziale Arbeit hat Hans Thiersch zur Gestaltung und kritischen Reflexion des sozialpädagogischen Handelns und der Institutionen Sozialer Arbeit präzisiert (Thiersch/Grunwald/Köngeter 2012, S. 188 ff.):

1. **Prävention:** Lebensweltorientierung zielt auf *Prävention* in dem Sinne, dass Soziale Arbeit nicht erst dann tätig wird, wenn soziale Probleme in den jeweils historisch-gesellschaftlichen Bedingungen entstanden sind, und dies in zweifacher Hinsicht: Erstens sollen die Adressat*innen frühzeitig dazu befähigt werden, für sich nach ihren eigenen Vorstellungen einen gelingenden Alltag zu gestalten. Dazu ist zweitens eine soziale Infrastruktur mit entsprechenden Unterstützungsangeboten aufzubauen, um zu gewährleisten, dass auf sich abzeichnende soziale Probleme so früh reagiert werden kann, dass sie erst gar nicht entstehen oder sich nicht zuspitzen und verfestigen. So gesehen zielen die Angebote der Jugendberufshilfe auf die Prävention von Ausbildungs- und Arbeitslosigkeit junger Menschen. Dabei ist allerdings zu berücksichtigen, dass Prävention in einem lebensweltorientierten Verständnis nicht lediglich auf Verhaltens-, sondern insbesondere auf Verhältnisprävention ausgerichtet ist. Zugespitzt ließe sich z. B. fragen, ob eine Prävention von Ausbildungslosigkeit nicht am wirkungsvollsten durch eine Ausbildungsgarantie für alle interessierten jungen Menschen geleistet werden könnte, so wie sie von Ruth Enggruber im 17. Kapitel erläutert wird.
2. **Alltagsnähe:** Diese Maxime soll erstens gewährleisten, dass die Angebote für die Adressat*innen räumlich und zeitlich gut erreichbar sind und nur geringe bis keine Zugangsvoraussetzungen haben, also niedrigschwellig und einladend konzipiert werden. Zweitens sind sie flexibel situationsbezogen und drittens ganzheitlich zu gestalten, d. h., sozialpädagogische Fachkräfte sind

für alle Fragen und Probleme ihrer Adressat\*innen zuständig und versuchen diese in den Situationen, in denen sie subjektiv relevant werden, flexibel zu klären und zu lösen. Dazu sind auch Finanzierungsregelungen notwendig, die situationsflexible und ganzheitliche Hilfen ermöglichen und keine langwierigen Einzelfallprüfungen erfordern. Dass bezogen auf diese Struktur- und Handlungsmaxime zahlreiche kritische Anfragen an die Angebote der Jugendberufshilfe zu richten sind, wurde hier bereits mehrfach herausgestellt und wird auch immer wieder in diesem Lehrbuch problematisiert werden.
3. **Dezentralisierung/ Regionalisierung und Vernetzung:** Um soziale Dienstleistungsangebote im Sinne der Alltagsnähe leicht zugänglich, flexibel und ganzheitlich gestalten zu können, sind sie in den sozialen Nahräumen der Menschen zu verankern. Für die Jugendberufshilfe ist hier vor allem relevant, dass die in den Sozialräumen vorhandenen Dienste besser vernetzt werden, um die Teilnehmer\*innen ihren individuellen Bedürfnissen entsprechend weitervermitteln und auch auf diese Weise ein ganzheitliches Angebot für sie eröffnen zu können (vgl. Kap. 3).
4. **Integration:** Diese Maxime zielt „auf eine Lebenswelt ohne Ausgrenzung" (Thiersch/Grunwald/Köngeter 2012, S. 189), für die die Anerkennung von Unterschiedlichkeit bzw. Diversität konstitutiv ist. Dies bedeutet für die Jugendberufshilfe, spezialisierte Förderangebote etwa für Menschen mit Behinderung oder junge Geflüchtete zugunsten einer Unterstützung im Rahmen von Regelangeboten auf den Prüfstand zu stellen. Doch auch diese Regelangebote der Jugendberufshilfe selbst sind kritisch darauf hin zu befragen, inwiefern sie an Ausgrenzungsprozessen beteiligt sind, beispielsweise, wenn sich die Zugangschancen zu einer Ausbildung durch die Teilnahme an einem berufsvorbereitenden Angebot der Jugendberufshilfe sogar verschlechtern (vgl. Kap. 2). Darauf wird Ruth Enggruber im letzten Kapitel dieses Lehrbuchs bezogen auf Inklusion in der Berufsausbildung eingehen. Derselbe kritische Blick ist auch auf sogenannte Maßnahmenabbrüche in der Jugendberufshilfe zu richten.
5. **Partizipation:** Diese Maxime haben wir schon einführend erwähnt. Sie verlangt vielfältige Beteiligungs- und Mitwirkungsformen für die Teilnehmer\*innen der Jugendberufshilfe, so dass diese sich als ‚Regisseur\*innen ihrer selbst' erfahren können. Nur auf diese Weise kann im Sinne des Subjektbezugs Lebensweltorientierter Sozialer Arbeit gewährleistet werden, dass sowohl Problemdefinitionen als auch Problemlösungen verständigungsorientiert und verständnisvoll mit den Jugendlichen verhandelt und gemeinsam bestimmt werden (Grunwald/Thiersch 2015, S. 939; vgl. auch Kap. 16).

Diese fünf Struktur- und Handlungsmaxime sind nur im Zusammenhang zu sehen und für jedes der vielfältigen Tätigkeitsfelder Sozialer Arbeit, so auch für die Jugendberufshilfe, spezifisch auszudeuten und zu realisieren. Weiterhin gilt für alle Bereiche, dass sie von Fachkräften und Trägern Sozialer Arbeit zur kritischen Selbstreflexion genutzt werden sollten. Zudem versteht sich Lebensweltorientierte Soziale Arbeit als grundlegend institutionenkritisch in dem Sinne, dass ihr Institutionengefüge mit den gesetzlichen Grundlagen, Trägern und

Diensten immer wieder kritisch auf den Prüfstand zu stellen und daraufhin zu befragen ist, ob damit die Realisierung der Struktur- und Handlungsmaxime begünstigt oder be- oder gar verhindert wird. Als weitere wesentliche Handlungsmaxime nennt Hans Thiersch (2014) deshalb die sozialpolitische Einmischung der Träger und Fachkräfte Sozialer Arbeit. Sie sollen, so auch in der Jugendberufshilfe, für notwendige institutionelle Bedingungen im Sinne Lebensweltorientierter Sozialer Arbeit streiten und damit für mehr soziale Gerechtigkeit im Alltag der Menschen einstehen.

## Literatur

Berger, Peter L./Luckmann, Thomas (2013): Die gesellschaftliche Konstruktion der Wirklichkeit. Eine Theorie der Wissenssoziologie. 25. Aufl. Frankfurt/Main.
BMJFFG (1990): Bundesminister für Jugend, Familie, Frauen und Gesundheit (Hrsg.): Achter Jugendbericht. Bericht über Bestrebungen und Leistungen der Jugendhilfe. Bonn.
Deller, Ulrich/Brake, Roland (2014): Soziale Arbeit. Grundlagen für Theorie und Praxis. Opladen/Toronto.
Düker, Jan/Ley, Thomas/Ziegler, Holger (2013): Realistische Perspektiven? – Ungleichheiten, Verwirklichungschancen und institutionelle Reflexivität im Übergangssektor. In: Böllert, Karin/Alfert, Nicole/Humme, Marc (Hrsg.): Soziale Arbeit in der Krise. Wiesbaden, S. 63–81.
Enggruber, Ruth (2016): Kritische Professionalität in der Jugendberufshilfe. Skizze methodisch-konzeptioneller Handlungsmaxime und praxisorientierte Impulse. In: Sozial Extra, 3, S. 33–36.
Galuske, Michael (1993): Das Orientierungsdilemma. Jugendberufshilfe, sozialpädagogische Selbstvergewisserung und die modernisierte Arbeitsgesellschaft. Bielefeld.
Galuske, Michael/Rietzke, Tim (2008): Aktivierung und Ausgrenzung – Aktivierender Sozialstaat, Hartz-Reformen und die Folgen für Soziale Arbeit und Jugendberufshilfe. In: Anhorn, Roland/Bettinger, Frank/Stehr, Johannes (Hrsg.): Sozialer Ausschluss und Soziale Arbeit. Positionsbestimmungen einer kritischen Theorie und Praxis Sozialer Arbeit. 2., überarb. u. erw. Aufl. Wiesbaden, S. 399–416.
Goffmann, Erving (1967): Stigma. Über die Techniken der Bewältigung beschädigter Identität. Frankfurt/Main.
Graßhoff, Gunther (Hrsg.) (2013): Adressaten, Nutzer, Agency. Akteursbezogene Forschungsperspektiven in der Sozialen Arbeit. Wiesbaden.
Grunwald, Klaus/Thiersch, Hans (2015): Lebensweltorientierung. In: Otto, Hans-Uwe/Thiersch, Hans (Hrsg.): Handbuch Soziale Arbeit. 5., erw. Aufl. München, S. 934–943.
Grunwald, Klaus/Thiersch, Hans (2016): Lebensweltorientierung. In: Grunwald, Klaus/Thiersch, Hans (Hrsg.): Praxishandbuch Lebensweltorientierte Soziale Arbeit. Handlungszusammenhänge und Methoden in unterschiedlichen Handlungsfeldern. 3., vollst. überarb. Aufl. Weinheim, S. 24–64.
Krafeld, Franz Josef (1989): Anders leben lernen. Von berufsfixierten zu ganzheitlichen Lebensorientierungen. Weinheim.
Krafeld, Franz Josef (2000): Die überflüssige Jugend der Arbeitsgesellschaft. Eine Herausforderung an die Pädagogik. Wiesbaden.
Lambers, Helmut (2016): Theorien der Sozialen Arbeit. Ein Kompendium und Vergleich. 3., überarb. Aufl. Opladen/Toronto.
Otto, Hans-Uwe/Ziegler, Holger (Hrsg.) (2012): Das Normativitätsproblem der Sozialen Arbeit. Zur Begründung des eigenen und gesellschaftlichen Handelns. In: neue praxis, Sonderheft, 11.
Schütze, Fritz (1997): Organisationszwänge und hoheitsstaatliche Rahmenbedingungen im Sozialwesen: Ihre Auswirkungen auf die Paradoxien des professionellen Handelns. In:

Combe, Arno/Helsper, Werner (Hrsg.): Pädagogische Professionalität. Untersuchungen zum Typus pädagogischen Handelns. Frankfurt/Main, S. 183–275.

Steckmann, Ulrich (2010): Autonomie, Adaptivität und das Paternalismusproblem – Perspektiven des Capability Approach. In: Otto, Hans-Uwe/Ziegler, Holger (Hrsg.): Capabilities – Handlungsbefähigung und Verwirklichungschancen in der Erziehungswissenschaft. 2. Aufl. Wiesbaden, S. 90–115.

Thiersch, Hans (2014): Lebensweltorientierte Soziale Arbeit. Aufgaben der Praxis im sozialen Wandel. 9. Aufl. Weinheim.

Thiersch, Hans/Grunwald, Klaus/Köngeter, Stefan (2012): Lebensweltorientierte Soziale Arbeit. In: Thole, Werner (Hrsg.): Grundriss Soziale Arbeit. Wiesbaden, S. 175–196.

Wendt, Wolf Rainer (2017): Geschichte der Sozialen Arbeit 2. Die Profession im Wandel ihrer Verhältnisse. 2., überarb. u. erw. Aufl. Wiesbaden.

# KAPITEL 5: DIE HISTORISCHE ENTWICKLUNG DER JUGENDBERUFSHILFE VOM NACHKRIEGSDEUTSCHLAND BIS HEUTE IN IHREM SPEZIFISCHEN GESELLSCHAFTLICHEN KONTEXT

*Anne van Rießen*

**Überblick**

Der folgende Beitrag zeigt die historische Entwicklung der Jugendberufshilfe von der Nachkriegszeit der 1950er Jahre bis in die Gegenwart auf. Dabei wird deutlich, dass die Geschichte und Entwicklung der Jugendberufshilfe nicht unabhängig von den jeweiligen historisch-gesellschaftlichen Bedingungen und Verhältnissen betrachtet werden kann: Denn erst durch die Kontextualisierung wird deutlich, dass die Angebote und Ziele der Jugendberufshilfe stets auf gesellschaftliche Bedingungen und Verhältnisse reagieren.

# Einleitung

Die Entwicklung der Jugendberufshilfe geht mit den jeweiligen historisch-gesellschaftlichen Bedingungen einher und kann daher nicht unabhängig von diesen verstanden werden. Daher werde ich im Folgenden kurz die gesellschaftliche Bedeutung von Erwerbsarbeit und deren Zugänge skizzieren, bevor ich im Weiteren konkret auf die historische Entwicklung der Jugendberufshilfe eingehen werde. Abschließend wird deutlich, dass nicht nur die Adressierung der jungen Erwachsenen, die nicht in eine Ausbildung und/oder Erwerbsarbeit einmünden konnten, jeweils spezifisch historisch zu betrachten ist, sondern auch der Ausbau der Jugendberufshilfe.

## 1 Die gesellschaftliche Vormachtstellung von Erwerbsarbeit und deren Zugang

Die Grundzüge der heutigen Erwerbsarbeit sind mit der Entwicklung des Kapitalismus und der Industriegesellschaft seit dem 19. Jahrhundert in einem langwierigen und konfliktreichen Prozess entstanden: Erwerbsarbeit ist dabei von einer einstmals randständigen und sogar verachteten Lebensform zur anerkannten und vorherrschenden Form der Sicherung des Lebensunterhaltes und der sozialen Integration geworden. Sie gilt gegenwärtig in kapitalistischen Gesellschaften als „gigantische gesellschaftliche Integrationsmaschine" (Dörre 2007, S. 288); die Teilhabe am Arbeitsmarkt wird zunehmend mit der Teilhabe an Gesellschaft gleichgesetzt.

Maßgeblich geregelt wird der Zugang zu Erwerbsarbeit in Deutschland gegenwärtig von staatlichen Institutionen, die nach unterschiedlichen Etappen des Zugangsprozesses unterteilt sind und sich am Berufsprinzip orientieren. So muss typischerweise erstens der Übergang von der allgemeinbildenden Schule in die Ausbildung und zweitens der Übergang im Anschluss an die Ausbildung in Erwerbsarbeit erfolgen. Ein Ausbildungsabschluss kann in Deutschland unterhalb der Hochschulebene sowohl im dualen System der Berufsausbildung als auch im Schulberufssystem erworben werden. Als bildungspolitischer Grundsatz gilt dabei, dass allen ausbildungsinteressierten Jugendlichen eine duale Berufsausbildung ermöglicht werden soll, um darüber ihre gesellschaftliche Teilhabe zu sichern. Diesem Leitprinzip folgend gelten für keinen der rund 330 anerkannten Ausbildungsberufe schulische Mindestvoraussetzungen.

Allerdings wird der Eintritt in eine duale Berufsausbildung – im staatlichen Auftrag – durch die Wirtschaft bestimmt. Verantwortlich für die Zugangsregeln von der Schule in eine duale Berufsausbildung ist somit nicht allein der Staat, sondern vor allem die Wirtschaft, der der Staat „die Rolle des Eingangswächters (...) übertragen hat" (Eberhard/Ulrich 2010, S. 133).

## 2 Die historische Entwicklung der Jugendberufshilfe

In der Nachkriegszeit der 1950er Jahre bildeten sich erstmalig Grundausbildungslehrgänge, gemeinnützige Ausbildungsstätten, überbetriebliche Ausbildungskurse und berufsfördernde Maßnahmen für arbeits-, berufs- und heimatlose Jugendliche mit dem Ziel, diese durch eine Ausbildung oder eine Beschäftigung in den Arbeitsmarkt einzugliedern. Diese Angebote können dabei als eine Antwort auf die „historisch-politisch und wirtschaftlich-gesellschaftlich bedingten Notsituationen" (Breuer 2002, S. 47), in die junge Menschen durch die Kriegsfolgen geraten waren, gelesen werden: Dazu gehörten neben Eltern-, Obdach- und Heimatlosigkeit auch Berufsnot und Arbeitslosigkeit. Gleichsam dienten die Maßnahmen auch dem Zweck, die Jugendlichen wieder an Arbeit heranzuführen, denn – so die damalige Befürchtung – die Erfahrungen und Zeitläufe könnten sie arbeitsscheu machen, wenn sie nur finanzielle Unterstützung und keine anderen Angebote erhielten (Wurzbacher 1952, zit. in Braun/Reissig/Skrobanek 2010, S. 955). So galt das Engagement der Arbeitsmarktpolitik bis in die Mitte der 1950er Jahre – unter den Zielstellungen, die jungen Menschen wieder an Erwerbsarbeit heranzuführen und den Bezug von Unterstützungsleistungen ohne Arbeit zu vermeiden – insbesondere drei Schwerpunkten: (1) Der Förderung des Ausgleichs zwischen den Regionen mit einer Nachfrage nach Auszubildenden und/oder Arbeitskräften sowie strukturschwachen Gebieten durch die Einrichtung von Jugendwohnheimen, (2) dem Ersatz fehlender Ausbildungsplätze durch die Etablierung von Grundausbildungslehrgängen und anderer außerbetrieblicher Qualifizierungsangebote als auch (3) dem Ersatz fehlender Arbeitsplätze durch gemeinnützige oder zusätzliche befristete Beschäftigungsmöglichkeiten (Braun/Reissig/Skrobanek 2010, S. 955). Adressiert wurden dabei explizit weder individuell noch sozial benachteiligte junge Erwachsene, sondern die Angebote richteten sich prioritär an ausbildungs- bzw. beschäftigungsfähige junge Erwachsene.

Die Etablierung der ersten Jugendberufshilfemaßnahmen in der Nachkriegszeit verfolgte nicht primär das Ziel, die jungen Erwachsenen dabei zu fördern und zu unterstützen, in eine Ausbildung und/oder Erwerbsarbeit einzumünden, sondern die Absicht, diese wieder an Erwerbsarbeit heranzuführen und somit längere Zeiten der Arbeitslosigkeit mit daraus abgeleitetem Unterstützungsanspruch zu verhindern.

In den 1960er Jahren traten diese Maßnahmen aufgrund des hohen Arbeitskräftebedarfs wieder in den Hintergrund, denn aufgrund der prosperierenden Wirtschaft standen ausreichend Ausbildungs- und Arbeitsplätze zur Verfügung. Die Arbeitsverwaltung begann nun aufgrund des erhöhten Bedarfs an Arbeitskräften bzw. Fachkräftenachwuchs mit der Betreuung und Rekrutierung vermeintlich nicht berufsfähiger Jugendlicher. Denn – so die damaligen Beweggründe – der wachsende Arbeitskräftebedarf der Wirtschaft mache es notwendig, alle körperlich und geistig geeigneten jungen Erwachsenen einer Ausbildung oder anderweitigen, der Volkswirtschaft nützlichen Tätigkeiten, zuzuführen (Giggel 1956, zit. in Braun/Reissig/Skrobanek 2010, S. 956). In dieser Zeitspanne wurde auch die berufliche Förderung für Jugendliche mit Beeinträchtigungen als Grundrecht deklariert: Entsprechend wurde auch ihnen das Recht auf freie Entfaltung ihrer Persönlichkeit und damit auch auf die freie Wahl ihres Berufes und Arbeitsplatzes zugestanden (Kost 1974, zit. in ebd.). So ging es auch beim Inkrafttreten des Arbeitsförderungsgesetzes (AFG) 1969 nicht um die Bekämpfung von Arbeitslosigkeit, sondern um die Förderung des Wirtschaftswachstums und die Behebung des Mangels an Arbeitskräften sowie die Sicherung und Verbesserung der beruflichen Beweglichkeit der Erwerbstätigen.

In den 1970er Jahren ging die Zahl der betrieblichen Ausbildungsplätze kontinuierlich zurück und die Zahl jener jungen Erwachsenen, denen kein Zugang zu einer Ausbildung und/oder Erwerbsarbeit möglich war, wuchs beständig. Entsprechend wurde ein breites Spektrum an berufsvorbereitenden Maßnahmen geschaffen, die in Folge den Status eines „stabilen Provisoriums" (ebd.) erhielten. Auch entstanden in den 1970er Jahren die ersten weiterführenden schulischen Bildungsgänge wie beispielsweise das Berufsgrundschuljahr – das ursprünglich das erste Ausbildungsjahr der dualen Berufsausbildung ersetzen sollte – und das schulische Berufsvorbereitungsjahr (vgl. Kap. 13).

Parallel zur Entwicklung der Arbeitslosenzahlen erhöhte sich damit seit den 1970er Jahren auch die Zahl der jungen Erwachsenen, die entweder als benachteiligt, als lernbehindert oder als nicht berufs- bzw. ausbildungsreif definiert und – so kategorisiert – in „‚Ersatzinstitutionen' der beruflichen Bildung" (Konzietzka 2011, S. 276) untergebracht wurden.

Als deutlich wurde, dass die Jugendarbeitslosigkeit und -ausbildungslosigkeit nicht binnen weniger Jahre aufgelöst werden konnte, wurde 1980 die sogenannte „sozialpädagogisch orientierte Berufsausbildung" (BMBW 1992) als ‚Benachteiligtenprogramm' beim Bundesministerium für Bildung und Forschung für jene Jugendlichen und jungen Erwachsenen, die aufgrund eines hohen Förderbedarfs bzw. individueller Benachteiligungen keinen Zugang zu einer betrieblichen Ausbildung finden konnten, initiiert. Damit wurde erstmalig die Möglichkeit geschaffen, eine ‚Vollausbildung' als ‚außerbetriebliche Ausbildung' zu absolvieren und somit nicht in Betrieben mit dem dort geltenden marktwirtschaftlichen Zugang, sondern in außerbetrieblichen Ausbildungseinrichtungen (vgl. Kap. 15). So etablierte sich bis heute aufgrund nicht ausreichend zur Verfügung stehender Ausbildungsplätze auf dem ‚regulären Arbeitsmarkt' die sogenannte ‚Berufsausbildung in außerbetrieblichen Einrichtungen (BaE)', die sozialpädagogisch unterstützt, in außerbetrieblichen Ausbildungseinrichtungen durchgeführt wird. Einige Jahre später wurden im selben Programm ‚ausbildungsbegleitende Hilfen (abH)' initiiert und etabliert, die benachteiligte Jugendliche, die eine betriebliche Ausbildung absolvieren, mit sozialpädagogischer Begleitung und zusätzlichem Unterricht unterstützen (Kap. 15). 1988 wurde das Programm schließlich in das AFG und im Jahr 1998 in das Sozialgesetzbuch III (SGB III) überführt und damit zum Regelinstrumentarium der heutigen Bundesagentur für Arbeit.

In den 1990er Jahren bis 2005 kam es erneut zu einem Anstieg der Nachfragesituation der Ausbildungsplatzsuchenden verbunden mit – entgegengesetzt dem Bedarf der jungen Erwachsenen – einer Abnahme der betrieblichen Ausbildungsangebote. Auf diesen Mangel an vollqualifizierenden Ausbildungsplätzen wurde staatlicherseits mit einer sehr beträchtlichen Ausweitung von Bildungsgängen, die eine berufliche Grundbildung vermitteln sollen, reagiert: So hat sich zwischen 1992 und 2004 die Zahl der Teilnehmer*innen in berufsvorbereitenden Maßnahmen der Bundesagentur für Arbeit verdoppelt (BMBF 2006, S. 2). Ferner wurde 2004 im Rahmen des Nationalen Pakts für Ausbildung und Fachkräftenachwuchs festgelegt, dass allen ‚ausbildungsreifen' Jugendlichen und jungen Erwachsenen möglichst ein Ausbildungsplatz zur Verfügung gestellt werden sollte. Damit einhergehend wurde mittels der Entwicklung eines „Kriterienkatalogs zur Ausbildungsreife" (BA 2009) ein Instrument zur Feststellung der ‚Ausbildungsreife' standardisiert. Ziel dieses Kriterienkatalogs ist die Differenzierung von ausbildungsreifen jungen Erwachsenen, denen dann in Folge ein Ausbildungsplatz zur Verfügung gestellt werden soll, und nicht ausbildungsreifen jungen Erwachsenen, die ihre Ausbildungsreife erst noch – mit (sozialpädagogischer) Unterstützung – herstellen sollen.

Kritisch ließe sich an dieser Stelle anmerken, dass somit ein Instrument geschaffen wurde, das eine Individualisierung und Pädagogisierung der strukturellen Bedingungen ermöglicht, in dem es den Fokus von den unzureichend zur Verfügung stehenden Ausbildungsplätzen zu den als (noch) nicht ausbildungsreif beschriebenen jungen Erwachsenen und deren fehlender oder nicht ausreichender Qualifikation verschiebt. Im dritten Kapitel hat bereits Ruth Enggruber mit Blick auf den institutionellen Widerspruch, der in die Ordnung der dualen Berufsausbildung eingelassen ist, herausgestellt, dass es bei dieser Kritik nicht darum geht, die unterschiedlichen Zugangsvoraussetzungen der jungen Menschen zu einer Berufsausbildung zu vernachlässigen. Stattdessen wird dafür plädiert, nicht den Jugendlichen Defizite wie eine fehlende Ausbildungsreife zuzuschreiben und sie dann erst im Übergangsbereich auf eine Berufsausbildung vorzubereiten, sondern sie unmittelbar nach ihrem Besuch der allgemeinbildenden Schule in die von ihnen gewünschte Berufsausbildung zu vermitteln und sie dort individuell zu fördern (vgl. Kap. 17).

**Tab.:** Merkmalsbereiche sowie Merkmale und ausgewählte Kriterien der Ausbildungsreife nach dem Kriterienkatalog des Ausbildungspakts (BA 2009)

| Merkmalsbereich | Merkmal | Ausgewählte Kriterien |
|---|---|---|
| Schulische Basiskenntnisse | (Recht-)Schreiben | Sie/er schreibt Texte in lesbarer handschriftlicher Form. |
| | Lesen – mit Texten/Medien umgehen | Sie/er verfügt über grundlegende Lesefertigkeiten. |
| | Sprechen und Zuhören | Sie/er kann sich verständlich in der Standardsprache Deutsch äußern. |
| | Mathematische Grundkenntnisse | Sie/er kann Längen, Flächen und Volumina bestimmen. |
| | Wirtschaftliche Grundkenntnisse | Sie/er kennt das wirtschaftliche Ziel unternehmerischen Handelns. |
| Psychologische Leistungsmerkmale | Sprachbeherrschung | Fähigkeit, mündlich und schriftlich formulierte Sachverhalte zu verstehen. |
| | Rechnerisches Denken | Fähigkeit, schriftlich oder mündliche dargestellte Problemstellungen zu analysieren. |
| | Logisches Denken | Fähigkeit zum schrittweise vorgehenden, schlussfolgernden Denken. |
| | Räumliches Vorstellungsvermögen | Sie/er kann räumliche Geometrieaufgaben lösen. |
| | Merkfähigkeit | Sie/er kann Arbeitsaufträge auch nach längerer Zeit wiederholen. |
| | Bearbeitungsgeschwindigkeit | Sie/er kann bei Klassenarbeiten/Schulaufgaben meistens alle Aufgaben bearbeiten. |
| | Befähigung zu Daueraufmerksamkeit | Sie/er beendet eine gestellte Aufgabe, obwohl die Mitschüler*innen sich (schon) über Freizeitaktivitäten unterhalten. |
| Merkmale des Arbeits- und Sozialverhaltens | Durchhaltevermögen und Frustrationstoleranz | Sie/er beendet eine Aufgabe erst, wenn sie vollständig erfüllt ist. |
| | Kommunikationsfähigkeit | Sie/er hört aufmerksam zu. |

**Tab.:** Merkmalsbereiche sowie Merkmale und ausgewählte Kriterien der Ausbildungsreife nach dem Kriterienkatalog des Ausbildungspakts (BA 2009) – Fortsetzung

| Merkmalsbereich | Merkmal | Ausgewählte Kriterien |
|---|---|---|
| Merkmale des Arbeits- und Sozialverhaltens | Konfliktfähigkeit | Sie/er spricht eigene Bedürfnisse zur rechten Zeit deutlich an. |
| | Kritikfähigkeit | Sie/er kann Kritik sachlich begründen. |
| | Leistungsbereitschaft | Sie/er strengt sich auch bei ‚unbeliebten' Aufgaben an. |
| | Selbstorganisation/ Selbstständigkeit | Sie/er kann den Lebensalltag alleine bewältigen (Aufstehen, Kleiden, Weg zur Schule/Arbeit). |
| | Sorgfalt | Sie/er geht mit schriftlichen Unterlagen, Dokumenten, Arbeitsmaterialien und Werkzeugen achtsam, pfleglich und sachgerecht um. |
| | Teamfähigkeit | Sie/er bringt eigene Erfahrungen und Wissen ein. |
| | Umgangsformen | Sie/er benutzt eine der Situation angemessene Sprache. |
| | Verantwortungsbewusstsein | Sie/er vermeidet Gefährdungen der eigenen und anderer Personen. |
| | Zuverlässigkeit | Sie/er erledigt einen Arbeitsauftrag termingerecht. |
| Physische Merkmale | Altersgerechter Entwicklungsstand | Sie/er befindet sich in einem für Ausbildungsanfänger*innen typischen Entwicklungszustand. |
| | Gesundheitliche Voraussetzungen | Sie/er entspricht den Kriterien der Untersuchung nach dem Jugendarbeitsschutzgesetz in dem Maße, dass dauerhaft eine Gefährdung der Gesundheit nicht zu erwarten ist. |
| Berufswahlreife | Selbsteinschätzungs- und Informationskompetenz | Sie/er kann eigene berufsbedeutsame Interessen, Vorlieben, Neigungen und Abneigungen benennen. |

Im Jahr 2005 wurden mit dem Inkrafttreten des SGB II – Grundsicherung für Arbeitsuchende – Weichen für eine tiefgreifende Veränderung der Beratung, Betreuung, Förderung und Vermittlung von jungen Erwachsenen im Übergang zwischen Schule und Erwerbsarbeit gestellt, die nicht nur die Gestaltung der berufsvorbereitenden Maßnahmen, sondern spezifisch die Verfahren und Ziele der Beratung und Vermittlung junger Erwachsener im Rechtskreis des SGB II betrafen (Braun/Reißig/Skrobanek 2010, S. 957; van Rießen 2016, S. 33 f.). Auch wenn sich seit 2006 ein positiver Trend am Ausbildungsmarkt abzeichnet und die Gruppe der potentiellen Ausbildungsplatzbewerber*innen demografisch bedingt abgenommen hat, konnten im Jahr 2013 lediglich 65 Prozent der Ausbildungsinteressierten unmittelbar nach Schulabschluss eine duale Ausbildung aufnehmen (Ulrich 2013, S. 26). So fasst der Berufsbildungsbericht 2014 (BMBF 2014, S. 5 f.) zusammen, dass es zwar erstens einen Anstieg freier Ausbildungsplätze zu verzeichnen gibt, indessen aber zweitens die Ausbildungsquote der Betriebe im Herbst 2012 mit knapp 21 Prozent ihren (bisherigen) historischen Tiefststand erreicht hat als auch gleichzeitig wieder drittens ein Anstieg der unversorgten Bewerber*innen zu verzeichnen ist. Ferner prognostizieren aktuelle Analysen, dass es grundsätzlich schwieriger wird, das betriebliche Angebot und die Nachfragen der Jugendlichen zusammenzuführen, sowohl beruflich, regional als auch anforderungsspezifisch (Matthes/Ulrich 2015). Für die ausbildungsinteressierten Jugendlichen und jungen Erwachsenen führt die mangelnde Verfügbarkeit von geeigneten respektive passenden Ausbildungsplätzen zu einer Konkurrenzsituation. Empirische Studien zeigen auf, dass dieser Verdrängungswettbewerb die Ausbildungssuchenden anhand Ethnie, Geschlecht und sozialer Herkunft selektiert (ebd.).

## 3 Die Etablierung und Ausweitung der Jugendberufshilfe – auch eine politische Kategorie?

Zusammenfassend wird deutlich, dass in Phasen verknappter Ausbildungs- und/oder Arbeitsplätze und daraus resultierender hoher (Jugend-)Arbeitslosigkeit eine Vielzahl von unterschiedlichen Maßnahmen und Angeboten im Rahmen der Jugendberufshilfe für junge Erwachsene initiiert wurden. Zugleich wurden (und werden) die Ursachen für die Ausbildungslosigkeit der jungen Erwachsenen primär auf individuelle und soziale Benachteiligungen zurückgeführt und nur sekundär auf zu geringe Ausbildungs- und/oder Arbeitsplätze sowie mangelnde Passungsverhältnisse. Auf strukturelle und konjunkturelle Ursachen wurde (und wird) so – dies zeigt die historische Entwicklung der Jugendberufshilfe mit der Verknüpfung der Argumentationen – primär mit personenbezogenen Ursachendeutungen und individualisierenden Problemzuweisungen reagiert. Den jungen Erwachsenen, die nicht in eine Ausbildung einmünden konnten, wird ein besonderer Förderbedarf attestiert, indem sie als nicht ausbildungsreif kategorisiert werden.

Abgesehen davon, dass strittig ist, was denn genau *Ausbildungsreife* darstellt und wie diese valide erfasst werden kann, kovariiert der Anteil jener jungen Erwachsener, denen eine nicht-ausreichende oder fehlende Ausbildungsreife attestiert wird, so durchaus mit dem Arbeitsmarkt und den wirtschaftlichen Konjunkturdynamiken. Und so lässt sich im Weiteren auch ein Zusammenhang zwischen der Etablierung und der zunehmenden Ausweitung der Angebote der Jugendberufshilfe und den strukturellen Bedingungen – also dem Vorhandensein von Ausbildungsplätzen – rekonstruieren. Zugespitzt könnte so formuliert werden, dass die Kategorie der *Ausbildungsreife* eine zentrale Größe für die Verwaltung und Verteilung der gesellschaftlichen Ressource duale Berufsausbildung darstellt, die erst Teilhabe am Arbeitsmarkt und in Folge somit auch soziale Integration ermöglicht. Denn wenn mehr Betriebe ausbilden würden – gegenwärtig sind dies nur gut 20 Prozent (BIBB 2017, S. 10) – und zudem der Zugang zu einer Berufsausbildung nicht marktwirtschaftlich, sondern als Regelangebot organisiert wäre, hätten mehr Jugendliche eine Chance, unmittelbar nach dem Besuch der allgemeinbildenden Schule eine Berufsausbildung aufzunehmen und erfolgreich abzuschließen (Enggruber 2016). Damit wären für sie bessere Lebenschancen verbunden. In kritischer Lesart kann somit *Ausbildungsreife* in Anlehnung an Michael Winkler als „politische Kategorie" (Winkler 2008, S. 70) gefasst werden, mittels derer die strukturellen und konjunkturellen Ursachen von Ausbildungslosigkeit individualisiert und pädagogisiert werden.

Die Maßnahmen der Jugendberufshilfe sollen aus einer solchen kritischen Perspektive strukturelle Ursachen von Ausbildungslosigkeit auf der persönlichen Ebene der jungen Erwachsenen bearbeiten und behandeln. Denn mit der einseitigen Zuschreibung und Ursachenerklärung wird die Ausbildungsplatzlosigkeit alleine dem mangelnden oder fehlenden Leistungsvermögen der jungen Erwachsenen übertragen, ungeachtet der damit einhergehenden Identitätszumutungen, Beschädigungen und Stigmatisierungen. Die Selektion in ausbildungsreife und nicht ausbildungsreife junge Erwachsene erscheint zugleich auch funktional: So werden die jungen Erwachsenen aufgrund der ihnen zugeschriebenen fehlenden Ausbildungsreife nicht als Ausbildungsplatzsuchende registriert und somit statistisch als Ausbildungsplatzsuchende ‚unsichtbar'.

Die Initiierung und Etablierung von neuen Maßnahmen im Kontext der Jugendberufshilfe, die Ausweitung und Verstetigung von schon bekannten und ‚erfolgversprechenden' Maßnahmen und die zunehmende Kategorisierung von jungen Erwachsenen als ‚nicht ausbildungsreif' zeigen sich historisch stets dann, wenn wirtschaftliche und konjunkturelle Ursachen zu einem Rückgang betrieblicher Ausbildungsplätze führen. Gleichzeitig werden in historischen Epochen, in denen seitens der Wirtschaft Arbeitskräfte benötigt werden, ‚neue' Zielgruppen gesucht und gefördert, mit dem Ziel, dass diese auch in den Arbeitsmarkt einmünden können. Die Rekonstruktion dieser Zusammenhänge stellt die These der fehlenden Ausbildungsreife aufgrund von individuellen oder sozialen Benachteiligungen zumindest in Frage. Vielmehr verweisen diese Zusammenhänge auf fehlende Ausbildungsplätze in Folge wirtschaftlich-konjunktureller und -struktureller Entwicklungen auf dem Ausbildungsmarkt: Die jungen Erwachsenen sind somit angemessener als „marktbenachteiligt" (Enggruber 2006, S. 21) zu bezeichnen.

Inwieweit – und wenn ja, wie – diese Zusammenhänge in der konzeptionellen Ausgestaltung und Durchführung der Maßnahmen in der Jugendberufshilfe berücksichtigt werden, kann an dieser Stelle abschließend nur als Frage offenbleiben. Deutlich wird jedoch, dass sich eine Jugendberufshilfe, die sich primär an der Individualisierung und Pädagogisierung struktureller Ursachen beteiligt, nicht ausreichend – im Sinne einer emanzipatorischen Sozialen Arbeit – an der Selbstbestimmung und Partizipation der jungen Erwachsenen orientiert (van Rießen 2016).

## Literatur

BA – Bundesagentur für Arbeit (Hrsg.) (2009): Nationaler Pakt für Ausbildung und Fachkräftenachwuchs – Kriterienkatalog zur Ausbildungsreife. URL: http://www.bwhw.de/assets/attachments/Kriterienkatalog-zur-Ausbildungsreife.pdf (Zugriff: 14.07.2016).

BIBB – Bundesinstitut für Berufsbildung (Hrsg.) (2017): Datenreport zum Berufsbildungsbericht 2017. Informationen und Analysen zur Entwicklung der beruflichen Bildung. Bonn.

Braun, Frank/Reissig, Birgit/Skrobanek, Jan (2010): Jugendarbeitslosigkeit und Benachteiligtenförderung. In: Tippelt, Rudolf/Schmidt, Bernhard (Hrsg.): Handbuch Bildungsforschung. 3., durchgesehene Aufl. Wiesbaden, S. 953–966.

Breuer, Karl H. (2002): Jugendsozialarbeit in der Zeit nach dem Zweiten Weltkrieg. In: Fülbier, Paul/Münchmeier, Richard (Hrsg.): Handbuch Jugendsozialarbeit. Geschichte, Grundlagen, Konzepte, Handlungsfelder, Organisation. Band 1. 2. Aufl. Münster, S. 47–83.

BMBF – Bundesministerium für Bildung und Forschung (Hrsg.) (2006): Berufsbildungsbericht 2006. Bonn/Berlin.

BMBF – Bundesministerium für Bildung und Forschung (Hrsg.) (2014): Berufsbildungsbericht 2014, Bonn/Berlin. URL: http://www.bmbf.de/pub/bbb_2014.pdf (Zugriff: 18.01.2015).

BMBW – Bundesministerium für Bildung und Wissenschaft (Hrsg.) (1992): Sozialpädagogisch orientierte Berufsausbildung. Bonn.

Dörre, Klaus (2007): Prekarisierung und Geschlecht. Ein Versuch über unsichere Beschäftigung und männliche Herrschaft in nachfordistischen Arbeitsgesellschaften. In: Aulenbacher, Brigitte u. a. (Hrsg.): Arbeit und Geschlecht im Umbruch der modernen Gesellschaft – Forschung im Dialog. Wiesbaden, S. 285–299.

Eberhard, Verena/Ulrich, Joachim G. (2010): Übergänge zwischen Schule und Berufsausbildung. In: Bosch, Gerhard/Krone, Sirikit/Langer, Dirk (Hrsg.): Das Berufsbildungssystem in Deutschland: aktuelle Entwicklungen und Standpunkte. Wiesbaden, S. 133–164.

Enggruber, Ruth (2006): Lebenslagen und Beratungsbedarfe benachteiligter junger Menschen. Eine kritische Auseinandersetzung mit dem „Neuen Fachkonzept" der Berufsvorbereitenden Bildungsmaßnahmen der Arbeitsverwaltung. In: Sozial Extra, 5, S. 21–24.

Enggruber, Ruth (2016): „Inklusive Berufsausbildung" – ein Schlüssel für bessere Bildungswege von Jugendlichen mit Hauptschulabschluss. In: Sozialer Fortschritt, 6, S. 136–142.

Konietzka, Dirk (2011): Berufsbildung im sozialen Wandel. In: Becker, Rolf (Hrsg.): Lehrbuch der Bildungssoziologie. 2. Aufl. Wiesbaden, S. 265–288.

Matthes, Stefanie/Ulrich, Joachim Gerd (2015): Warum gibt es wieder mehr erfolglose Ausbildungsplatznachfrager? WSI Mitteilungen, 2, S. 108–115.

van Rießen, Anne (2016): Zum Nutzen Sozialer Arbeit. Theaterpädagogische Maßnahmen für junge Erwachsene im Übergang zwischen Schule und Erwerbsarbeit. Wiesbaden.

Ulrich, Joachim G. (2013): Regionale Unterschiede in der Integrationsfähigkeit des dualen Berufsausbildungssystems. In: WSI Mitteilungen, 1, S. 23–32.

Winkler, Michael (2008): Ausbildungsfähigkeit – ein pädagogisches Problem? In: Schlemmer, Elisabeth/Gerstenberger, Herbert (Hrsg.): Ausbildungsfähigkeit im Spannungsfeld zwischen Wissenschaft, Politik und Praxis. Wiesbaden, S. 69–90.

# KAPITEL 6: SOZIALRECHTLICHE GRUNDLAGEN DER JUGENDBERUFSHILFE

*Peter Schruth*

**Überblick**

Das in mehreren Sozialgesetzbüchern (SGB) geregelte Leistungsangebot der Jugendberufshilfe ist rechtsdogmatisch von den Grundsätzen des Jugendhilferechts (SGB VIII) und den wesentlichen Inhalten der Jugendsozialarbeit des § 13 SGB VIII geprägt. Für die Fachpraxis ist es wichtig, die Grundlagen der in den verschiedenen Sozialgesetzbüchern für den gleichen Adressat*innenkreis geregelten Leistungen der beruflichen Förderung und ihren Anwendungsbereich im Einzelfall eines jungen Menschen kennen zu lernen. Insbesondere die Reform des SGB II und die dort – in Verknüpfung mit dem SGB III – speziell für junge Menschen mit „sozialen Benachteiligungen" gemachten Eingliederungshilfen haben zu fachlicher Verunsicherung und Restriktionen in der Anwendung der Jugendberufshilfe im Rahmen der Jugendsozialarbeit nach § 13 SGB VIII geführt. Fraglich ist insbesondere, in welchem Verhältnis die verschiedenen Förderangebote des SGB II/III zur Jugendberufshilfe des § 13 SGB VIII stehen. Es braucht fachpolitische Ansätze der rechtsverbindlichen Stärkung der Jugendberufshilfe als persönlichkeitsfördernde Angebote für junge Menschen im Sinne der jugendhilferechtlichen Grundsätze.

## Einleitung

*Jugendberufshilfe* ist kein gesetzlich definierter Begriff. Zunächst ist er nur ein Sammelbegriff für ein komplexes Arbeitsfeld der in § 13 SGB VIII als „Jugendsozialarbeit" geregelten sozialpädagogischen Hilfen für als sozial benachteiligt und individuell beeinträchtigt geltende junge Menschen, die einen erhöhten Unterstützungsbedarf bei Problemen ihrer sozialen Integration haben, insbesondere bezogen auf schulisches Lernen, Berufsausbildung und Beschäftigung auf dem Arbeitsmarkt. Dieser jugendhilfebezogene Kernbereich der Jugendberufshilfe ist seit den Anfängen des SGB VIII (1990/1991) Teil der in § 13 SGB VIII geregelten Jugendsozialarbeit und damit Teil des Grundverständnisses der Jugendhilfe, nämlich jungen Menschen ein „Recht auf Erziehung zu einer eigenverantwortlichen und gemeinschaftsfähigen Persönlichkeit" zuzubilligen (§ 1 Abs. 1 SGB VIII). Aus Sicht der Kinder, Jugendlichen, Familien hat das SGB VIII mit § 1 und dem dort angesprochenen Ziel der „Eigenverantwortlichkeit" eine für das Jugendhilferecht insgesamt geltende Grundlage formuliert: die Selbstverwirklichung nach eigenen Vorstellungen. Das bedeutet im emanzipatorischen Sinne: Kinder, Jugendliche und ihre Familien sollen die Hilfen von den Jugendämtern bewilligt erhalten, die sie als junge Menschen zur Entwicklung ihrer Persönlichkeit brauchen und wollen – nicht im Sinne einer vorgegebenen Normalbiografie, allenfalls als Aushandlung darüber, was für die Entwicklung einer verbesserten sozialen Integration wichtig wäre. Dieser sozialpädagogische Grundsatz der Jugendberufshilfe bewältigt seine besonderen Arbeitsanforderungen der „sozialen Integration" (§ 13 Abs. 1 SGB VIII) in den seltensten Fällen allein mit Ausbildungsplatz- und Lohnarbeitsangeboten, sondern regelmäßig aus der spezifischen Verknüpfung mit sozialpädagogischen Inhalten, mit Freiwilligkeit und Vertrauen, mit kontinuierlichen Begleitungen nur ganzheitlich formulierbarer Perspektiven in jedem Einzelfall.

Nun haben sich seit 2004/2005 zunehmend eine Reihe anderer sozialgesetzlicher, auf die Förderung von Berufsausbildung und Erwerbsarbeit junger Menschen bezogener Regelungen ausdifferenziert: Die Eingliederungshilfen der §§ 16 ff. SGB II und die Förderungsangebote des SGB III, bezüglich der Schulsozialarbeit das Schulrecht der Länder und jüngst – mit der Zuwanderung von schutzsuchenden jungen Menschen – das Ausländerrecht bzw. Asylbewerberleistungsgesetz. Aus der rechtsdogmatischen Perspektive der Jugendhilfe, also dem SGB VIII, werden diese unterschiedlichen rechtlichen Grundlagen des hier zugrundeliegenden weiten Verständnisses von *Jugendberufshilfe* im Folgenden vorgestellt und in ihrem rechtlichen Verhältnis behandelt. Denn mit der Erweiterung der sozialgesetzlichen Leistungsgrundlagen der Jugendberufshilfe (über das SGB VIII hinaus) haben sich Anwendungsprobleme für auf Unterstützung angewiesene junge Menschen eingestellt (behördliche Zuständigkeiten, vorrangige Leistungsverpflichtungen, unterschiedliche Leistungsniveaus). Diese lassen sich mit dem aus § 13 Abs. 4 SGB VIII gebotenen Kooperationsauftrag aller sozialgesetzlich Verpflichteten nicht ohne Weiteres kompensieren. Junge Menschen sind regelmäßig unaufgeklärt den zum Teil schwierigen Zuständigkeits- und Vorrang-/Nachrangregelungen der verschiedenen Sozialgesetze in den Leistungsbereichen der Jugendberufshilfe ausgeliefert, fühlen sich bei Hilfebegehren im Jugendamt, dem Jobcenter, der Agentur für Arbeit oder dem Sozialamt überfordert, missverstanden, ignoriert bis diskriminiert und brauchten unabhängigen ombudschaftlichen Beistand, um überhaupt ausreichende Chancen für die Bewilligung hilfebedarfsgerechter sozialpädagogischer Unterstützungen zu erhalten.

## 1 § 13 SGB VIII als die rechtliche Grundlage der Jugendberufshilfe

Ausgangspunkt einer sozialrechtlichen Einordnung der Jugendberufshilfe ist, wie bereits einführend herausgestellt, das Jugendhilferecht, das SGB VIII. Die Jugendberufshilfe ist als Teil der Jugendsozialarbeit in § 13 SGB VIII gesetzlich beschrieben und zwar zum einen als ein Leistungsbereich neben der Jugendarbeit, Jugendverbandsarbeit und dem erzieherischen Kinder- und Jugendschutz, zum anderen wird diese besondere Stellung noch dadurch verstärkt, dass § 13 SGB VIII auch im Zusammenhang mit den individuellen, erzieherischen Hilfen der §§ 27 ff. SGB VIII von Bedeutung ist.

Die Jugendberufshilfe als Teil der Jugendsozialarbeit liegt an einer zweifachen Schnittstelle:

- **jugendhilfeintern** an der Nahtstelle zwischen den allgemeinen, offenen, fördernden Angeboten der Jugendarbeit und den auf einzelne junge Menschen bezogenen individuellen Sozialisationshilfen;
- **jugendhilfeextern** an der Nahtstelle zu den gesellschaftlichen Teilbereichen Schule, Ausbildung, Erwerbsarbeit.

> **§ 13 SGB VIII Jugendsozialarbeit (Fassung vom 11.09.2012, gültig ab 01.01.2012)**
>
> (1) Jungen Menschen, die zum Ausgleich sozialer Benachteiligungen oder zur Überwindung individueller Beeinträchtigungen in erhöhtem Maße auf Unterstützung angewiesen sind, sollen im Rahmen der Jugendhilfe sozialpädagogische Hilfen angeboten werden, die ihre schulische und berufliche Ausbildung, Eingliederung in die Arbeitswelt und ihre soziale Integration fördern.
>
> (2) Soweit die Ausbildung dieser jungen Menschen nicht durch Maßnahmen und Programme anderer Träger und Organisationen sichergestellt wird, können geeignete sozialpädagogisch begleitete Ausbildungs- und Beschäftigungsmaßnahmen angeboten werden, die den Fähigkeiten und dem Entwicklungsstand dieser jungen Menschen Rechnung tragen.
>
> (3) Jungen Menschen kann während der Teilnahme an schulischen oder beruflichen Bildungsmaßnahmen oder bei der beruflichen Eingliederung Unterkunft in sozialpädagogisch begleiteten Wohnformen angeboten werden. In diesen Fällen sollen auch der notwendige Unterhalt des jungen Menschen sichergestellt und Krankenhilfe nach Maßgabe des § 40 geleistet werden.
>
> (4) Die Angebote sollen mit den Maßnahmen der Schulverwaltung, der Bundesagentur für Arbeit, der Träger betrieblicher und außerbetrieblicher Ausbildung sowie der Träger von Beschäftigungsangeboten abgestimmt werden.

Die allgemeine Wertung in der Rechtsliteratur, mit § 13 SGB VIII sei ein ‚harter Rechtsanspruch auf eine weiche Leistung' verbunden (Münder u. a. 1998, Kap. 2., Rn. 9), lässt vermuten, was die Schwierigkeit der rechtlichen Begriffsklärung ausmacht: Weder zu den Zielgruppen noch Zielbestimmungen der Vorschrift finden sich – über die genannten allgemeinen Normmerkmale in Absatz 1 hinaus – im SGB VIII Legaldefinitionen. So lässt die Behauptung eines ‚harten Rechtsanspruchs' ebenso offen, wer in welcher Weise daraus verpflichtet ist, als auch die Rechtsfolgenbeschreibung ‚weicher Leistungen', was im Einzelfall eine bedarfsgerechte Hilfe konkret ist. Hinsichtlich der Leistungsgewährung blieb es bislang den öffentlichen Jugendhilfeträgern, in der Regel den Jugendämtern überlassen, den Leistungsgegenstand von § 13 Abs. 1 SGB VIII auszulegen und zu definieren, wem mit welchen Problemen mit welchen Angeboten und Angebotszielen sozialpädagogische Hilfe zukommen soll. Rechtlich klar war an dieser Praxis, dass die öffentlichen Träger Angebote der Jugendberufshilfe bereitstellen und Leistungen erbringen können. Rechtlich unklar ist, ob seitens der jungen

Menschen auf derartige Angebote ein subjektiver Rechtsanspruch besteht und wie sich dieser als Hilfe konkretisiert. Bei den in Abs. 1 in § 13 SGB VIII angesprochenen „sozialpädagogischen Hilfen" handelt es sich zunächst um eine objektive Rechtsverpflichtung des öffentlichen Jugendhilfeträgers. Das bedeutet, dass dieser Aktivitäten entfalten muss, weil er im Rahmen der Gesetzesbindung der Verwaltung (Art. 20 Abs. 3 Grundgesetz) nach § 79 Abs. 1 SGB VIII verpflichtet ist, für die Erfüllung der Rechtsverpflichtung aus Abs. 1 die Gesamtverantwortung einschließlich der Planungsverantwortung zu tragen. Für den öffentlichen Träger beinhaltet dies, rechtzeitig und ausreichend dafür Sorge zu tragen, dass die erforderlichen und geeigneten Angebote zur Verfügung stehen (§ 79 Abs. 2 SGB VIII). Strittig ist jedoch, ob über diese objektive Rechtsverpflichtung hinaus ein subjektiver Rechtsanspruch junger Menschen auf entsprechende Leistungen besteht. Da die Jugendberufshilfe als Teil des § 13 SGB VIII nicht allgemein junge Menschen anspricht (wie z. B. die Jugendarbeit nach § 11 SGB VIII), sondern auf die soziale Benachteiligung oder die individuelle Beeinträchtigung junger Menschen abstellt, und da die Lebenslage junger Menschen im Blickwinkel der gesetzlichen Bestimmungen steht, sprechen die besseren Gründe dafür, dass Absatz 1 auch subjektiver Rechtsanspruch ist (auch Münder/Schruth 2002, S. 125–131; Wabnitz in Münder/Wiesner 2007, S. 198, Rn. 13).

## 1.1 § 13 Abs. 1 SGB VIII: ‚soziale Benachteiligungen' und ‚individuelle Beeinträchtigungen'

Nach dem Wortlaut der Vorschrift verbindet § 13 Abs. 1 SGB VIII zwei Tatbestandsmerkmale:

- den Ausgleich sozialer Benachteiligungen oder (alternativ) die Überwindung individueller Beeinträchtigungen und
- den erhöhten Unterstützungsbedarf (auf sozialpädagogische Hilfe).

Die „soziale Benachteiligung" und die „individuelle Beeinträchtigung" werden gesetzlich alternativ formuliert. In der Rechtsliteratur werden sie regelmäßig so differenziert, dass der *Benachteiligung* in ihren sozialen Bedingungen gesellschaftliche Ursachen, der *Beeinträchtigung* individuelle bzw. in der Person des jungen Menschen begründete Ursachen zugesprochen werden (Schruth 2014a, § 13 Rn. 30 ff.). Beiden Tatbestandsmerkmalen sind aber nicht notwendig trennbare Verursachungen eigen, weil häufig komplexe Entstehungsbedingungen von Benachteiligung und Beeinträchtigung im Entwicklungsprozess junger Menschen Ausgrenzungen in der Familie, der Schule und Beruf, der Wohnraumversorgung, der Freizeit, allgemein bei persönlichen Problemen und Krisen bewirken. So werden in der Kommentarliteratur (Mrozynski 2009, § 13 Rn. 1, 5) oft beide Merkmale zusammengefasst und auf bestimmte Zielgruppen junger Menschen bezogen (ohne Ausbildung/Arbeit, ausländische junge Menschen, Aus- und Übersiedler*innen, junge Menschen in sozialen Brennpunkten, Probleme bei der Wohnraumbeschaffung und -erhaltung, von Arbeitslosigkeit betroffene Mädchen und junge Frauen).

Soweit in der Gesetzeskommentierung der Begriff *soziale Benachteiligung* im Einzelnen definiert wird, wird dieser entweder hergeleitet aus dem Vergleich zu durchschnittlich entwickelten jungen Menschen und damit der jeweiligen normativen sozialpädagogischen Bewertung überlassen, oder er wird direkt definiert als eine, durch gesellschaftliche Mechanismen mittelbar oder unmittelbar bewirkte relative Zurücksetzung von Menschen im Wettbewerb um den Zugang zu gesellschaftlichen Ressourcen (z. B. Bildung, Ausbildung, Einkommen) und Positionen (z. B. Beruf). Konkretisiert wird das dahingehend, dass *soziale Benachteiligungen* regelmäßig dann vorliegen werden, wenn die altersgemäße gesellschaftliche Integration nicht wenigstens durchschnittlich gelungen ist, so etwa bei jungen Menschen ohne Schulabschluss, Absolvent*innen von Berufsvorbereitungsjahren, Abbrecher*innen von Maßnahmen der Arbeitsverwaltung, Ausbildungsabbrecher*innen, Langzeitarbeitslosen, jungen Menschen mit Sprachproblemen, auch dann, wenn ihre schulische Abschlussqualifikation höher als der Hauptschulabschluss ist, bei jungen Menschen mit misslungener familialer Sozialisation und bei durch gesellschaftliche Rahmenbedingungen benachteiligten Mädchen und jungen Frauen.

Nach allgemeiner Auffassung in der Rechtsliteratur (z. B. Münder/Wiesner/Meysen 2011; Wiesner 2015) werden unter *individuellen Beeinträchtigungen* alle psychischen, physischen oder sonstigen persönlichen Beeinträchtigungen individueller Art (z. B. Abhängigkeit, Überschuldung, Delinquenz, Behinderung, aber auch wirtschaftliche Benachteiligung) verstanden. Junge Menschen werden dann als *individuell beeinträchtigt* angesehen, wenn ihnen persönliche Merkmale erschweren, bestimmte, für ihre Entwicklung und die gleichberechtigte Teilhabe in der Gesellschaft wichtige physische, kognitive oder soziale Anforderungen zu erfüllen. Indikatoren dafür seien besonders Leistungsschwächen, Verhaltensauffälligkeiten oder Lernbehinderungen. Für die Beurteilung im Einzelfall kommt es auch hier – wie bei Fragen der sozialen Benachteiligung – auf die jeweilige sozialpädagogische Diagnose und das (fachliche) Werturteil der Bewertenden an. Aus diesen Ausführungen wird insgesamt erkennbar, dass die alternativen Begriffe der *sozialen Benachteiligung* und *individuellen Beeinträchtigung* vom Gesetzgeber bewusst weit gefasst worden sind. Damit wird zunächst noch ein sehr großer Personenkreis erreicht. Dies war auch bezüglich dieser alternativen Merkmale die Absicht des Gesetzgebers.

## 1.2 Der ‚erhöhte Unterstützungsbedarf' in § 13 Abs. 1 SGB VIII

Dieses unter Umständen einschränkende Tatbestandsmerkmal verlangt, dass die jungen Menschen wegen ihrer sozialen Benachteiligung oder ihrer individuellen Beeinträchtigungen „in erhöhtem Maße auf Unterstützung angewiesen sind" (§ 13 Abs. 1 SGB VIII). *In erhöhtem Maße* ist zu ermitteln mit einem Vergleich zu der Situation durchschnittlich entwickelter junger Menschen. Bezogen auf die Merkmale „Ausgleich" und „Überwindung" sind nur solche sozialpädagogischen Hilfen eine *erhöhte Unterstützung* im Sinne des Absatzes 1 von § 13 SGB VIII, die dem besonderen Bedarf junger Menschen insoweit gerecht werden, als sie mehr als durchschnittlicher Förderungs- und Vermittlungsbemühungen in Ausbildung, Beruf und sozialer Integration bedürfen. In der Praxis der Jugendsozialarbeit fand der *erhöhte Unterstützungsbedarf* bislang seinen Ausdruck in nach Absatz 1 allgemein anerkannten Leistungsbereichen der mädchenspezifischen Arbeit, der Schulsozialarbeit, der mobilen Jugendarbeit mit sonst unerreichbaren Jugendlichen und insbesondere der zielgruppenspezifischen Jugendberufshilfe.

### 1.3  Rechtsfolge des § 13 Abs. 1 SGB VIII

Die Rechtsfolge des Absatzes 1 von § 13 SGB VIII ist gesetzlich beschrieben mit „sozialpädagogischen Hilfen", die dem Ziel dienen, junge Menschen in ihrer schulischen und beruflichen Ausbildung, ihrer Eingliederung in die Arbeitswelt und ihrer sozialen Integration zu fördern. Absatz 1 spricht ganz allgemein von *sozialpädagogischen Hilfen,* so dass für die Auslegung dieses unbestimmten Rechtsbegriffes die ganze Breite methodischen und konzeptionellen Handelns in der Sozialen Arbeit – sei es in einzelfall-, gruppen- und/oder gemeinwesenbezogener Weise – in Betracht kommt, sofern die gewählte Hilfe eine an den Zielen des § 13 orientierte Unterstützung im Einzelfall fachlich legitimiert.

Die *„sozialpädagogischen Hilfen"* des Absatzes 1 müssen nicht unmittelbar berufsbezogen sein, sondern nur den in der Rechtsfolge genannten Zielen entsprechen. Beispielsweise kommen in Frage: Beratungsdienste, schulische Unterstützungshilfen, Sprachförderung, Förderung von mädchen- und jungenspezifischen Angeboten, berufsorientierende Projekte, sozial-integrative Gruppenarbeit, Betreuung von ausländischen jungen Menschen, mobile aufsuchende Sozialarbeit, Freizeitangebote für junge Menschen mit und ohne Behinderung, sozialpädagogisch begleitetes Jugendwohnen (Schruth/Pütz 2009).

Aufgrund der Tradition der Jugendsozialarbeit haben sich insbesondere berufliche Hilfen am Übergang von der Schule in die Berufsausbildung bzw. zur Überwindung der Jugendarbeitslosigkeit anerkannte sozialpädagogische Hilfen der Beratung, Berufsorientierung und Berufsförderung herausgebildet, weil gemeinhin in der bundesrepublikanischen Gesellschaft Deutschlands die gelungene schulische und/oder berufliche Förderung als eine zentrale Erfüllung der Zielbeschreibung „soziale Integration" angesehen wird.

### 1.4  Förderangebote des § 13 Abs. 2 SGB VIII

Absatz 2 des § 13 SGB VIII bietet der Zielgruppe der Jugendsozialarbeit („diesen jungen Menschen") geeignete sozialpädagogisch begleitete Ausbildungs- und Beschäftigungsmaßnahmen unter bestimmten Bedingungen an. Die Voraussetzungen für die Leistungsgewährung nach Absatz 2 („diesen") ergeben sich aus Absatz 1 sowie aus der zusätzlichen Bedingung der Nachrangregelung, dass (geeignete) Maßnahmen und Programme anderer Träger und Organisationen Vorrang haben (auch § 10 Abs. 1 SGB VIII). Jugendhilfe will mit dieser Regelung einerseits grundsätzlich klarstellen, dass sie kein Ausfallbürge für andere gesellschaftlich verpflichtete Institutionen und Leistungsbereiche sein will. Damit ist gemeint, dass sie ihr eigenes, gesetzlich zugewiesenes Profil schützt, indem sie gegenüber den an die Jugendberufshilfe im Sinne der Jugendsozialarbeit angrenzenden Sozialleistungsgesetzen (SGB II, SGB III, SGB XII) den gesetzlichen Auftrag des § 1 Abs. 1 SGB VIII und den für die Leistungserbringung grundlegenden sozialpädagogischen Fachlichkeitsanspruch verteidigt.

Vorrangig sind insbesondere die Jobcenter und die Agenturen für Arbeit verpflichtet, Eingliederungsleistungen zur beruflichen Förderung (junger Menschen) anzubieten. Andererseits wurde in der Jugendhilfepraxis die besondere Nachrangregelung des Absatzes 2 zu einer restriktiven Ablehnungspraxis genutzt, um von jungen Menschen (mit Indikationen nach § 13 Abs. 1 SGB VIII) für den Eintritt in die Prüfung von Absatz 2 zuerst den Nachweis eines ‚negativen Ablehnungsbescheids' der anderen in Frage kommenden Sozialleistungsträger zu verlangen. Eine solche Praxis verkennt, dass der hier geregelte Nachrang zuerst an die Feststellung dessen, was ein nach § 13 Abs. 1 SGB VIII begründeter ‚erhöhter Unterstützungsbedarf' eines jungen Menschen an sozialpädagogischer Begleitung zur Folge hat, gebunden ist. Dies ist dann maßgeblich die Grundlage für die Prüfung des Nachrangs nach Absatz 2 und insbesondere der Eignung der Angebote „anderer Träger".

So zeigt auch die Rechtsprechung zum Anwendungsbereich des § 13 Abs. 2 SGB VIII, dass einer nur pauschalen Zuweisung zu den Vermittlungsangeboten in berufliche Ausbildung nach dem SGB II (Grundsicherung für Arbeitsuchende) oder SGB III (Arbeitsförderung) rechtliche Grenzen gesetzt sind: In einer Entscheidung des Verwaltungsgerichts Berlin vom 10.05.2006 (18 A 904.05) wird der öffentliche Träger der Jugendhilfe, also das Jugendamt, dazu verpflichtet, die Kosten einer Ausbildung nach § 13 Abs. 2 SGB VIII für einen jungen Volljährigen mit erhöhtem sozialpädagogischem Unterstützungsbedarf zu übernehmen. Nach Auffassung des Gerichts könne der Antragsteller „nicht auf den Vorrang von Leistungen nach dem SGB II oder SGB III verwiesen werden" (ebd.). Denn es gehe dabei nicht darum, ob die Agentur für Arbeit dem Antragsteller irgendeinen Ausbildungsplatz vermitteln könne, sondern darum, ob es dort die ausreichende Möglichkeit sozialpädagogisch begleiteter Ausbildung gibt.

## 1.5 Rechtsfolge des § 13 Abs. 2 SGB VIII

Ist ein besonderer Bedarf im Sinne des Absatzes 1 und nach Prüfung des besonderen Nachrangs nach Absatz 2 nach einem ausbildungs- und/oder beschäftigungsbezogenen Angebot der Jugendsozialarbeit für einen jungen Menschen festgestellt worden, dann kann der öffentliche Jugendhilfeträger „geeignete", „sozialpädagogisch begleitete" Ausbildungs- und Beschäftigungsmaßnahmen anbieten.

Absatz 2 stellt als Kann-Leistung die Leistungsgewährung in das pflichtgemäße Ermessen des örtlichen Jugendhilfeträgers bzw. des Jugendamtes. Sind die gesetzlichen Voraussetzungen im Einzelfall positiv geprüft, so kann das Angebot einer sozialpädagogisch begleiteten Ausbildung und/oder Beschäftigung abgelehnt werden, allerdings unter Darlegung pflichtgemäßer Erwägungen (§ 39 Abs. 1 SGB I). Maßgeblich sind hierbei auch die regional und überregional gegebene Infrastruktur, die verfügbaren Platzkapazitäten an geeigneten sozialpädagogisch begleiteten Ausbildungs- und Beschäftigungsprojekten, für deren Schaffung und Vorhaltung dem überörtlichen Träger nach § 85 Abs. 2 Nr. 3 SGB VIII eine Gewährleistungsverantwortung zukommt. Ausbildungs- und Beschäftigungsmaßnahmen nach Absatz 2 umfassen alle erforderlichen Angebote, um junge Menschen beruflich zu orientieren, auf bestimmte Berufe vorzubereiten, beruflich (zumeist nach dem dualen Ansatz) auszubilden und – soweit erforderlich auch mit berufsqualifizierenden Anteilen – zu beschäftigen. Der Begriff „Beschäftigungsmaßnahme" ist nicht reduziert auf einen besonders ausgegliederten zweiten Arbeitsmarkt verbunden mit Varianten von Mehraufwandsentschädigung, sondern schließt reguläre entgeltliche Beschäftigungen ein, wie sie auf dem ersten Arbeitsmarkt bei abhängig Beschäftigten oberhalb der Geringfügigkeitsgrenzen üblich sind.

Mit den in Absatz 2 angesprochenen Ausbildungs- und Beschäftigungsmaßnahmen sind nicht allgemein betriebliche Ausbildungsplätze gemeint, sondern für die Zielgruppe nach Absatz 1 „geeignete". Die vom Gesetz für die Eignung geforderte „sozialpädagogische Begleitung" von Ausbildungs- und Beschäftigungsmaßnahmen bekräftigt den besonderen pädagogischen Anspruch der Jugendberufshilfe im Verständnis von Jugendsozialarbeit, für den besonderen sozialpädagogischen Bedarf der Zielgruppe nach Absatz 1 eine bedarfsgerechte Begleitung als Unterstützung zur Erreichung der Ausbildungs- und Beschäftigungsziele zur Seite zu stellen. Diese Begleitung umfasst bei diesen Angeboten die Breite der fachlich entwickelten Angebote an sozialpädagogischen Hilfen des Absatzes 1, soweit sie sich sinnvoll mit einem entsprechenden Ausbildungs- und Beschäftigungsangebot verbinden lassen. Der Gesetzgeber hat diesen besonderen Anspruch der *sozialpädagogischen Begleitung* unterstrichen mit der Ergänzung, dass die Angebote „den Fähigkeiten und dem Entwicklungsstand dieser jungen Menschen Rechnung tragen" müssen. Damit ist gemeint, dass es sich um Hilfen handelt, die ein ganz spezifisches sozialpädagogisches Profil haben und auf die Ziele des SGB VIII ausgerichtet sind. Daher ergeben sich schon wegen dieser besonderen Voraussetzungen Unterschiede zu den eher allgemein gehaltenen Angeboten nach SGB II, unter Umständen auch nach SGB III. Dies bedingt, dass es sich in der Regel um besonders intensive Hilfeformen handelt, die über das durchschnittliche Maß der Hilfeleistungen für arbeitsmarktintegrierende Maßnahmen hinausgehen.

## 1.6 Verfahrensrechtliche Anforderungen

Der subjektive Regelrechtsanspruch auf sozialpädagogische Hilfen nach § 13 Abs. 1 SGB VIII steht dem jungen Menschen zu. Damit können junge Menschen, wenn sie das 15. Lebensjahr vollendet haben, ohne notwendige Mitwirkung ihrer Personensorgeberechtigten selbstständig im Rahmen von § 36 SGB I diese Hilfen beantragen und Sozialleistungen entgegennehmen (soweit nicht eingeschränkt nach § 36 Abs. 2 SGB I).

Hinsichtlich spezifischer verfahrensrechtlicher Vorschriften ist ferner darauf hinzuweisen, dass das „Hilfeplanverfahren" des § 36 SGB VIII hier nicht gilt. Aufgrund der ausdrücklichen Bestimmung in § 36 SGB VIII ist es nur für die Hilfen zur Erziehung anwendbar. Dennoch beinhaltet § 36 SGB VIII eine Vielzahl von Aspekten, die bei einer individuellen Hilfeleistung zu beachten sind. Dies ist jedoch eher ein inhaltlicher Hinweis, zwingende verfahrensrechtliche Folgen ergeben sich daraus nicht, da § 36 SGB VIII weder direkt noch indirekt hier zur Anwendung kommt. Da es sich bei § 13 Abs. 1 SGB VIII um einen Rechtsanspruch junger Menschen handelt und im Verfahren deswegen gesichert werden muss, dass die Entscheidung über die Erfüllung des Rechtsanspruches in ordnungsgemäßer Weise erfolgt ist, sind entsprechende allgemeine verfahrensrechtliche Aspekte zu berücksichtigen. Dies bezieht sich auf die Feststellung der Tatbestandsvoraussetzungen und die Festlegung der Rechtsfolgen.

## 2 Die berufliche Eingliederungsförderung der Sozialgesetzbücher II und III

Neben der Jugendberufshilfe als Teil des SGB VIII regeln auch eine Reihe an Vorschriften des SGB II und des SGB III Förderungen der beruflichen Bildung, der Unterstützung der Eingliederung auf dem Ausbildungs- und Arbeitsmarkt für junge Menschen. Aus der mit der Jugendberufshilfe des SGB VIII vergleichbaren gesetzlichen Aufgabenstellung haben sich eine Reihe an schwierig zu entscheidenden Abgrenzungsfragen des Vorrangs und des Nachrangs in den sozialrechtlichen Angeboten der Jugendberufshilfe ergeben. Die Beantwortung dieser Unklarheiten im Einzelfall eines jungen Menschen mit einem Leistungsbedarf auf Jugendberufshilfe lässt sich nur über die Beurteilung der jeweiligen Leistungen (z.B. des SGB VIII und des SGB II/III) klären, indem geprüft wird, ob die beiden konkurrierenden Leistungen ‚gleichartig' sind, denn erst dann liegt eine gesetzliche Leistungskonkurrenz mit der Folge vor, dass der gesetzliche Vorrang gilt.

### 2.1 Förderungen nach SGB II/III im Kontext der Jugendberufshilfe

Die für die Regelung des Vorrangs/Nachrangs von Jugendhilfeleistungen maßgebliche Vorschrift ist der § 10 Abs. 3 SGB VIII. Dort heißt es, dass die §§ 14-16g SGB II Vorrang haben vor dem SGB VIII. Der Hinweis auch auf § 3 Abs. 2 SGB II, als eine dem Jugendhilferecht vorrangige Regelung des SGB II, war lange Zeit rechtsdogmatisch von Bedeutung, weil dort ein für junge Menschen wichtiger Vorrang angesprochen war: Das Verhältnis zwischen Arbeit und Ausbildung für junge Menschen bis zum 25. Lebensjahr mit einem für den Leistungsbereich des SGB II geltenden Vorrang von Ausbildungsangeboten.

Berührungen zur Jugendberufshilfe des SGB VIII ergeben sich durch § 16 Abs. 1-3 SGB II, weil dort die Anwendbarkeit einer Reihe an Leistungsvorschriften geregelt ist. Danach kann ein Jobcenter bzw. eine Agentur für Arbeit zur Eingliederung in Arbeit bzw. Ausbildung beitragen mittels

- Leistungen nach § 35 SGB III (dies betrifft Vermittlungsangebote in Ausbildung für ausbildungssuchende junge Menschen entsprechend einer Prüfung ihrer Neigung, Eignung und Fähigkeiten);
- Zuweisungen in eine Maßnahme der beruflichen Aktivierung nach den §§ 44 ff. SGB III (dies betrifft nach § 45 Abs. 1 SGB III z. B. die Heranführung an den Ausbildungs- und Arbeitsmarkt, die Feststellung, Verringerung oder Beseitigung von Vermittlungshemmnissen, die Stabilisierung einer Beschäftigungsaufnahme);
- Leistungen zur Berufsausbildung (dies betrifft nach den §§ 48 ff. SGB III z. B. Maßnahmen der Berufsorientierung, der Berufseinstiegsbegleitung, der Berufsvorbereitung und Berufsausbildungsbeihilfe für „förderungsbedürftige junge Menschen").

In § 16a SGB II werden Eingliederungsleistungen benannt, die in engem Bezug zu sozialpädagogischen Beratungs- und Betreuungsangeboten (auch) für junge Menschen stehen. So sind die dort genannten einzelnen Leistungen der Betreuung minderjähriger oder behinderter Kinder oder die häusliche Pflege von Angehörigen, die Schuldnerberatung, die psychosoziale Betreuung, die Suchtberatung vorrangig gegenüber den Leistungen der Jugendhilfe (§ 10 Abs. 3 Satz 2 SGB VIII). In den hier denkbaren Berührungspunkten zur Jugendberufshilfe hat die Fachdebatte insbesondere die Grundsätze einer auf Freiwilligkeit im Zugang zur Beratung beruhenden Methodik diskutiert (Conen/Cecchin 2011), weil Untersuchungen darauf verweisen, dass eine erzwungene Beratung hohe Abbruchraten nach sich zieht.

Im § 16d SGB II werden ferner die Arbeitsgelegenheiten für erwerbsfähige (junge) Leistungsempfänger*innen angesprochen, deren Vermittlung dem Zweck dienen, bei Erforderlichkeit zur Erhaltung oder Wiedererlangung der Beschäftigungsfähigkeit und zur Eingliederung in Arbeit beizutragen. Hier sind in der Praxis Berührungspunkte zur Jugendberufshilfe des § 13 SGB VIII, weil solche Arbeitsgelegenheiten begleitend betreut werden.

Mit dem § 16f SGB II haben die Agenturen für Arbeit die Möglichkeit, die gesetzlich geregelten Eingliederungsleistungen durch freie Leistungen zur Eingliederung in Arbeit zu erweitern. Hierdurch sollen innovative Projektansätze zur beruflichen Förderung junger Menschen gestärkt werden. Denkbar ist auch hier, dass solche Projektansätze nahezu deckungsgleich sein können mit Projekten der Jugendberufshilfe nach § 13 SGB VIII.

Seit Ende 2016 ist mit § 16h SGB II eine neue Förderungsgrundlage für „schwer zu erreichende junge Menschen" ergänzt worden. Danach kann die Agentur für Arbeit für Leistungsberechtigte, die das 25. Lebensjahr noch nicht vollendet haben, Leistungen mit dem Ziel erbringen, die aufgrund der individuellen Situation der Leistungsberechtigten bestehenden Schwierigkeiten zu überwinden, eine schulische, ausbildungsbezogene oder berufliche Qualifikation abzuschließen oder anders in das Arbeitsleben einzumünden sowie Sozialleistungen zu beantragen oder anzunehmen. Die Förderung umfasst zusätzliche Betreu-

## 88 Grundlagen der Jugendberufshilfe

ungs- und Unterstützungsleistungen mit dem Ziel, dass die Leistungen des SGB II/III in Anspruch genommen und erforderliche therapeutische Behandlungen eingeleitet werden. Auch sollen diese Leistungen junge Menschen an Regelangebote zur Aktivierung und Stabilisierung und an eine frühzeitige intensive berufsorientierte Förderung heranführen (Kooperationsverbund Jugendsozialarbeit 2017).

Ferner bietet das SGB III – über die schon genannten hinaus – eine Reihe von Leistungen zur beruflichen Förderung für junge Menschen an:

- Leistungen zur Teilhabe (junger) Menschen mit Behinderung am Arbeitsleben nach den §§ 112 ff. SGB III (dies betrifft insbesondere allgemeine und besondere Leistungen zur Aktivierung und beruflichen Eingliederung, Berufsvorbereitung und Berufsausbildung sowie Förderungen der Weiterbildung und der Aufnahme einer selbständigen Tätigkeit);
- Leistungen der Assistierten Berufsausbildung nach § 130 SGB III (hier wird förderungsbedürftigen jungen Menschen und deren Ausbildungsbetrieben während einer betrieblichen Berufsausbildung ausbildungsbegleitend Unterstützung mit dem Ziel angeboten, eine Berufsausbildung eines jungen Menschen erfolgreich abzuschließen zu können; der Maßnahme kann auch eine ausbildungsvorbereitende Phase vorgeschaltet werden; „förderungsbedürftig" im Sinne des § 130 Abs. 2 SGB III sind „lernbeeinträchtigte und sozial benachteiligte junge Menschen, die wegen in ihrer Person liegender Gründe ohne die Förderung eine betriebliche Berufsausbildung nicht beginnen, fortsetzen oder erfolgreich beenden können") (vgl. Kap. 15).

### 2.2 Komplexe Leistungen der beruflichen Förderung in verschiedenen Sozialgesetzen

Viele Jahre hieß es, die *Jugendberufshilfe* als Teil der Jugendsozialarbeit des § 13 SGB VIII sei als subjektiver Rechtsanspruch und objektive Rechtsverpflichtung zeitgemäß ausgestaltet. Der ‚harte Rechtsanspruch auf weiche Leistungen' eröffne gerade wegen seiner tatbestandlichen unbestimmten Rechtsbegriffe kommunale Gestaltungsmöglichkeiten. Dann kamen 2005 die sogenannten Hartz-IV-Reformen und damit die Regelungen der §§ 3, 14, 15, 16 ff. SGB II, die als gesetzliche Intention propagierten, die Jugendarbeitslosigkeit weitgehend mit den Mitteln der Eingliederungshilfen für unter 25-Jährige auf dem Ausbildungs- und Arbeitsmarkt und insbesondere den Arbeitsgelegenheiten weitgehend zu beseitigen. Damit war die Konkurrenz zwischen dem SGB II (Hartz IV) und der *Jugendberufshilfe* im Verständnis der Jugendhilfe nach SGB VIII zumindest in der Praxis eröffnet.

Drei Positionen stehen sich fachlich gegenüber:

- Die Jugendsozialarbeit und damit auch die Jugendberufshilfe gemäß § 13 SGB VIII sei von Anfang an eine ‚Fehlgeburt' gewesen und hätte als Leistungsbereich nicht in das Kinder- und Jugendhilfegesetz SGB VIII aufgenom-

men werden dürfen. Dahinter steht die Position, die Leistungen der Jugendberufshilfe auf Integration durch Vermittlung in Berufsausbildung und Beschäftigung zu reduzieren, und dafür sei das Arbeitsförderungsrecht des SGB III ausreichend.
- § 13 SGB VIII sei mit guten Gründen so gesetzlich geregelt worden und symbolisiere den sozialstaatlichen Fortschritt des SGB VIII gegenüber seinem Vorläufer, dem Jugendwohlfahrtsgesetz (JWG), und zwar deshalb, weil nicht nur ein allgemeines Recht auf Erziehung, sondern mit bedarfsgerechten sozialpädagogischen Hilfen sozialen Desintegrationen im Einzelfall und für Gruppen junger Menschen vorgebeugt oder begegnet werden könne.
- Die Jugendsozialarbeit sei mit ihren Leistungsinhalten vom SGB II (SGB III) überholt und quasi ‚kassiert' bzw. ‚praktisch erledigt' worden, weil es mit den Eingliederungshilfen des SGB II (SGB III) für unter 25-Jährige nun keiner zusätzlichen Leistungen der Jugendsozialarbeit der Jugendhilfe mehr bedürfe.

Grundsätzlich haben sozialrechtliche Regeln zum Vorrang und Nachrang die Funktion, aus einer begründeten materiellen Sachnähe und daraus resultierender Fachlichkeit diejenige sachliche Zuständigkeit gesetzlich zu regeln, die generell optimale Beurteilungen der Anspruchsvoraussetzungen im Einzelfall ermöglicht. Das bedeutet auch, dass strittige Fragen des Vorrangs oder Nachrangs, der sachlichen Zuständigkeit von Sozialleistungsträgern nicht zu Lasten von Leistungsberechtigten gehen dürfen.

Eine solche Deckungsgleichheit gleicher Leistungen in verschiedenen Sozialgesetzen lässt sich begründen, wenn es für einen Hilfebedarf eines jungen Menschen in zwei verschiedenen sozialgesetzlichen Regelungen übereinstimmende Leistungsansprüche gibt: Der Tatbestand und die Rechtsfolge der zu vergleichenden zwei Rechtsnormen (z. B. Definition von *Förderungsbedürftigkeit* als gleichbedeutend für „sozial benachteiligte junge Menschen" in § 130 Abs. 2 SGB III sowie „soziale Benachteiligung" in § 13 Abs. 1 SGB VIII) gewährt als Rechtsfolge auf den festgestellten Hilfebedarf Hilfen mit sozialpädagogischen Anteilen. Hierbei entsteht die fachliche Schwierigkeit, dass es nicht allein auf den deckungsgleichen Wortlaut der beiden Normen ankommt, sondern auch auf die der jeweiligen Regelung innewohnende Zweckrichtung. Und die Ermittlung der Zweckrichtung bedarf dann einer Einordnung der Regelung in die Gesamtausrichtung des jeweiligen Sozialgesetzes. Erst bei einer daraus für den Hilfebedarf im Einzelfall feststellbaren Übereinstimmung der beiden Leistungsnormen entsteht die sogenannte *Leistungskonkurrenz*, und dies erst löst die vom Gesetzgeber getroffenen Vorrang-Nachrang-Regelungen aus (Schruth 2005, S. 223).

Und da eine solche Feststellung der Leistungskonkurrenz sozialrechtlicher Normen – so etwa Wiesner (2015) in seinem Kommentar zum SGB VIII – ganz wesentlich auf einem Vergleich der Leistungszwecke zweier, auf zwei Sozialgesetze verteilten Regelungen beruht, entsteht ein fachpolitisches Vakuum der unklaren Auslegung im Einzelfall, das regelmäßig dazu führt, dass es in der Praxis zu einem regelmäßigen Vorrang der Leistungen des SGB II/III kommt. Dies wird u. a. auch dadurch begünstigt, dass vielen Jugendämtern die Aufgaben der Jugendberufshilfe nach § 13 SGB VIII neben den sonstigen Jugendhilfeaufgaben zu teuer sind. Und so werden sozial benachteiligte junge Menschen mit einem erhöhten jugendhilfebezogenen Unterstützungsbedarf vorrangig auf die Angebote der Eingliederungshilfen der Jobcenter verwiesen. Der Konsens in der Kommentierung des Vorrangprinzips des § 13 SGB VIII (Münder/Wiesner/Meysen 2011), dass dieser immer dann bestehe, wenn im Einzelfall vom Jugendamt ein besonderer sozialpädagogischer Bedarf junger Menschen auf Angebote der Jugendberufshilfe festgestellt wird, hat nur wenige Leistungsträger der Jugendhilfe bewegt, den § 13 SGB VIII gegen Vereinnahmungen durch das SGB II zu profilieren. Grundsätzlich konkurrieren in den Auffassungen um die Gestaltungsoptionen des § 13 SGB VIII zwei Ansichten, die auch die Auslegung der hier fraglichen Leistungskonkurrenz beeinflussen:

- Die einen plädieren jugendhilfepolitisch für eine weite Ausgestaltung der sozialpädagogischen Anteile im SGB II/SGB III und favorisieren die Arbeitsmarktintegration als maßgebliche Grundlage sozialer Integration junger Menschen mit sozialen Benachteiligungen (sogenannte erwerbsarbeitszentrierte Position).
- Die anderen vertreten die Auffassung, dass der gesetzliche Alleinstellungsauftrag des SGB VIII, das Recht junger Menschen auf Erziehung zu einer eigenverantwortlichen und gemeinschaftsfähigen Persönlichkeit (§ 1 Abs. 1 SGB VIII), eine originäre Aufgabe der Jugendhilfe sei und bleiben müsse, und diese besondere Aufgabenstellung des § 13 SGB VIII dringend zu stärken sei. Denn für einige Zielgruppen der Jugendsozialarbeit (z. B. Schulverweiger*innen, Ausbildungsabbrecher*innen, Dauerarbeitslose, Wohnungslose, überschuldete, junge Menschen ohne festen Aufenthaltsstatus, Straßencliquen) stehe nicht die dauerhafte Arbeitsmarktintegration an erster Stelle (sogenannte aliud-Position).

Als Vertreter der aliud-Position gehe ich davon aus, dass der Gesetzgeber des SGB II/SGB III die Regelungen des § 13 SGB VIII deshalb unberührt gelassen hat, weil er offensichtlich wollte, dass die Aufgaben und jugendhilfespezifischen Methoden der Jugendsozialarbeit nicht ersetzt, sondern durch das SGB II nur ergänzt werden sollten. In diesem Sinne ist der weitergehende Förderaspekt der „sozialen Integration" (§ 13 Abs. 1 SGB VIII) für sozial benachteiligte oder individuell beeinträchtigte junge Menschen gesetzeskonform anzuwenden: Junge Menschen brauchen zu ihrer Persönlichkeitsentwicklung mehr als eine Vermittlung in irgendwelche verfügbaren Berufsbildungs- oder Beschäftigungsangebote, verbunden mit ein paar Stunden einer sozialpädagogischen Fachkraft. Sie sollen Eigenverantwortlichkeit in Selbstbestimmung sozial lernen können, ohne durch den fremdbestimmten Druck zur Mitwirkung ständig vor der Drohung oder Durchführung übermäßiger Sanktionen des SGB II zu stehen.

Nach meinen Feststellungen sind die Leistungszwecke des SGB II und SGB VIII zueinander grundsätzlich so gänzlich unterschiedlich, dass sie miteinander so unvereinbar sind wie Feuer und Wasser: Denn der Leistungszweck des SGB II erschließt sich über die Grundbegriffe der Eigenverantwortung, der Hilfe und der Sanktionierung. So meint der Begriff der *Eigenverantwortung* nach § 1 Abs. 1 Satz 1 SGB II, dass die Leistungen der Grundsicherung für Arbeitsuchende die Eigenverantwortung von erwerbsfähigen Hilfebedürftigen und Personen darin stärken soll, ihren Lebensunterhalt unabhängig von der Grundsicherung aus eigenen Mitteln und Kräften bestreiten zu können (Schruth 2014b, S. 93 ff.). Nach § 2 Abs. 2 Satz 2 SGB II haben erwerbsfähige Hilfebedürftige „in eigener Verantwortung alle Möglichkeiten zu nutzen, ihren Lebensunterhalt aus eigenen Mitteln und Kräften zu bestreiten". Leistungsberechtigte müssen danach eigeninitiativ sein, also ihre Eigenverantwortung ‚mitbringen'. Der Begriff *Eigenverantwortung* im SGB II ist zu verstehen als Teil des neuen Workfare-Ansatzes im deutschen Sozialstaat. Im Gegensatz zum Welfare-Ansatz, der die Sicherung des Existenzminimums als Ausdruck sozialstaatlicher Verpflichtung zur Überwindung von Hilfebedürftigkeit versteht, geht der Workfare-Ansatz davon aus, dass die staatliche Alimentierung eine Gegenleistung für die von dem Hilfebedürftigen zu erbringenden Aktivitäten sei.

*Eigenverantwortlich* im Sinne des SGB II zu sein, heißt ‚ausreichend eigeninitiativ' zu sein, um damit erst die sozialrechtlichen Voraussetzungen für den Fortbestand des materiellen Leistungsanspruches zu begründen. Der Hilfebegriff des § 9 SGB II ist fiskalisch-materiell als Sicherung des Lebensunterhaltes ausgerichtet und fragt danach, ob die bzw. der erwerbsfähige Hilfebedürftige (bzw. seine Bedarfsgemeinschaft) seinen Lebensunterhalt sichern kann. *Hilfebedürftigkeit* nach diesem Verständnis setzt nicht persönliche Hilfe in Gang: Die hier gesetzlich angenommene Bedürftigkeit ist lediglich Ausdruck des Unvermögens, sich mit eigenen Mitteln und Kräften zu helfen, und der daraus resultierende Bedarf sieht ggf. die Erbringung von Geldmitteln und regelmäßig die unverzügliche Vermittlung in existenzsichernde Erwerbsarbeit vor. Zwar fördert das SGB II Menschen durch Eingliederungsleistungen in Erwerbsarbeit und setzt dabei auch psychosoziale Betreuung als Hilfsmittel ein, diese Hilfen bleiben aber stets lohnarbeitszentriert und müssen dann beendet werden, wenn der Hilfebedürftige erfolgreich vermittelt ist. Auch sind die Sanktionsinstrumente des § 31a Abs. 2 Satz 2 SGB II gegenüber den bisherigen Sanktionsregelungen bei wiederholter Pflichtverletzung verschärft worden, d. h., das Arbeitslosengeld II „entfällt vollständig". So gesehen herrscht ein Übergewicht des Forderns gegenüber dem Fördern vor. Diese gezielte materielle Existenzgefährdung junger Menschen unter 25 Jahren trifft besonders diejenigen, die zugleich zum Adressat\*innenkreis der Jugendsozialarbeit respektive Jugendberufshilfe des § 13 SGB VIII gehören.

Für den Umgang mit den im Einzelfall zu prüfenden Leistungskonkurrenzen im Sozialrecht der Jugendberufshilfe beinhaltet dies: Allgemein gilt für die Leistungskonkurrenz zwischen dem § 13 SGB VIII und dem SGB II/III, dass das Jobcenter oder die Agentur für Arbeit unstreitig vorrangig ist, wo es schlicht eines zur dauerhaften Eingliederung in Arbeit geeigneten, nicht notwendig sozialpädagogisch orientierten Vermittlungsangebotes in Arbeit oder Ausbildung bedarf. Dort aber, wo es wegen der besonderen sozialen und/oder persönlichen Probleme auf eine erhöhte sozialpädagogische Unterstützung für junge Menschen in der Berufsvorbereitung oder Berufsausbildung ankommt, ist das Jugendamt rechtlich konkurrenzlos nach wie vor die einschlägige sozialpädagogische Fachbehörde, und es gilt der Vorrang nach § 13 SGB VIII, weil keine Leistungskongruenz besteht.

In aller Regel erfolgt der Einstieg junger Menschen in eine Jugendhilfeförderung der beruflichen Integration als Beratung, sei es in ausgewiesenen Jugendberatungsstellen bzw. direkt beim Jugendamt oder integrativ in den jeweiligen Arbeitsfeldern (z. B. Jugendarbeitseinrichtungen, Suchthilfeprojekte, Schulsozialarbeit etc.). Auf Beratung hat jede und jeder nach § 14 SGB I einen Anspruch. Dieser Anspruch richtet sich an die Sozialleistungsträger des SGB II/III wie des SGB VIII. Insoweit stellt § 14 SGB I klar, dass es in Fragen der sozialrechtlichen Beratung zwischen den Sozialleistungsträgern keinen Nachrang geben kann. Gleiches gilt für Beratungsangebote nach § 13 SGB VIII, ggf. in Verbindung mit § 8 Abs. 2 SGB VIII. Hinsichtlich der Rechte junger Menschen auf Beratung in Fragen der Jugendhilfe ist deshalb von keinem kongruenten Leistungskatalog auszugehen mit der Folge des Vorrangs der Jugendhilfe gegenüber dem SGB II/III. Ferner besteht wegen fehlender Leistungsberechtigung nach dem SGB II/III eine (konkurrenzlose) Zuständigkeit nach § 13 SGB VIII für

- junge Menschen, die das 15. Lebensjahr noch nicht vollendet haben, sozial benachteiligt und/oder individuell beeinträchtigt sind und wegen ihres erhöhten Unterstützungsbedarfs sozialpädagogischer Hilfen bedürfen;
- junge Menschen im Alter zwischen 15 und 25 Jahren, die als Antragsteller*innen nach dem SGB II erwerbsfähig, aber nicht hilfebedürftig sind, einen erhöhten Unterstützungsbedarf auf berufliche Eingliederungsförderung haben und deshalb sozialpädagogischer Hilfen bedürfen;
- junge Menschen, die nach dem SGB II leistungsberechtigt, weil erwerbsfähig und hilfebedürftig sind, aber keinen Antrag auf SGB-II-Leistungen stellen;
- junge Menschen, für die (lediglich) sozialpädagogisch begleitetes Wohnen nach § 13 Abs. 3 SGB VIII erforderlich ist, und
- junge nichtdeutsche Menschen, die erwerbsfähig und hilfebedürftig, wegen fehlender Arbeitserlaubnis nicht nach dem SGB II leistungsberechtigt sind und wegen ihres erhöhten Unterstützungsbedarfs sozialpädagogischer Hilfen bedürfen.

## 3  Zu den jugendhilferechtlichen Gewährleistungen der Jugendberufshilfe

Um die aus der unter Umständen zu weitgehenden Anwendung des SGB II folgenden Reibungsverluste für junge Menschen mit Hilfebedarfen auf eine Jugendberufshilfe nach § 13 SGB VIII weitgehend zu reduzieren, sollte fachpolitisch überlegt werden, ob unter Wahrung des jeweils eigenständigen und gegensätzlichen Leistungsprofils der beteiligten Leistungsträger (SGB II, SGB III, SGB VIII) Ansätze der Kooperation und Beratung zur Klarstellung von vermeidbaren destruktiv wirkenden Leistungskonkurrenzen im jeweils gesetzlichen Rahmen zu realisieren sind – und zwar auch dann, wenn dem erhebliche strukturelle Probleme im Weg stehen sollten:

- **Grundsatz ‚Jugendhilfe first':**
Jugendberufshilfe im Kontext von Jugendsozialarbeit bzw. Jugendhilfe ist ein gezieltes individuelles Angebot an junge Menschen, die besondere sozialpädagogische Unterstützungen benötigen, um ihnen Chancen zur „sozialen Integration" (Anspruch des § 13 Abs. 1 SGB VIII) zu eröffnen. Deshalb sollten sich alle beteiligten Trägerverantwortlichen der öffentlichen und freien Jugendhilfe sowie der Wohlfahrtverbände auf dem Weg zu mehr Inklusion in der Berufsbildung (vgl. Kap. 17) zu dem Grundsatz ‚Jugendhilfe first' bekennen und gemeinsam dafür sorgen, dass dieser Grundsatz institutionell wie individuell zum Tragen kommt (insbesondere in den neu geschaffenen, auf rechtskreisübergreifendes Zusammenwirken konzipierten Jugendberufsagenturen sowie in den Jugendämtern). Denn nur die Jugendhilfe ist gesetzlich und institutionell sowie professionell in der Lage, jungen Menschen ohne Ansehung von Handicaps, Herkunft, eigenen Orientierungen, Vorwürfen von Fehlverhalten, Schuld und nachfolgenden Sanktionierungen persönliche Entwicklungschancen in einem diskriminierungsfreien Nebeneinander – auch sozialräumlich – zu bieten.
- **Aufbau einer verantwortlichen Steuerungsfunktion der Jugendhilfe:**
Zu einer hilfebedarfsgerechten Gestaltung der Schnittstelle zwischen dem SGB II/III und § 13 SGB VIII gehört mit der Verfolgung des Grundsatzes ‚Jugendhilfe first' auch eine deutlichere Verfahrensverantwortung der Jugendhilfe bzw. Jugendsozialarbeit. Es fehlt in diesem Bereich eine Steuerungsfunktion mit einer bzw. einem Prozessverantwortlichen, die oder der den Entwicklungsprozess des jungen Menschen übergreifend begleitet.
- **Streichung der Sondersanktionierungen für junge Menschen (unter 25-Jährige):**
Die unerträglichen Sondersanktionsfolgen für junge Menschen im SGB II (van den Berg/Uhlendorff/Wolff 2017) müssen beseitigt werden. Allerdings bleibt unter den Kommentatoren des Jugendhilferechts der Umgang mit den Sanktionsfolgen des SGB II für junge Menschen strittig. Die einen vertreten die Auffassung, dass hier der Vorrang des SGB II gelten solle: ‚Was das SGB II festlege, müsse das SGB VIII akzeptieren'. Danach können junge Menschen, die ihren Anspruch auf Geldleistungen nach dem SGB II verloren haben, nicht auf Leistungen des § 13 SGB VIII zugreifen. Die Gegenposition, die auch ich vertrete, geht – ähnlich wie im SGB XII – von dem jeweils aktuellen tatsächlichen Bedarf junger Menschen aus und eröffnet Leistungen des § 13 SGB VIII auch für diejenigen, die nach dem SGB II sanktioniert sind, soweit sie anspruchsberechtigt sind. Denn Jugendhilfe kennt grundsätzlich keine Sanktionierung, sondern will unterstützen, beraten, begleiten, wenn junge Menschen sozialpädagogische Hilfe brauchen und wollen. Hier gilt es meines Erachtens, an den sozialpädagogischen Grundlagen der Jugendhilfe festzuhalten und diese nicht von den jugendhilfefernen Prinzipien des Forderns des SGB II unterminieren zu lassen.
- **Umfassende Beteiligungen junger Menschen:**
Neben Inklusion ist die Ombudschaft in der Jugendhilfe prominent in der SGB VIII-Reform angesprochen (BMFSFJ 2017, § 9a). Die Senatsverwaltung

für Bildung, Jugend und Familie in Berlin hat hier bundesweit eine Vorreiterfunktion mit der Einrichtung der Berliner Beratungs- und Ombudsstelle Jugendhilfe (BBO) übernommen. Der Grundsatz der Beteiligung junger Menschen im Umgang mit Behörden und Institutionen braucht oftmals gerade bei denen, die auf Jugendhilfe angewiesen sind, unabhängige Unterstützung von Dritten. Und um den Grundsatz ‚Jugendhilfe first' im notwendigen Bedarfsfalle nicht zu übersehen, sollte diesen jungen Menschen eine ombudschaftliche Beratung und Begleitung angeboten werden.

- **Rechtskreisübergreifende Hilfebedarfsverfahren:**
Viele Reibungsverluste im Zugang junger Menschen zu erforderlichen sozialpädagogischen Hilfen ließen sich im ‚Abgrenzungsgezeter' zwischen verschiedenen Jugendämtern, dem Jobcenter, der Agentur für Arbeit und ggf. dem Sozialamt vermeiden, wenn es kürzere und eindeutigere Zuständigkeitsentscheidungen rechtskreisübergreifend geben würde. Das wäre ein sozialrechtlicher Fortschritt insgesamt, wenn diejenigen Sozialleistungsbehörden, die sich um ihre Zuständigkeit streiten, verpflichtet wären, ein gemeinsames Hilfeplanverfahren durchzuführen und die erstangegangene Behörde die vorläufige Leistungserbringung ausüben würde. Und dabei wäre es wünschenswert, wenn hierbei die freien Träger der Jugendberufshilfe (Wende, 7. Kap.) einbezogen würden, selbst dann, wenn sie den Leistungsbedarf eines jungen Menschen zuerst erfahren und ihn z. B. an das Jugendamt herangetragen haben.

- **Nicht zuletzt – Haltungen der Fachkräfte in der Jugendberufshilfe:**
Die Praxisanforderungen und -entwicklungen der Jugendsozialarbeit setzen eine breite normative Debatte über die Grundlagen menschenwürdiger Lebensbedingungen junger Menschen, Bedingungen der Aufhebung von Armutslagen und fehlenden Bildungschancen sowie der Anerkennung eines selbstbestimmten, auch abweichenden und experimentellen Lebens junger Menschen voraus. Hierzu braucht es unter den Fachkräften Sozialer Arbeit jugendhilfegemäße Haltungen, Offenheit und stets neue Bereitschaften zur kritischen Überprüfung der eigenen Praxis. Besonders in Fragen der Aufhebung und Abwehr von Diskriminierungen junger Menschen sollten wir alle in der Jugendhilfe unser auf Wahrung der Menschenwürde, auf Selbstbestimmung und Teilhabe junger Menschen gerichtetes Selbstbewusstsein stärker demonstrieren (Schruth 2017).

## Literatur

BMFSFJ – Bundesministerium für Familie, Senioren, Frauen und Jugend (Hrsg) (2017): Gesetzentwurf des Bundesministeriums für Familie, Senioren, Frauen und Jugend. Entwurf eines Gesetzes zur Stärkung von Kindern und Jugendlichen (Kinder- und Jugendstärkungsgesetz – KJSG). URL: http://kijup-sgbviii-reform.de/wp-content/uploads/2016/¬07/170317_RefE-Stärkung-von-Kindern-und-Jugendlichen.pdf (Zugriff: 06.04.2017).

Conen, Marie-Luise/Cecchin, Gianfranco (2011): Wie kann ich Ihnen helfen, mich wieder loszuwerden? Therapie und Beratung mit unmotivierten Klienten und in Zwangskontexten. Heidelberg.

Kooperationsverbund Jugendsozialarbeit (Hrsg.). (2017): § 16h SGB II im Interesse junger Menschen und nach den Prinzipien der Jugendsozialarbeit umsetzen. Eine Arbeitshilfe für Träger im Arbeitsfeld Jugendsozialarbeit. URL: http://www.jugendsozialarbeit.de/¬media/raw/Arbeitshilfe_Umsetzung_pp_16_h_SGB_II.pdf (Zugriff: 06.04.2017).

Mrozynski, Peter (2009): SGB VIII. Kinder- und Jugendhilfe, § 13 Rn. 1, 5, 5. Aufl. München.

Münder, Johannes u. a. (1998): Frankfurter LPK-KJHG, Kap. 2., Rn. 9, 3. Aufl. Münster.

Münder, Johannes (2016): Sozialgesetzbuch II – Grundsicherung für Arbeitsuchende. 6. Aufl. Baden-Baden.

Münder, Johannes/Schruth, Peter (2002): Zur Rechtsqualität des § 13 SGB VIII. In: Zentralblatt für Jugendhilferecht (ZfJ), S. 125–131.

Münder, Johannes/Wiesner, Reinhard (2007): Kinder- und Jugendhilferecht. Handbuch. 1. Aufl. Baden-Baden.

Münder, Johannes/Wiesner, Reinhard/Meysen, Thomas (2011): Kinder- und Jugendhilferecht. Handbuch, 2. Aufl. Baden-Baden.

Schruth, Peter (2005): Zur Leistungskonkurrenz zwischen SGB II und § 13 SGB VIII. In: Zentralblatt für Jugendhilferecht (ZfJ), S. 223.

Schruth, Peter (2014a): jurisPK-SGB VIII 2014, § 13 Rn. 30 ff. Saarbrücken.

Schruth, Peter (2014b): „Eigenverantwortung". In: Düring, Diana u. a. (Hrsg.): Kritisches Glossar. Hilfen zur Erziehung. Regensburg.

Schruth, Peter (2017): Eine „inklusive" Jugendsozialarbeit: Ein Widerspruch von Exklusion und Exklusivität. In: Dialog Erziehungshilfen, 1, S. 25–27.

Schruth, Peter/Pütz, Thomas (2009): Jugendwohnen. Eine Einführung in die sozialrechtlichen Grundlagen, das Sozialverwaltungsverfahren und die Entgeltfinanzierung. Weinheim.

van den Berg, Gerhard, J./Uhlendorff, Arne/Wolff, Joachim (2017): Wirkungen von Sanktionen für junge ALG-II-Bezieher. Schnellere Arbeitsaufnahme, aber auch Nebenwirkungen. IAB Kurzbericht 5/2017. Nürnberg: Institut für Arbeitsmarkt- und Berufsforschung (IAB). URL: http://doku.iab.de/kurzber/2017/kb0517.pdf (Zugriff: 06.04.2017).

Wiesner, Reinhard (2015): SGB VIII. Kinder- und Jugendhilfe. Kommentar. 5., überarb. Aufl. München.

# KAPITEL 7: TRÄGER DER JUGENDBERUFSHILFE – INSTITUTIONELLER WANDEL UND ÖKONOMISIERUNG

*Lutz Wende*

**Überblick**

Die Ausgestaltung der Jugendberufshilfe wird durch ihre institutionellen Bedingungen bestimmt. In diesem Abschnitt werden ihre Einbindung in die freie Wohlfahrtspflege wie auch das Spannungsfeld zwischen Jugendberufshilfe in der freien Wohlfahrtspflege und dem staatlichen Steuerungsanspruch sowie die Verarbeitung dieser Rahmenbedingungen durch deren Einrichtungen diskutiert. Im Mittelpunkt steht insbesondere die seit über zwanzig Jahren zu verzeichnende Ökonomisierung der Jugendberufshilfe. Diese wirkt sich restriktiv auf das gesamte Arbeitsfeld aus, was den unmittelbaren fachlichen Arbeitsgegenstand genauso wie die Arbeitsbedingungen der Mitarbeitenden umfasst.

## Einleitung

Jugendberufshilfe steht seit ihrer Entstehung in einem Spannungsfeld zwischen staatlichen und freien Trägern sowie zwischen Arbeitsmarkt- und Bildungspolitik sowie den Anforderungen der Jugendhilfe (vgl. Kap. 3). Dieses Spannungsfeld speist sich aus den unterschiedlichen Handlungslogiken der Rechtskreise des SGB II und SGB III (vorrangig arbeitsmarktpolitische Gesetze), des SGB VIII (Jugendhilfegesetz) sowie länderbezogener Schulgesetze (Bildungsgesetze). Daran beteiligt sind jeweils verschiedene Akteur*innen mit unterschiedlichen fachlichen und organisatorischen Settings (Bode 2013) und differenzierten (fachlichen) Ansätzen und Arbeitsformen.

Zugleich werden durch den seit rund 25 Jahren zu beobachtenden Wandel des Sozialstaats neue Anforderungen an die innere Verfasstheit der Bildungseinrichtungen und ihrer Träger gestellt, die insbesondere einen zunehmenden Einsatz betriebswirtschaftlicher Steuerungsinstrumente bedingen, was mit dem Stichwort ‚Ökonomisierung der Sozialen Arbeit' markiert wird. Aber nicht nur dadurch, sondern auch in ihrer konkreten Organisation der Bildungseinrichtungen werden Möglichkeiten und Grenzen der inhaltlichen Arbeit der Jugendberufshilfe festgelegt. Über Ziele und Regeln werden Zugänge und Ausschließungen von Zielgruppen, ein besonderes professionelles Verständnis und die Gestaltung der Abläufe bestimmt. Vor diesem Hintergrund werden institutionelle Bedingungen im Feld der Jugendberufshilfe in den folgenden Abschnitten dargestellt:

Im ersten Abschnitt werden die unterschiedlichen Trägertypen der Jugendberufshilfe vorgestellt. Im zweiten Abschnitt werden die institutionellen und äußeren Einflüsse betrachtet, die für das Feld aktuell von Bedeutung sind und auf dieses wirken. Hierzu zählen der Wechsel zu einer marktkonformen Gestaltung der Finanzierung und die damit verbundenen Konsequenzen für die Durchführung von Maßnahmen. Im Fokus steht dabei die Frage, wie sich die handlungsleitenden Rahmenbedingungen der Jugendberufshilfe verändern bzw. bereits verändert haben. Im dritten Abschnitt werden die internen Gestaltungsmomente und Entwicklungsformen von Bildungseinrichtungen untersucht. Hier geht es um die Frage, inwieweit intern, also durch die Organisationsmitglieder selbst, bestimmte Entwicklungen gefördert oder gebremst werden. Der Beitrag schließt mit einem Fazit, in dem die zentralen Aussagen zur institutionellen Gestaltung der Jugendberufshilfe kurz zusammengefasst werden.

## 1 Träger, Einrichtungen und Verbände der Jugendberufshilfe

Jugendberufshilfe ist in einen institutionellen Kontext eingebunden, der die konkrete Ausgestaltung ihrer Arbeit prägt. Katja Grimm und Rainer Vock (2007, S. 56 f.) konstatieren eine vielfältige Trägerlandschaft, in der unterschiedliche Leistungserbringer tätig sind. Eine ähnliche Aufteilung nimmt Karl Hugo Breuer (2001, S. 59 f.) vor, der seine Zuordnung aus der fachlichen und strukturellen Entwicklung nach 1945 abgeleitet hat. So können folgende Typen von Trägern unterschieden werden:

1. **Jugend - und Wohlfahrtsverbände und deren berufsbezogene Einrichtungen**, die schon zu Beginn des 20. Jahrhunderts in Vorformen der Jugendberufshilfe aktiv waren: Ihre Einrichtungen vor Ort sind in regionale Teilstrukturen eingebunden (Kreis- bzw. Stadtverbände, Bezirks- und Landesverbände). Unter den sechs Wohlfahrtsverbänden, also Arbeiterwohlfahrt, Caritasverband, der PARITÄTISCHE, Deutsches Rotes Kreuz, Diakonie, Zentralwohlfahrtsstelle der Juden in Deutschland, sind sogenannte wertegebundene Organisationen, mit einer mehr oder weniger starken Anforderung an ein Bekenntnis zu bestimmten Werten und Zielen.
2. **Bundesweit tätige Träger zumeist mit Schwerpunkt auf dem Erziehungs-, Bildungs- und Ausbildungsbereich**, die ein eigenes Organisationsprofil haben und zum Teil größeren Verbänden angehören, aber weitgehend selbstständig agieren: Sie sind mehrheitlich aus karitativen oder sozialpolitischen Motiven nach dem Zweiten Weltkrieg entstanden. Als Großträger der (berufsbezogenen) Bildungsarbeit sind zu nennen: Christliches Jugenddorfwerk, Internationaler Bund, Kolping-Werke sowie Don Bosco.
3. **Frei-gemeinnützige Vereine**, die nach dem 2. Weltkrieg Flüchtlinge, elternlose Kinder sowie Jugendliche, die zur Aufnahme einer Ausbildung ihre Region verlassen haben, unterstützten und in ihrem Selbstverständnis durch die Jugendbewegung der 1920er geprägt waren.

4. **Lokale (kleine) Vereine,** die zumeist aus privaten Initiativen entstanden sind: Ihre Entwicklung fällt zusammen mit der Expansion der Jugendberufshilfe in den späten 1970er Jahren und war verbunden mit einer Kritik an Großorganisationen im Feld der Jugendhilfe wie der Ausbildungsförderung. Sie waren auf der Suche nach neuen fachlichen und organisatorischen Formen. Zumeist bieten sie nur eine schmale Angebotspalette an und sind im Falle des Wegfalls einzelner Maßnahmen häufig existenziell bedroht.
5. **Kommunale Träger (z. B. Volkshochschulen)** entstanden als Antwort auf die Herausforderungen der Jugend(berufs-)not nach dem Zweiten Weltkrieg (vgl. Kap. 5) und agierten später zum Teil als Übergangshilfen (mit berufsausbildendem Fokus) für Jugendliche aus heim- und heilpädagogischen Einrichtungen.
6. **Bildungsorganisationen der Wirtschaft** (Arbeitgeberverbände und Gewerkschaften) vertreten insbesondere arbeitsmarkt- und nachwuchspolitische Aspekte.
7. **Bildungsträger im privaten Eigentum:** Diese stellen eine neue Entwicklung im Feld der Jugendberufshilfe dar. Sie wurden im Rahmen der Ausweitung der beruflichen Bildungsangebote gegründet und sind zumeist als GmbH oder gemeinnützige (g)GmbH organisiert, bei denen der (finanzielle) Ertrag eine wesentliche Komponente in der Gestaltung der Angebote darstellt (siehe Abschnitt 2.2).
8. Nicht zu vergessen sind die **öffentlichen Träger** wie Jugendämter, Jobcenter, Agenturen für Arbeit oder Sozialämter, die die Leistungen der Jugendberufshilfe auf Basis entsprechender Gesetze beauftragen bzw. fördern und – im Falle der Berufsberatung – teilweise auch selber ausführen.

Frühzeitig entstand in den einzelnen Spitzenverbänden der Wohlfahrtspflege der Bedarf nach übergeordneten (Fach-)Verbänden, die sich in den ersten Dekaden des 20. Jahrhunderts herausbildeten (Münchmeier 1981). Nach dem Nationalsozialismus, in dem alle Aktivitäten der Jugendpflege quasi verstaatlicht und gleichgeschaltet wurden, wurden zuerst landesbezogene Verbandsformen gegründet (ab 1947). Kurz darauf wurde 1949 mit der Bundesarbeitsgemeinschaft (BAG) Jugendaufbauwerke (BAG JAW – später BAG JSA, Jugendsozialarbeit) eine bundesweite Vertretung gegründet, die in den Folgejahren immer stärker die organisatorische und fachliche Entwicklung auch im Feld der Jugendberufshilfe koordinierte und die Landesarbeitsgemeinschaften bzw. Landesverbände in ihrer Bedeutung zurückdrängte (Breuer 2001, S. 62). In der Folge der BAG JAW erfolgte ab 1949/50 die Gründung von Bundesträgergruppen, die jetzt noch zentral für den sich 2004 konstituierten „Kooperationsverbund Jugendsozialarbeit" sind. In diesem Kooperationsverbund haben sich die Arbeiterwohlfahrt (AWO), die Bundesarbeitsgemeinschaften Evangelische Jugendsozialarbeit (BAG EJSA) und Katholische Jugendsozialarbeit (BAG KJS), die Bundesarbeitsgemeinschaft örtlich regionaler Träger der Jugendsozialarbeit (BAG ÖRT), DER PARITÄTISCHE Gesamtverband, das Deutsche Rote Kreuz (DRK) und der Internationale Bund (IB) zusammengeschlossen.

## 2 Institutionelle und äußere Rahmenbedingungen von Organisationen in der Jugendberufshilfe

Jugendberufshilfe wird in lokalen Bildungseinrichtungen umgesetzt, die zumeist einem der oben genannten sechs Wohlfahrtsverbände angehören. Diese Zugehörigkeit ist eine grundlegende Rahmenbedingung für die sozial- und berufspädagogische Arbeit sowie für die organisationale Form der Einrichtungen. Die Hilfeform der Wohlfahrtsverbände verstand sich seit ihrer Entstehung und mit ihrer Professionalisierung zuerst als solidarische Bürgerleistung in einem gezielt privatrechtlichen (gemeinnützigen) Aufbau. Geprägt vom Gedanken der solidarischen Hilfeleistung bei Aufrechterhaltung der Selbstbestimmung der Adressat*innen wurden unterhalb der staatlichen Macht entsprechende Unterstützungsangebote entwickelt. Dementsprechend war das Organisationsverständnis und die Rechtsform der Bildungseinrichtungen bis Mitte der 1990er Jahre vorwiegend der ‚eingetragene Verein'. Erst durch sozialpolitische Veränderungen hat sich daneben als weitere Rechtsform insbesondere die gemeinnützige Gesellschaft mit beschränkter Haftung (gGmbH) etabliert.

### 2.1 Solidarische Hilfe statt marktwirtschaftliche Steuerung

Die ursprüngliche Hilfeform der Wohlfahrtpflege ist die solidarische Hilfeleistung sowie die Sicherung der sozialen Daseinsvorsorge, die auf benachteiligte bzw. besonders belastete Zielgruppen ausgerichtet ist. Sie galt – als gegenseitige und wohltätige Hilfe – als nicht marktwirtschaftlich zu organisieren, denn die umfassende Daseinsvorsorge wurde als besonderes sozialpolitisches Feld verstanden, das zwischen Staat und Wohlfahrtspflege zu verhandeln war und eher dem staatlichen Sektor zugeschrieben wurde. Somit wurde die Möglichkeit einer marktwirtschaftlichen Regulierung dieses Feldes nicht gesehen.

Darüber hinaus bestand und besteht teilweise auch noch bis heute eine enge Verknüpfung der Wohlfahrtsverbände zu sozialpolitischen Entscheidungsträgern des Staates, was in den Politikwissenschaften als *Neokorporatismus* bezeichnet wird. Diese enge Verknüpfung wie auch die daraus abgeleitete Form der Hilfe ist aber eine zwiespältige: Sie stellt neben der unmittelbaren Unterstützung immer auch einen staatlichen Eingriff in die Lebenswelt der Hilfebedürftigen dar, was de facto eine Form von Kontrolle bedeutet. Im Feld der Jugendberufshilfe zeigt sich diese vor allem in der einseitigen Arbeitsmarktorientierung, die im Rahmen der einzelnen Beiträge dieses Sammelbandes immer wieder vor dem Hintergrund des hier vertretenen Verständnisses Lebensweltorientierter Sozialer Arbeit problematisiert wird (vgl. Kap. 4).

Die Hilfeformen erfolgen unterschiedlich; häufig wird ein sogenanntes *sozialrechtliches Dreiecksverhältnis* begründet (vgl. Abb. 2), in dem die Hilfebedürftigen ihre Unterstützung unmittelbar durch jeweiligen Leistungserbringer erhalten, zugleich werden diese aber von einem öffentlichen Träger bezahlt.

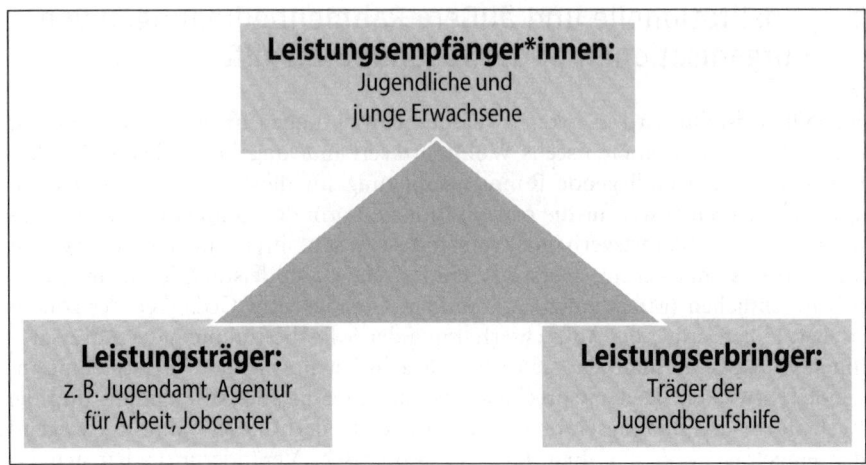

**Abb. 2:** Das sogenannte sozialrechtliche Dreiecksverhältnis

Die Bildungseinrichtungen nehmen so eine doppelte Rolle wahr: Zum einen sind sie unmittelbare Leistungserbringer für die jungen Menschen. Zum anderen sind sie vermittelnde Instanz in Bezug auf die fachliche Ausgestaltung von Hilfeleistungen im Allgemeinen. Denn sie werden von der Sozialpolitik in sozialen Belangen oft angehört und in die Entwicklung sowie Gestaltung entsprechender Angebote mit einbezogen. Und sie sind zugleich Vertreter*innen des fachlichen Feldes und nehmen nicht zuletzt in ihrer Funktion als ‚Anwält*in' der Hilfebedürftigen deren Interessen wahr.

## 2.2 Rechtsformen

Träger und Bildungseinrichtungen der Jugendberufshilfe nutzen verschiedene Rechtsformen. Diese sind der eingetragene Verein als Personengesellschaft (Mitglieder sind natürliche oder juristische Personen) oder im Wirtschaftsbereich Kapitalgesellschaften (GmbH oder Aktiengesellschaft), in denen die Mitgliedschaft über die Eingabe von Kapitalanteilen reguliert wird. Genossenschaften wie auch Aktiengesellschaften kommen im Bereich der Sozialen Arbeit äußerst selten vor und werden deshalb hier nicht weiter berücksichtigt. Zudem gibt es noch eine staatsbezogene Rechtsform, die Körperschaft des öffentlichen Rechts (Arbeitsagenturen, Verwaltungen und Ministerien u. a. m.).

Der wesentliche Unterschied zwischen einem **eingetragenen Verein** und einer GmbH besteht darin, dass im Verein die Steuerung über Ziele, die in der Mitgliederversammlung vereinbart werden, erfolgt (Sachzielorientierung). Der Vorstand und die Leitung sind verpflichtet, diese umzusetzen. Ein Verein hat nur eine geringe Verpflichtung zur Buchhaltung – es reicht eine einfache Einnahmen-Ausgaben-Übersicht –, und er wird zumeist über eine steuerliche Begünstigung gefördert. Entscheidungen werden unterhalb der Mitgliederversammlung grundsätzlich durch einen Vorstand getroffen. Dieser kann Entscheidungsrechte an eine Geschäftsführung qua Satzung delegieren, bleibt aber letztendlich verantwortlich. Der Verein haftet grundsätzlich nur mit seinem Vereinsvermögen.

In der **GmbH** als Kapitalgesellschaft dagegen erfolgt die Steuerung über den angestrebten Gewinn (Ertragsorientierung), d. h., die GmbH ist per se durch gesetzliche Vorgaben darauf ausgerichtet, die Ertragsorientierung als Steuerungsinstrument einzusetzen. Damit verbunden ist eine Betriebsführung nach betriebswirtschaftlichen Grundsätzen. Die gesetzlichen Vorgaben hat die eingesetzte Geschäftsführung, die eigenständig handelt, zu gewährleisten. Sie ist zur Erstellung einer Bilanz verpflichtet, in die neben den Umsätzen und dem Gewinn auch die Vermögenswerte einfließen. Die GmbH unterliegt damit schärferen Transparenzregeln und Kontrollmechanismen. Sie haftet nur mit dem eingesetzten Eigenkapital, allerdings muss dies in einem akzeptablen Verhältnis zur Höhe des Umsatzes stehen.

Für die **gemeinnützige GmbH (gGmbH)** gelten weitgehend gleiche Steuervergünstigungen wie für den gemeinnützigen Verein, allerdings wird hier strenger darauf geachtet, dass der gemeinnützige Aspekt in der Satzung präzise herausgearbeitet ist. Eine Änderung des Unternehmensgegenstandes ist schwieriger und aufwändiger. Die Mittel der gGmbH dürfen nur für die in der Satzung festgelegten Zwecke verwendet werden, Gewinne dürfen nicht an die Gesellschafter*innen ausgeschüttet werden. Es gibt zudem Begrenzungen in Bezug auf gebildete Rücklagen, und bei der Vergütung der Geschäftsführung wird darauf geachtet, dass diese nicht übermäßig ist, um eine sogenannte ‚verdeckte Gewinnausschüttung' zu verhindern.

So gesehen bestehen zwischen **gemeinnützigem Verein** und einer **gGmbH** im steuerlichen Bereich keine gewichtigen Unterschiede. Vorteile der gGmbH werden – trotz des höheren Aufwandes in Bezug auf Transparenz und Veröffentlichungspflicht – in der internen organisatorischen Gestaltung gesehen. Während der gemeinnützige Verein mit seinen Organen Mitgliederversammlung und Vorstand bei ihren nicht an wirtschaftlichen Aspekten orientierten Entscheidungsfindungen als schwierig und aufwändig angesehen wird, werden der gGmbH schnellere Entscheidungswege und effizientere Strukturen zugeschrieben. Zugespitzt kann der Unterschied so formuliert werden: Ein gemeinnütziger Verein wird strukturell eher über fachlich-inhaltliche, nämlich die ideelle Zielsetzung, die gGmbH dagegen über betriebswirtschaftliche Aspekte gesteuert. Diese Differenz ist nicht im Handeln der einzelnen Akteur*innen verortet, sondern in den Körperschaftsregeln von Verein und gGmbH, sie stellen also strukturelle Bedingungen des Handelns dar (zu den Auswirkungen siehe Abschnitt 3).

## 2.3 Wirtschaftsfaktor Wohlfahrtspflege und Ökonomisierung

Die Bedeutung der Rechtsform GmbH hat seit der Mitte der 1990er Jahre erheblich zugenommen. Dies begründet sich aus mehreren Entwicklungssträngen, die als ‚Ökonomisierung des Sozialen' bezeichnet werden. Im Wesentlichen geht es darum, dass in der Sozialpolitik zur Finanzierung sozialer Dienstleistungen eine neue Steuerungslogik etabliert worden ist. Dies liegt unter anderem daran, dass das Feld der Sozialen Arbeit volkswirtschaftlich als bedeutender Wirtschaftsfaktor gilt. Daher scheint es folgerichtig – gerade bei steigenden Ausgaben für den Bereich Soziales –, dass hier Steuerungsinteressen, Rationalisierungspotenziale und Einnahmemöglichkeiten privatwirtschaftlicher Betriebe verortet werden. Es werden Fragen nach Transparenz, Leistungsfähigkeit und Wirkung und eben auch nach Einsparungspotenzialen gegenüber dem wachsenden Bedarf und steigenden Kosten an sozialer Daseinsvorsorge gestellt (grundlegend dazu Rauschenbach/Sachße/Olk 1995).

In einigen Sozialgesetzen (insbesondere im SGB VIII und SGB XII) wurde der Vorrang der freien Wohlfahrtspflege dahingehend geschwächt, dass soziale Dienste nun von sogenannten ‚Dienstleistern' erbracht werden. Damit verbunden war eine bewusste Schaffung marktwirtschaftlicher Konkurrenz. So finanzieren die öffentlichen Träger seit rund zwanzig Jahren viele Maßnahmen der Jugendberufshilfe gemäß der für Marktleistungen vorgeschriebenen Form der Ausschreibung und **Vergabe** und nicht mehr als **Zuwendung**. Damit wurde der *Markt* mit seinen Prinzipien des Leistungsaustausches, der Konkurrenz und des Gewinnstrebens aller als grundlegendes Steuerungssystem durchgesetzt unter der Annahme, dass der Markt alles besser regeln könnte als der Staat.

Die Einführung von marktähnlichen Instrumenten führte im sozialpolitischen Bereich allerdings nicht zu einem *Markt* mit freien und gleichen Vertragspartner*innen, sondern vielmehr zu einem ‚Quasi-Markt'. Dadurch verschärften sich die Restriktionen, die schon im oben dargestellten sozialrechtlichen Dreiecksverhältnis angelegt sind, zu Lasten der Adressat*innen Sozialer Arbeit und Leistungsanbieter, weil die Definitionsmacht über Leistungen und Zugang nunmehr allein dem staatlichen Auftraggeber zufällt.

Bis 1997 wurde ein großer Teil der Maßnahmen der Jugendberufshilfe gemäß SGB III nach dem Zuwendungsrecht bewilligt (auch für die folgenden Ausführungen Grimm/Vock 2007, S. 60 ff.). Die Träger stellten ihre Anträge bei der regional bzw. lokal zuständigen Arbeitsverwaltung, und diese wurden dort bewilligt. Das Zuwendungsrecht sicherte eine eigenständige Durchführung, für den Nachweis war vorrangig eine zweckkonforme Verwendung zu belegen. Dieses Verfahren hatte den Vorteil, dass die Arbeitsverwaltungen eine langfristig angelegte Gestaltung der Trägerlandschaft vornehmen konnten und gab den Trägern und deren Bildungseinrichtungen eine relativ hohe Planungssicherheit. Ab 1998 wurde die Vergabe zum zentralen Instrument. Seitdem wird nach Abschluss eines Ausschreibungs- bzw. Vergabeverfahrens ein Auftrag erteilt, dem eine konkrete Leistungsbeschreibung zugrunde liegt. Seit 2003 ist dieses bis dahin lokale Verfahren in sogenannten ‚Regionalen Einkaufszentren (REZ)' zentralisiert, wo die Maßnahmen ausgeschrieben und vergeben werden. Die Ausschreibungen erfolgen dabei bundesweit standardisiert.

Diese neue Form der (zentralen) Vergabe der Jugendberufshilfemaßnahmen nach SGB III führte auf Seiten der Bildungseinrichtungen dazu, dass sich zum einen regional-lokal gefasste Strukturen auflösten. Über die Gewichtung von Preis zu Qualität wurde eine wirtschaftliche Konkurrenz etabliert, die zugleich einen immer stärkeren Preisdruck ausübte. Immer wieder traten Anbieter auf, die den

Preis anderer Anbieter unterboten, was in den Bildungseinrichtungen zu einer fehlenden Planungssicherheit führte. Katja Grimm und Rainer Vock (2007) konstatieren, dass zunehmend nicht mehr nur ortsansässige Einrichtungen einen Zuschlag erhalten, sondern auch solche, die aus anderen Bereichen wie dem der beruflichen Weiterbildung in das Feld der Jugendberufshilfe stoßen. Der Wechsel in der Finanzierung und Gestaltung der staatlichen Sozialpolitik führte dazu, dass sich nun gewerbliche und frei-gemeinnützige Anbieter gegenüberstehen, die unterschiedlichen Steuerungs- und Gestaltungsformen unterliegen. Zum anderen führte die Implementation von Marktmechanismen und Konkurrenzverhältnissen dazu, dass in der inneren Steuerung der Bildungseinrichtungen neue, zumeist betriebswirtschaftliche Instrumente eingeführt wurden, wie weiter unten im dritten Abschnitt gezeigt werden wird.

Und nicht zuletzt wird durch die Vergabeform ein erheblicher Druck ausgeübt, im Sinne des Auftraggebers (hier die Arbeitsagenturen bzw. deren Regionale Einkaufszentren) ‚erfolgreich' zu wirken. D. h., dass den Bildungseinrichtungen und ihren Träger weitere Maßnahmen nur unter dem Aspekt des Vermittlungserfolges finanziert werden. Auf diese Weise wird ein Zwang etabliert, im Sinne der arbeitsmarktpolitischen Zielsetzung erfolgreich zu sein, oder anders ausgedrückt: Die Vermittlung der jungen Menschen in eine Berufsausbildung oder Erwerbsarbeit steht im Vordergrund, nicht deren persönliche Entwicklung und soziale Integration sind Erfolgsmaßstäbe, um mit der Durchführung weiterer Angeboten beauftragt zu werden. Hierüber wird eine unbedingte Berufs- und Arbeitsorientierung im Sinne der Bundesagentur für Arbeit in deren Maßnahmen verankert, weil den Bildungseinrichtungen und den dort tätigen Fachkräften der Verlust von Arbeitsplätzen droht (Abschnitt 3.2, vgl. auch Kap. 3).

## 2.4 Vergabe versus Zuwendung

Wie bereits im vorherigen Abschnitt 2.3 erwähnt, gibt es in der Arbeitsmarktpolitik und Ausbildungsförderung zwei Formen der Finanzierung von Leistungen: die *Vergabe* öffentlicher Aufträge als marktwirtschaftliches Instrument und die *Zuwendung* als hoheitliche Förderung von freien Aktivitäten. Sie bedingen eine unterschiedliche Gewährleistungsgarantie und unterschiedliche Kontrollmöglichkeiten. Beide gründen sich zudem auf verschiedenen Handlungs- und Eingriffslogiken:

Während über die **Vergabe** ein Produkt oder eine Dienstleistung durch den öffentlichen Auftraggeber gekauft wird, fördert der Staat im Falle einer **Zuwendung** eine Eigenaktivität einer Organisation in einem hoheitlichen Akt, weil er an der Unterstützung dieser Aktivität ein besonderes öffentliches Interesse hat wie die Förderung des Gemeinwohls. Während in der reinen Form einer *Vergabe* nach Ausschreibung für gewerbliche Anbieter die Leistung spezifisch benannt werden muss und der Auftraggeber Vorgaben über die Qualität der Dienstleistung macht, kann der Staat im Rahmen einer *Zuwendung* nur grundsätzlich über das gemeinsame Interesse entscheiden, nicht aber in die spezifische Qualität der Arbeitsprozesse und der Leistung eingreifen.

Der oben skizzierte Wandel von der Zuwendung hin zur Vergabe führte bei Trägern zu Planungsunsicherheiten. Auf die damit verbundenen Risiken reagierten sie vielfach mit kleinteiligen ‚Ausgründungen' von (g)GmbHs, um konkurrenzfähig zu bleiben. Zum einen wurden damit Haftungsrisiken auf einzelne kleine Gesellschaften begrenzt, die ja nur mit ihrem Gesellschaftskapital haften. Zum anderen wurden Restriktionen großer Organisationen reduziert, da nun in vielen kleinen Gesellschaften effizient gesteuert werden konnte. Zudem wurde in den Einrichtungen der freien Wohlfahrtspflege, von denen viele als gemeinnütziger Verein organisiert waren, oftmals die Steuerung einer Geschäftsführung übertragen und damit eine verzögerte Handlungsfähigkeit von Vorständen umgangen. Zugleich wurden viele betriebswirtschaftliche Steuerungselemente aus der GmbH auf die Geschäftsführung von Vereinen übertragen. Damit führte der Wandel in den förderungsrechtlichen Rahmenbedingungen zugleich zu einer Veränderung in der internen Steuerungsform, von einer sachzielbezogen und vereinstheoretisch aushandlungsbedingten zu einer Form der ertragsorientierten Steuerung der GmbH und den Instrumenten des Sozialmanagements.

## 3 Organisationsinterne Gestaltung

In diesem Abschnitt werden Antworten auf drei Grundfragen zur Gestaltung von Bildungseinrichtungen als Organisationen in der Jugendberufshilfe gesucht: Wieweit wird durch die Organisation Einfluss auf die spezifische fachliche Ausrichtung genommen (Abschnitt 3.1)? Wie wird durch Personalauswahl und Personalentwicklung ein bestimmter Mitarbeitendentypus entwickelt (Abschnitt 3.2)? Mit welchen Steuerungsformen wird auf die oben skizzierte Ökonomisierung des sozialen Sektors reagiert (Abschnitt 3.3)?

Generell verweisen Organisationstheorien darauf, dass eine Organisation im Laufe ihrer Existenz eine Organisationskultur entwickelt, die aus formellen und vor allem informellen Regeln besteht. Diese Organisationskultur ermöglicht bzw. erschwert einerseits Veränderungen, andererseits wird die Organisation auch dadurch stabilisiert und damit in die Lage versetzt, auch risikoreiche Umstände in der Außenwelt zu bearbeiten. Diese kann sie in organisationsspezifischer Weise aufbereiten und sichert so, dass negative Einflüsse aus dem Umfeld der Organisation nicht ungefiltert in die inneren Abläufe einwirken. Dies ist die besondere Leistung von Organisationen, die sie auf Dauer ‚lebensfähig' machen und damit ihre Zukunftsfähigkeit gewährleistet. Diese organisationstheoretischen Grundsätze lassen sich auf die Jugendberufshilfe und ihre Organisationen, also Träger und deren Bildungseinrichtungen übertragen.

### 3.1 Organisation und die fachliche Ausrichtung

In der Jugendberufshilfe verorten sich die Bildungseinrichtungen über ihre Verbände und Traditionen, über den Rechtskreis, in dem sie wirken, und durch die generelle konzeptionelle Ausrichtung. Entsprechend formulieren sie Ziele und

Regeln für die Arbeit und definieren zugleich bestimmte Zielgruppen, was mit einem Ausschluss anderer Gruppen Jugendlicher und junger Erwachsener verbunden ist. Alles zusammen erzeugt ein spezifisches professionelles Setting. Genau genommen wird damit eine fachliche Engführung in Bezug auf professionelle Handlungsoptionen vorgenommen. So wird bestimmt, was der besondere Ansatz für die Arbeit darstellt und eine spezifische Rationalität und Effektivität in Bezug auf den Auftrag und eine erfolgreiche Zielerreichung erzeugt. Wo die Bildungseinrichtungen fachlich verortet werden, entscheiden in der Regel die fachlich verantwortlichen Personen aufgrund ihrer individuellen Lebens- und beruflichen Erfahrungen. Stabilisiert wird die verfolgte fachliche Ausrichtung durch die Einstellung entsprechender Mitarbeiter*innen. Solange sie erfolgreich ist, wird sie nur geringfügig verändert; andere fachliche Formen haben es schwer, eingeführt zu werden. Dies erfahren häufig junge Mitarbeiter*innen, die sich mit Veränderungsvorschlägen in der Regel selten durchsetzen können. Die bisherigen Kolleg*innen verteidigen ihre Routinen gegenüber den Neuerungen, gerade weil diese sich bisher (vermeintlich) bewährt haben. Änderungen der fachlichen Ausrichtung werden deshalb meistens erst dann vorgenommen, wenn sie z. B. durch die Aufnahme einer neuen Zielgruppe oder durch veränderte fachliche Anforderungen erforderlich werden.

So gesehen findet eine Engführung in Bezug auf professionelle Handlungsoptionen statt, auch weil nicht alle fachlichen Ansätze benötigt werden, einige vielleicht sogar kontraproduktiv wären. Dies ist nicht unbedingt schädlich, denn durch die Entscheidung, was für die Einrichtung der ‚Fall' ist, wird die fachliche Arbeit rationalisiert, in dem sie auf den Auftrag und eine erfolgreiche Zielerreichung ausgerichtet wird.

### 3.2 Formung der Mitarbeitenden

Ein weiteres internes Stabilisierungsmoment von Organisationen liegt darin, dass die Mitarbeitenden durch mehr oder weniger direkte kulturelle Anforderungen auf ihre Organisationsrolle ausgerichtet werden. So werden z. B. über die Klarstellung von Verfahrensweisen („So läuft das hier!') und die Vermittlung informeller Regeln konformes Verhalten aufgezeigt und sanktioniert. Es etabliert sich ein ‚Erfolgstypus' in der Organisation, der prägend für die weitere Entwicklung ist. Und es entwickeln sich informelle Hierarchien, die nicht den formalen Hierarchiepositionen entsprechen müssen, die für die Gestaltung wie die Umsetzung der Arbeit bedeutsam sind.

Die Formung dieses Organisationstypus führt in Bezug auf die pädagogische Arbeit in den Bildungseinrichtungen der Jugendberufshilfe zu einer Verengung von Grundhaltungen der Fachkräfte, nämlich auf solche, die dem ‚Organisationswohl' der jeweiligen Einrichtung und ihres Trägers dienen. Dafür bedient sich die Organisation spezifischer Regeln, die sie formuliert und exekutiert, entweder als formale Regeln, die durch die Leitung gesetzt werden, oder als informelle Regeln, die über die Organisationskultur entstehen und im Alltag immer reproduziert werden (Girschner 1990 sowie Ortmann 2010). Hier zeigt sich die

Ambivalenz des ‚Drucks' zum organisationkonformen Verhalten deutlich. Denn es werden Anforderungen an die Grundhaltungen des pädagogischen Personals, also auch der sozialpädagogischen Fachkräfte formuliert, und zwar in Bezug auf die Arbeitsformen sowie den Umgang mit den Jugendlichen und jungen Erwachsenen. Die dafür benötigten Einstellungen müssen in der jeweiligen Organisation erzeugt werden, um die Arbeit erfolgreich zu gestalten.

In der Personalrekrutierung wird zwar darauf geachtet, dass die jeweiligen Personen zu der Organisation passen, also zur besonderen fachlichen Ausrichtung, und dass die individuellen Grundhaltungen gegenüber Arbeit, Organisation und Adressat*innen mit denen der Organisation übereinstimmen. Eine genauere Fokussierung auf diese Einstellungen erfolgt dann im Arbeitsalltag und findet zumeist informell statt. Dies bedeutet auch, dass von der Bildungseinrichtung nicht geforderte Grundhaltungen nicht im Fokus sind. Unter diesem Aspekt führt der Druck auf eine rigide Arbeits- und Berufsorientierung, der durch die Vergabeform für Maßnahmen der Bundesanstalt für Arbeit verankert wird (siehe Abschnitte 2.3 und 2.4), dazu, dass ebensolche Einstellungen gefördert werden, diesem rigiden Druck nachzugeben. Dies begünstigt die Vermittlung von bestimmten Bildern der Arbeitswelt, während andere Aspekte der Lebenswelt junger Menschen drohen, ausgeblendet zu werden.

## 3.3 Ökonomisierung und Sozialmanagement

Die oben beschriebene Ökonomisierung des sozialen Sektors ist zwar zum großen Teil außengeleitet, führte aber zu einer Veränderung innerorganisatorischer Gestaltungs- und Steuerungsformen (grundlegend Schwarz 2001). Mit der Etablierung des Sozialmanagements seit den 1980er Jahren haben sich die Leitungsstrukturen wie auch die Arbeitsformen von Leitungskräften grundlegend verändert. Seitdem werden an sie Anforderungen formuliert, die durchaus denen an Leitungskräfte in Wirtschaftsunternehmen entsprechen. Insbesondere ist zu verzeichnen, dass Leitungen und Geschäftsführungen stärker betriebswirtschaftliche Instrumente verwenden (Nauerth 2003). Nicht mehr die Sachzielorientierung bestimmt nunmehr primär die interne Ausgestaltung, sondern es wurde mit betriebswirtschaftlichen Organisationsinstrumenten implizit eine Ertragsorientierung eingeführt, die sich auch aus der strukturellen Ausrichtung infolge der geänderten Rechtsformen ergibt (siehe oben Abschnitt 2.2). Es wird stärker zwischen dispositiven und operativen Aufgaben unterschieden und diese werden von unterschiedlichen Personen(-Gruppen) ausgeführt. Dies bedingt eine Ausdifferenzierung des Personals, also eine Hierarchisierung der Positionen, einhergehend mit unterschiedlichen Bezahlungen. Im dispositiven Bereich, also auf Leitungsebene, rücken durch den Fokus auf ein **betriebswirtschaftliches Bewertungs- und Gestaltungssystem** Fragen der Kostendeckung, Kennzahlen zur Leistungsmessung und zur Wirkungsorientierung in den Vordergrund. Die Gestaltung der sozialen Dienstleistungen aus einem Sachzielbezug sowie einer sozialpolitischen Wertorientierung heraus wurde so zurückgedrängt.

Diese Entwicklung beeinflusst die fachliche Ausrichtung der Organisationen insoweit, dass die Übernahme von sozialen Dienstleistungen weniger über den

Willen zur Unterstützung bestimmter Adressat*innengruppen, sondern vielmehr unter dem Aspekt einer Ertragsorientierung entschieden wird. Nicht mehr fachliche Anforderungen sind ausschlaggebend, sondern die Bestandssicherung der Bildungseinrichtung. Es entsteht eine Distanz der Leitungskräfte zur praktischen Arbeit mit der Folge, dass nun eine Struktur- bzw. Ertragssteuerung gegenüber einer fachlichen Prozesssteuerung in den Vordergrund rückt. D. h. jedoch nicht, dass nicht auch fachlich gesteuert wird und auch nicht, dass es keine intensiven Auseinandersetzungen über die (sozial-)pädagogischen Konzepte von Angeboten gibt. Aber in der generellen Struktur werden Entscheidungen entsprechend des Management-Credos getroffen (hierzu kritisch Kühl 2015). Die Soziologin Kate Cooney (o. J.) hat in einer Studie über Betriebe, die sowohl im Non-Profit- als auch im Profit-Bereich tätig waren, festgestellt, dass die Einrichtungen bzw. Betriebe zu einer bestimmten Gestaltungsform tendieren und dabei jeweils andere Formen außer Acht lassen. Diese Entwicklung ist mit internen Kämpfen über eine Vorrangstellung innerhalb der Einrichtung wie auch mit Kämpfen um die ‚richtigen' Steuerungsinstrumente verbunden, was erhebliche ‚innerbetriebliche' Spannungen innerhalb der Bildungseinrichtungen mit sich bringen kann. Auf der Ebene der operativ Mitarbeitenden, also der (sozial-)pädagogischen Fachkräfte, begünstigt dies sogenannte Street-Level-Strategien, d. h., sie unterlaufen Vorgaben von Vorgesetzten, um die Arbeit mit den jungen Menschen im Gleichgewicht zu halten. Damit erhöht sich die Distanz zwischen operativen und dispositiven Kräften weiter.

Die bestehende Planungsunsicherheit infolge der Unstetigkeit in der Beauftragung im Rahmen der Ausschreibungsverfahren und das Bestreben, die Existenz der Bildungseinrichtung zu sichern, führen zu einer Strategie der Verringerung von Kosten und dies zumeist von Personalkosten. Die Folgen sind Flexibilisierung und Prekarisierung der Arbeitsverhältnisse (Honorarkräfte, Befristungen etc.). Zudem werden zunehmend jüngere und nach den tarifrechtlichen Regelungen damit preiswertere Arbeitskräfte eingestellt. Für sie aber fallen häufig Einarbeitungszeiten durch erfahrene Kolleg*innen an, und es fehlen Routinen im Umgang, was vermehrt Störungen im Ablauf begünstigen kann (Dathe/Hohendanner/Priller 2009). Über eine solche Form der Personalrekrutierung kann zwar das Risiko in Bezug auf Personalbestand und Personalkosten geringgehalten werden, aber zugleich entsteht die Gefahr, dass damit fehlende Erfahrung und mangelnde Kontinuität in der unmittelbaren Zusammenarbeit mit den Jugendlichen und jungen Erwachsenen hergestellt werden, was wiederum zu Einbußen professioneller Sozialer Arbeit führt.

## 4 Fazit

„Berufliche Sozialarbeit geschieht im Auftrag und innerhalb von Organisationen in einem institutionalisierten System von Dienstleistungen. (…) Als Angehöriger und ausführender Agent der Organisation (…) ist der Professionelle sowohl den internen Regelungen wie den funktionalen Zielen solcher Organisationen unterworfen" (Münchmeier 1981, S. 163 f.). Dies gilt für die Jugendberufshilfe ebenso wie für das gesamte Feld der Sozialen Arbeit. Aber wie in diesem Beitrag gezeigt, sind die Einflüsse der institutionellen Rahmenbedingungen sehr viel tiefgreifender. Sie erfolgen auf unterschiedlichen Ebenen:

- über die Rechtskreise, die den jeweiligen Förderrahmen von Maßnahmen bedingen und bestimmte Handlungslogiken implizieren;
- über die Einbindungen der lokalen Bildungseinrichtungen in den Rahmen der Wohlfahrtspflege (und deren spezifische Differenzierungen);
- über die staatlichen Strategien der Ökonomisierung des sozialen Sektors und für die Jugendberufshilfe insbesondere durch die Vergabepraxis der Regionalen Einkaufszentren der Bundesagentur für Arbeit, die der Hauptauftraggeber in diesem Feld ist;
- über die organisationale Einbettung der Bildungseinrichtungen, also (1) durch eine fachliche Engführung in Bezug auf eine einrichtungsbezogene Konzeption, (2) die organisationsspezifische Formung der Mitarbeitenden sowie (3) durch die interne Fortschreibung der Ökonomisierung mittels des Einsatzes marktwirtschaftlicher Steuerungsinstrumente im Rahmen des Sozialmanagements (insbesondere die Prekarisierung der Arbeitsverhältnisse).

Alle diese institutionellen Rahmenbedingungen drohen sich restriktiv auf die Praxis der Jugendberufshilfe auszuwirken. Um dieser Entwicklung entgegenzuwirken, ist eine stetige Reflexion der Auswirkungen der Rahmenbedingungen auf die eigene Praxis erforderlich. Nur so können Freiräume für Lebensweltorientierte Soziale Arbeit mit Jugendlichen erkannt, gestaltet und emanzipativ genutzt werden (vgl. Kap. 16).

### Literatur

Bode, Ingo (2013): Die Infrastruktur des postindustriellen Wohlfahrtsstaats. Organisation, Wandel, gesellschaftliche Hintergründe. Wiesbaden.

Breuer, Karl Hugo (2001): Jugendsozialarbeit in der Zeit nach dem Zweiten Weltkrieg. In: Fülbier, Paul/Münchmeier, Richard (Hrsg.): Handbuch Jugendsozialarbeit. Geschichte, Grundlagen, Konzepte, Handlungsfelder, Organisation. Münster, S. 47–83.

Cooney, Kate (o. J.): Friends or Foes? Nonprofits between Business and Social Work, o. O.

Dathe, Dietmar/Hohendanner, Christian/Priller, Eckhard (2009): Wenig Licht, viel Schatten – der Dritte Sektor als arbeitsmarktpolitisches Experimentierfeld. In: WZBrief Arbeit 03, Oktober 2009, S. 1–6.

Girschner, Walter (1990): Theorie sozialer Organisationen: eine Einführung in Funktionen und Perspektiven von Arbeit und Organisation in der gesellschaftlich-ökologischen Krise. München.

Grimm, Katja/Vock, Rainer (2007): Sozialpädagogik in der beruflichen Integrationsförderung. Anforderungen, Zielgruppenwahrnehmung, Rollendefinition. Münster.

Kühl, Stefan (2015): Entzauberung der lernenden Organisation. Warum die Hoffnung auf die ‚guten' Regeln des Wandels weitgehend vergeblich ist. In: Organisationsentwicklung. Zeitschrift für Unternehmensentwicklung und Change Management, 1, S. 44–51.

Münchmeier, Richard (1981): Zugänge zur Geschichte der Sozialarbeit. München.

Nauerth, Matthias (2003): Neue Steuerung in der Praxis: Von Nutzenkalkül und Fremdbestimmung der Sozialen Arbeit. In: Widersprüche, 90, S. 9–23.

Ortmann, Günther (2010): Organisation und Moral. Die dunkle Seite. Weilerswist.

Rauschenbach, Thomas/Sachße, Christoph/Olk, Thomas (Hrsg.) (1995): Von der Wertgemeinschaft zum Dienstleistungsunternehmen. Jugend- und Wohlfahrtsverbände im Umbruch. Frankfurt/Main.

Schwarz, Peter (2001): Management-Brevier für Nonprofit-Organisationen. Eine Einführung in die besonderen Probleme und Techniken des Managements von privaten Nonprofit-Organisationen (NPO) unter Einbezug von Beispielen und Parallelen aus dem Bereich der öffentlichen NPO. 2., vollst. überarb. u. erw. Aufl. Bern/Stuttgart/Wien.

# KAPITEL 8: KOMPETENZFESTSTELLUNG IN DER JUGENDBERUFSHILFE – ÜBER DIE VERSELBSTÄNDIGUNG EINES IRREFÜHRENDEN VERSPRECHENS

*Rüdiger Preißer*

**Überblick**

In den letzten Jahren ist der Kompetenzansatz zum festen Bestandteil aller Maßnahmen der Jugendberufshilfe geworden. Im folgenden Beitrag werden zunächst die konzeptionellen Grundlagen von Kompetenzfeststellung als Bestandteil der Berufsausbildungsvorbereitung erläutert und auf einige grundlegende konzeptionelle Mängel hingewiesen. Anschließend werden einige Schlaglichter auf die Anwendungspraxis von Kompetenzfeststellung in der Jugendberufshilfe geworfen. Und schließlich werden daraus Forderungen an eine subjekt- und kompetenzorientierte Jugendberufshilfe abgeleitet. Dabei wird die These vertreten, dass diese als eine originär pädagogische Bildungsaufgabe begriffen werden sollte, die curricular-didaktisch verankert und konzipiert werden muss. Dies wird an einigen beispielgebenden Ansätzen erläutert.

## Einleitung

Der vorliegende Beitrag will die Verfahren zur *Kompetenzfeststellung* (KFS) sowie den ihnen zugrundeliegenden *Kompetenzansatz* in den Fokus rücken, ein Bereich, der in den letzten Jahren zum festen Bestandteil aller Maßnahmen der Jugendberufshilfe geworden ist. Dabei soll die Frage gestellt werden, ob er der Jugendberufshilfe neue Impulse verleihen konnte oder ob *Kompetenz* bloß eine Worthülse ist, deren inflationärer Gebrauch der Unschärfe der mit ihr verbundenen Bedeutungen entspricht. Als eine mögliche Alternative dazu werden innovative Ansätze zur Laufbahnentwicklung vorgestellt, die Berufsorientierung eher als eine Bildungsaufgabe konzipieren, aber in der gegenwärtigen Jugendberufshilfe noch weitgehend unbekannt sind.

## 1 Vorherrschendes Paradigma: Berufswahl als rationaler Entscheidungsprozess

Bevor auf verschiedene Konzepte zur KFS und ihre Praxis eingegangen wird, soll der theoretische Kontext verdeutlicht werden, in den der Kompetenzansatz konzeptionell eingebettet ist. Nahezu alle Angebote der Jugendberufshilfe im beruflichen Übergangsbereich sowie zur Berufsorientierung an Schulen basieren auf derselben entscheidungstheoretischen Konzeption von Berufswahl. Sie hat ihre theoretischen Quellen einerseits in der neoklassischen Gleichgewichtstheorie, die ihren Ausgangspunkt bei dem nutzenmaximierenden Verhalten der einzelnen, isoliert handelnden Individuen nimmt, sowie andererseits im sogenannten ‚Trait-and-Factor'-Ansatz der Differentiellen Psychologie. Diese Konzeption geht von den folgenden, aufeinander bezogenen Modellannahmen aus (Bußhoff 1989; Seifert 1977; Ertelt/Schulz 1997):

- Berufswahl ist eine ‚rationale Entscheidung', mit der Individuen ihre persönlichen Vorteile maximieren wollen (*homo oeconomicus*).
- Jedes Individuum ist entsprechend der Ausprägung seiner Persönlichkeitsmerkmale (*traits*) für die Anforderungen (*factors*) eines bestimmten Berufs optimal geeignet (*prästabilierte Harmonie*).
- Individueller Berufserfolg und berufliche Zufriedenheit sind durch die Übereinstimmung zwischen beruflichen Anforderungen und individuellen Eignungsmerkmalen bestimmt (*Matching*).

In diesem ‚Matching' als möglichst optimaler Zuordnung von Menschen zu Berufstätigkeiten wird vorwiegend der Auftrag für die berufliche Beratung gesehen. Die Ausbildung von Berufswünschen gilt nicht als Resultat eines individuellen Entwicklungs- oder Lernprozesses, sondern als eine bloße Folge der Informiertheit. Berufsberatung ist deshalb traditionell auf die Vermittlung von berufskundlichen Informationen ausgerichtet. Zusätzlich werden seit jüngstem auch Informationen über die eigene Person – Wissen über eigene Stärken, Fähigkeiten und Interessen – als notwendig erachtet. Damit betritt gewissermaßen der Kompetenzansatz die Bühne der Arbeitsmarktpolitik.

Damit diese abstrakten Modellannahmen auch in der Praxis zutreffen, werden sie unter der Hand zu Anforderungen an die Marktteilnehmer*innen, sich ihnen gemäß zu verhalten. Eine zusätzliche Herausforderung für die Jugendberufshilfe erwächst nun aus der Annahme, dass manche Jugendlichen (noch) nicht ‚reif' oder ‚bereit dazu sind', sich so zu verhalten, wie die Theorie dies vorsieht. Diese Vorstellung geht auf Donald Super (1957) zurück, der dabei von der „Vocational Maturity" als einer „Planungs- und Explorationsbereitschaft" im Hinblick auf die Anforderungen der beruflichen Entscheidungssituation sprach. Falls sie nicht vorhanden ist – z. B. wenn bei Jugendlichen mangelnde ‚Ausbildungsreife' oder ‚Berufseignung' diagnostiziert wird –, müssen sie durch ‚Übergangs'-Maßnahmen dazu ‚angehalten' werden.

Der Übergangsbereich zielt demzufolge auf eine Organisation der ‚Passung' zwischen dem Fähigkeitsprofil der Jugendlichen und dem Anforderungsprofil von Ausbildungsberufen. Dabei sollen die Jugendlichen „ein realistisches Bild von der Arbeitswelt und von Berufen entwickeln und dieses mit dem eigenen Profil abgleichen" (BA 2009, o. S.). Die absurde, aber gleichwohl die Jugendlichen brennend interessierende Frage des Komikers Karl Valentin „*Können sie mir bitte sagen, wo ich hin will?*" wird beantwortet mit dem Versprechen: *Ich sage dir, zu welchem Beruf du passt.* Zur Unterstützung – oder auch Legitimierung, je nachdem – dieses Prozesses werden Verfahren zur Kompetenzfeststellung benötigt.

## 1.1 Einwände gegen den traditionellen Ansatz der Berufswahl

Gegen diese Konzeption gibt es eine ganze Reihe von empirischen und theoretischen Einwänden, insbesondere zur zentralen Bedeutung, die Informationen zugewiesen wird, sowie zum Charakter der ‚rationalen Entscheidung' (ausführlich Preißer 2013, S. 12 ff.). Nur die drei schwerwiegendsten sollen hier benannt werden.

1. Es gibt aufgrund der sich rasant verändernden Arbeitswelt zu wenig verlässliche Informationen über die zukünftigen Anforderungsprofile der Berufe. Selbst Betriebe sind häufig damit überfordert, diese präzise zu benennen. Zudem fühlen sich die meisten Jugendlichen angesichts der Fülle von Informationen zur Berufswelt überfordert. Viel wichtiger scheint es daher, dass sie lernen, mit der Fülle, Vielfalt und Komplexität der Informationen umzugehen.
2. Das konzeptionelle Ziel einer ‚Passung' zwischen Anforderungsprofil und Fähigkeitsprofil wird fraglich, wenn nur noch 30 Prozent der Beschäftigten in ihrem ursprünglichen Ausbildungsberuf arbeiten (Hall 2010), die meisten also offenbar ‚unpassend'.
3. Auch ein ethisches Argument spricht gegen den herrschenden Matching-Ansatz der Berufswahl. Denn er verengt menschliches Handeln auf die Vorstellung eines Puzzle-Spiels, in dessen vorgegebenes Schema bloß noch die ‚passenden' Teile der eigenen Fähigkeitsschablonen eingefügt werden müssen, so dass sie zu den beruflichen Anforderungsschablonen ‚passen'. Die Jugendlichen haben aufgrund der Befunde aus der KFS bereits ihren vorgezeichneten Platz und müssen ihn mit Hilfe des Übergangssystems nur noch finden: *„Ich sage dir, zu welchem Beruf du passt."*

## 2 Konzeption des Kompetenzansatzes in der Jugendberufshilfe

Erstmalig eingeführt wurde KFS in der Jugendberufshilfe unter der Bezeichnung „Eignungsanalysen" mit dem „Neuen Fachkonzept Berufsvorbereitender Bildungsmaßnahmen (BvB)" durch die Bundesagentur für Arbeit (BA) im Jahr 2004. Seitdem sind für die BvB (vgl. Kap. 12) neben einer einheitlichen Ablaufstruktur auch die verpflichtende Durchführung von „Eignungsanalysen" an ihrem Beginn sowie ein darauf aufbauender „Qualifizierungsplan" vorgesehen (BA 2009, S. 5), der „passgenau auf den Einzelnen zugeschnitten" und „konsequent am individuellen Förderbedarf der Jugendlichen ausgerichtet" sein sollte. In der Praxis der Maßnahmendurchführung gibt es allerdings keine ‚passgenauen' und individualisierten Angebote, was die Kapazitäten und Ressourcen der durchführenden Träger bzw. Bildungseinrichtungen wohl auch überfordern dürfte, sondern Standardangebote je nach Spezialisierung des jeweiligen Trägers.

Eine Wiederholung der KFS an ihrem Ende ist nicht vorgesehen, um zu erfassen, wie sich die Kompetenzen der Jugendlichen während der BvB entwickelt haben. Dieses Fehlen systematischer Erkenntnisse darüber, ob und was die Jugendlichen in den Maßnahmen gelernt haben und ob überhaupt ein Kompetenzzuwachs stattgefunden hat, wird sowohl kritisiert: „Eines der großen Probleme des Übergangssystems liegt in der begrenzten Transparenz über die in ihm ablaufenden Lernprozesse" (Bildungsbericht 2008, S. 167), als auch angemahnt: „Der beste Maßstab für Effektivität wären die in den Maßnahmen vermittelten Kompetenzen" (ebd.).

Die konzeptionelle Platzierung von KFS am Beginn der Qualifizierungsmaßnahmen und ihr Fehlen am Ende ist eine Einmaligkeit im gesamten Bildungssystem. Dies mag darauf zurückzuführen sein, dass die BA zuvorderst an der Vermittlung der Jugendlichen in Ausbildung interessiert ist und sich nicht als Bildungsinstitution versteht, die pädagogischen Maßstäben und Qualitätskriterien verpflichtet ist. Außerhalb der Angebote der Jugendberufshilfe dürfte es wohl keine Bildungsmaßnahme ohne eine pädagogische Ergebnissicherung geben.

Dennoch hat sich dieses Konzept der KFS weitgehend durchgesetzt und nimmt in jüngster Zeit auch einen immer stärkeren Platz als Element der Berufsorientierung an den allgemeinbildenden Schulen ein, die in der Regel von Trägern der Jugendberufshilfe durchgeführt wird (vgl. Kap. 10).

### 2.1 Konzeptionelle Varianten der Kompetenzfeststellung

Konzeptionell lassen sich Verfahren der KFS aufgrund folgender Kriterien unterscheiden:

- **summativer** oder **formativer Zweck**: Wozu dient die Kompetenzerfassung?
- **anforderungsorientierte** oder **personenorientierte Erfassung**: *Kompetenz* als kompetente Handlung in einem Tätigkeitsfeld oder als Handlungspotenzial der Persönlichkeit der jungen Menschen?
- **kriterien-, norm- oder entwicklungsorientierte Auswertung**: An welchem Kriterium werden die festgestellten Kompetenzen bewertet: in Bezug auf ein vorher festgelegtes Leistungskriterium oder relativ zu einer Norm- bzw. Vergleichsgruppe oder in Bezug auf das eigene vorherige Kompetenzniveau?

Die wohl wichtigste Entscheidung, die vor dem Einsatz von KFS zu fällen ist und deshalb im Folgenden näher erläutert werden soll, bezieht sich darauf, welcher Zweck mit ihr verfolgt werden soll (ausführlich Preißer 2009, S. 52 f.): Entwicklungsförderung *(formativ)* oder ein diagnostischer Zweck *(summativ)*. Diese Unterscheidung ist außerordentlich folgenreich und muss vor der Auswahl der einzelnen Instrumente und Verfahren getroffen werden:

**Summative und formative Verfahren**

*Summative* Verfahren zielen auf ein abschließendes Urteil über das Vorhandensein von Kompetenzen zu einem aktuellen Zeitpunkt. Sie verfolgen einen diagnostischen Zweck und beziehen sich auf den Ist-Zustand. Dagegen sind *formative* Ver-

> fahren darauf ausgerichtet, die Entwicklung von Kompetenzen zu fördern. Sie sind deshalb prozessorientiert und nehmen einen längeren Zeitraum in den Blick.

*Summative* KFS dient letztlich der Beurteilung von Personen im Hinblick auf eine Auswahlentscheidung, hat also einen selektiven Zweck. Alle summativen Verfahren basieren auf den Erhebungsmethoden der quantitativen Sozialforschung: auf Beobachtungen, auf Befragungen oder auf wissenschaftlichen Testverfahren. Sie haben, da sie diagnostischen Anforderungen gerecht werden müssen, messtheoretischen und statistischen Gütekriterien zu genügen. Die Jugendlichen sind als Untersuchungs-‚Gegenstände' gewissermaßen das ‚Objekt der Messung' ihrer Kompetenzen. Die Interpretation der Befunde ist losgelöst vom Erhebungsprozess und bedarf eines eigenständigen Transferprozesses und einer Beratungsleistung gegenüber den Jugendlichen. Der Bewertungsmaßstab für die Kompetenzbefunde ist entweder eine geeignete Norm- bzw. Vergleichsgruppe oder eine vorher definierte Anforderungssituation. Summative Verfahren sind also immer in sich geschlossene Instrumente, die unabhängig von den jeweils untersuchten Personen sind.

Dagegen sind *formative* Verfahren generell stärker auf den Prozess der Selbsterkundung, -vergewisserung und -reflexion im Hinblick auf die individuelle Kompetenzentwicklung ausgerichtet als auf die Resultate der erfassten Kompetenzen. Ihr Bewertungsmaßstab ist der individuelle Entwicklungsverlauf. In ihrem Mittelpunkt stehen Erzählungen (Narrationen) über biografische Episoden, die gemeinsam – dialogisch oder in einer Kleingruppe – reflektiert und analysiert werden (zur „biografischen Diagnostik" siehe Jüttemann 2011). Formative Verfahren machen sich die Tatsache zu eigen, dass Kompetenzen erfahrungsbezogen sind und deshalb aus ihren biografischen Erfahrungskontexten rekonstruiert werden können. Allerdings brauchen sie dafür ein kommunikatives Gegenüber, das biografische Erzählungen überhaupt erst hervorlockt, den Jugendlichen zuhört und sie spiegelt und sie anschließend kommunikativ validiert. Methodologisch orientieren sie sich deshalb am interpretativen Paradigma der Soziologie sowie an den qualitativen Verfahren der Sozialforschung (z. B. Rosenthal 2015). Formative Verfahren benötigen im Gegensatz zu summativen darüber hinaus kein extern definiertes Kompetenzmodell, weil die Jugendlichen ihre ‚ent-deckten' Kompetenzen selbst zu einer subjektiv stimmigen Konfiguration – einem *Kompetenzprofil* – zusammenfügen (siehe dazu weiter unten ‚Life/Work-Planning'). Aus ihm wird – auf der Grundlage von genügend Episoden aus verschiedenen Lebensabschnitten und -bereichen – die gesamte Bandbreite der Kompetenzen erkennbar, also nicht nur kognitive Fähigkeiten und Fertigkeiten, sondern auch motivationale, volitionale (die Willensbildung betreffend) und soziale Bereitschaften und Fähigkeiten sowie grundlegende Wertorientierungen und Interessen.

Ein solcher formativer, auf dialogisch unterstützter Exploration und Reflexion beruhender Prozess der Kompetenzerfassung geht sogar mit einer gewissen Entwicklung der Kompetenzen einher, weil er sich positiv auf das Selbstkonzept der

Kompetenzen auswirkt und das Selbstwertgefühl sowie das Selbstbewusstsein der Teilnehmer*innen steigert, beides wiederum eine wesentliche Voraussetzung für die erwünschte Handlungsbereitschaft der Jugendlichen. Formative Kompetenzerfassung ist im Kern also bereits selbst ein originärer Bildungsprozess.

Formative Verfahren der Kompetenzerfassung sind wohl am bekanntesten aus Personalentwicklungsgesprächen oder Coaching-Prozessen, werden aber auch im Rahmen von Workshops für Gruppen praktiziert. Ein Beispiel für ein solches standardisiertes Coachingverfahren, das eine Gruppensitzung und drei Einzelsitzungen umfasst und durch Fragebögen und Persönlichkeitstests unterstützt wird, ist die **Kompetenzenbilanz**, die 2003 im Auftrag des Zukunftszentrums Tirol für Einzelgespräche und später auch für die Durchführung in Gruppen entwickelt wurde (Lang-von Wins/Triebel 2006). Die Kompetenzenbilanz besteht aus denselben Bausteinen, die in den meisten Portfolio-Ansätzen zur Erkundung der eigenen Kompetenzen (z. B. Ch-Q, ProfilPASS, Talentkompass NRW usw. siehe dazu Preißer 2007) enthalten sind: Reflexion des eigenen Werdeganges („Lebensbilanz"), Analyse wichtiger Tätigkeiten, Exploration und Belegen von Kompetenzen, Erarbeitung handlungsleitender Werte und Entwickeln nächster Schritte für eine berufliche Um- oder Neuorientierung. Sie unterscheidet sich von ihnen aber durch die verbindliche Begleitung dieses Prozesses durch geschulte Coaches sowie durch die fundierte theoretische Begründung und Ausarbeitung des Verfahrens, das konzeptionell auf dem sozialkognitiven Konzept der „kompetenzorientierten Laufbahnberatung" (Lang-von Wins/Triebel 2006), der biografisch-narrativen Erhebungsmethode sowie dem psychologischen Wirkmodell von Grawe (2000) basiert.

Im Einzelnen beginnt **Kompetenzenbilanz** mit einer assoziativen biografischen Sammlung, die anschließend durch Leitfragen (Werte, Träume, Interessen, einschneidende Erlebnisse, Lernergebnisse, Lebensziele) strukturiert wird. Dabei sollen die Teilnehmer*innen lernen, ihre eigene Entwicklung zu verstehen und die dahinterliegenden Entwicklungslinien zu erkennen, indem sie „biografische Sinneinheiten" erfassen. Anschließend werden gemeinsam mit dem Coach aus einzelnen Lebensbereichen Tätigkeitsbereiche ausgewählt und fokussiert, dafür die erforderlichen Fertigkeiten bestimmt und anschließend mit Wissenskategorien (Grundlagen-, Zusammenhangs-, Detail-, Erfahrungswissen) heuristisch bewertet, die aus der Expertiseforschung entlehnt sind. Im nächsten Arbeitsschritt werden, entweder durch die Entdeckung von Redundanzen oder durch Abstraktion, die Fertigkeiten zu Kompetenzbegriffen verdichtet, wobei die Einteilung in fachliche, soziale, methodische, personale Handlungskompetenzen als Richtlinie dient. Schließlich werden die gefundenen Kompetenzen durch Tätigkeiten belegt und mit individuellen Wertvorstellungen unterfüttert. Das Ergebnis wird vom Coach in Form einer individuellen Kompetenzenbilanz ausgearbeitet. Die direkten Effekte der Kompetenzenbilanz bestehen in der Klärung der Präferenzen, dem Bewusstmachen der Kompetenzen sowie der Entwicklung von Karrierepfaden der Teilnehmer*innen. Ihre indirekten Ergebnisse richten sich auf die Aktivierung sowie Steigerung von deren Selbstwertgefühl.

## 2.2 Die Praxis der Kompetenzfeststellung in der Jugendberufshilfe

Immer wenn das Ziel von Maßnahmen in der Jugendberufshilfe die ‚Förderung', ‚Stärkung', ‚Entwicklung', ‚Entdeckung', ‚Aktivierung' usw. des ‚Potenzials', der ‚Stärken', der ‚Kompetenzen' der Jugendlichen ist, verbietet sich die Anwendung summativer KFS, weil sie für diesen Zweck nicht konzipiert sind. In der Praxis dagegen sind sie üblich. Formative Verfahren werden hingegen so gut wie gar nicht eingesetzt.

Typisch für Verfahren zur KFS sind Bezeichnungen wie „Potenzialanalyse" oder auch „Förderdiagnostik" (BMBF 2005, S. 95), die sich in Allgemeinplätzen erschöpfen wie:

> „Die Potenzialanalyse, die bewusst von Potenzialen spricht und darunter (...) bisher verborgen gebliebene, noch unentdeckte Kompetenzen versteht, (...) Stärken, die bisher noch brachliegen, (...) sollen entdeckt werden." (Lippegaus/Voigt 2012, S. 44)

Dies sind beliebte Begriffe in der Praxis der KFS, deren Reiz darin zu bestehen scheint, dass sie durch die Verwendung von Euphemismen eine klare begriffliche und konzeptionelle Festlegung im Hinblick auf das Kompetenzkonstrukt vermeiden, aber zugleich ein wenig damit spielen. So werden als wesentliche Kennzeichen der Potenzialanalyse „die Orientierung an der Person und ihrer Biografie (Subjektorientierung) und der Kompetenzansatz" benannt (ebd., S. 25). Angesichts der Tatsache, dass keines der als Potenzialanalyse eingesetzten Verfahren konzeptionell mehr als nur einen Messzeitpunkt vorsieht, kann jedoch ein *Potenzial* gar nicht entdeckt und ein Entwicklungsverlauf nicht erfasst werden.

Diese bunte Mischung von Schlagwörtern verdeutlicht den Mangel an persönlichkeits- und entwicklungspsychologischer Fundierung dessen, was hier mehr gemunkelt als präzise benannt wird. Sie ist typisch für eine Praxis der KFS in der Jugendberufshilfe, in der der Kompetenzbegriff oft diffus, ja sogar beliebig verwendet wird und ohne erkennbar unterschiedliche Bedeutung gleichermaßen für ‚Eignung', ‚Ressourcen', ‚Potenzial', ‚Stärken', ‚Schlüsselqualifikationen' usw. steht, ohne deren theoretische Bezüge zu beachten. Ihnen liegt kein Kompetenzmodell oder sonst ein kohärentes Verständnis von *Kompetenz* zugrunde, das durch eine Persönlichkeits-, Handlungs- oder pädagogische Theorie begründet wäre und das die Dimensionalität, die Niveauabstufungen sowie die Entwicklungsmöglichkeiten der zu erfassenden Kompetenzen abzubilden in der Lage wäre.

In der Praxis (ausführlich Preißer 2009) werden in den Bildungsträgern in derselben Maßnahme häufig gleich mehrere Verfahren der KFS eingesetzt, dabei für Zwecke, für die sie nicht konzipiert wurden. Viele Verfahren sind selbst bereits Kombinationen verschiedener Einzelinstrumente. Bildungsträger entwickeln oft auch pragmatisch eigene Ansätze und Neukombinationen aus vorhandenen Instrumenten. Ohne deren theoretische und methodische Grundlagen immer ausreichend zu beachten, werden aus ihnen, Steinbrüchen gleich, einzelne Items entnommen und mit anderen, oft disparaten Merkmalen (Fertigkeiten, Persönlichkeitseigenschaften, Einstellungen, Sekundärtugenden) kombiniert und schließlich der vertrauten Einteilung in soziale und personale Kompetenzen zugeordnet. Auf diese Weise kommen beliebige Auflistungen einer meistens zu hohen Anzahl von Kompetenzmerkmalen zustande, die auf normativen Anforderungskatalogen beruhen und allenfalls vordergründig plausibel sind, aber die Lebenswirklichkeit der jungen Menschen weitgehend verfehlen. In einer explorativen Studie (Preißer 2010) wurden bei acht untersuchten Bildungsträgern über hundert verschiedene ‚Kompetenz'-Merkmale bei der KFS verwendet, etwa die Hälfte von ihnen in unterschiedlichen Kombinationen und mit jeweils anderen Beschreibungen, die ihrerseits nicht trennscharf waren und sich in Detailliertheit und Abstraktionsgrad unterschieden.

Angesichts der Vielzahl und Heterogenität dieser Merkmalslisten können die durch sie erzeugten Befunde kaum zu einem Gesamtbild der Kompetenzen der Jugendlichen zusammengefügt werden. Stattdessen werden sie aufgrund der häufig geringen diagnostischen Professionalität des Fachpersonals bei den Bildungsträgern durch alltagssprachliche Vergröberungen auf die handhabbare Größe bloßer Worthülsen von ‚Kompetenz' reduziert (ebd.). Insgesamt erzeugt die ungeregelte und durch keine Qualitätsrichtlinien regulierte Praxis der KFS in der Jugendberufshilfe umfangreiche ‚Datenfriedhöfe', die erzielten Resultate werden fehlerhaft interpretiert oder unzulässige Schlussfolgerungen aus ihnen gezogen (Preißer 2013). In den meisten Fällen schließt sich auch keine den Befunden vergleichbar differenzierte Beratung, ‚passgenaue' Förderempfehlung oder Qualifizierungsplanung an.

Insgesamt haben sich die in der Jugendberufshilfe eingesetzten summativen Verfahren der KFS inzwischen jedoch als nicht mehr hinterfragte Maßnahmenbestandteile weitgehend verselbständigt. Ihre theoretischen Grundlagen, ihre handwerkliche Durchführung sowie ihre kurzfristigen Befunde und längerfristigen Auswirkungen werden keinerlei systematischen Evaluation unterzogen oder mit an berufs- oder sozialpädagogischen Standards orientierten Qualitätsstandards konfrontiert. Sie müssen deshalb im Hinblick auf ihre konzeptionelle Berechtigung, ihre handwerkliche Durchführung sowie ihre Zielerreichung infrage gestellt werden.

## 3 Folgerung für die Jugendberufshilfe: Plädoyer für eine subjekt- und kompetenzentwickelnde Berufsorientierung

Angesichts dieser Sachlage sollte die Jugendberufshilfe deshalb den bisher vorherrschenden summativen Kompetenzansatz und die ihm zugrundeliegende Logik der optimalen Zuordnung von Jugendlichen zu Berufstätigkeiten überdenken. Immerhin kommt im deutschsprachigen Ausland Berufsorientierung für Jugendliche weitgehend ohne KFS aus und folgt dort, wo sie eingesetzt wird, einer formativen Logik.

Alternative Ansätze, die auf einem subjektorientierten Menschenbild beruhen und zudem empirisch besser belegt sind als das Matching-Theorem, integrieren

Berufsorientierung in einem stärker lebensweltlichen und ebenso in einem laufbahnorientierten Kontext. Sie entstammen vorwiegend dem englischen Sprachraum und drücken im Vergleich zu allen hiesigen Ansätzen einen doppelten Paradigmenwechsel aus. Zum einen werden Berufswahl und Laufbahnentwicklung nicht mehr als das Resultat einer planbaren und rationalen Entscheidung für den ‚richtigen' Beruf angesehen, sondern als Ergebnis eines komplexen, unvorhersehbaren und kaum planbaren Prozesses. Zum anderen sind diese alternativen Ansätze keine Orientierungs- und Beratungsmaßnahmen im herkömmlichen Sinne mehr, sondern können als Berufs*bildungs*maßnahmen charakterisiert werden, deren Ziel im Erwerb von „berufsbiografischen Steuerungskompetenzen" (Preißer 2003), sogenannter *Career Management Skills* (Krumboltz/Worthington 1999) besteht, die in der internationalen Diskussion schon seit längerem als grundlegende Voraussetzungen für Berufsorientierung und Berufswahl angesehen werden (Hooley u. a. 2013; LSIS 2010; Krötzl 2010).

Der prominenteste Ansatz ist das *Planned-Happenstance-Modell der Laufbahnentwicklung* (Krumboltz/Levin 2010). *Happenstance* ist eine Kombination der Wörter *happen* und *circumstance* und bedeutet so viel wie zufällige Gelegenheit, glücklicher Umstand, wobei der Akzent stärker auf dem günstigen Zusammenwirken von Umständen liegt als auf dem Zufall.

Er knüpft an die große Bedeutung von unvorhergesehenen – und unvorhersehbaren – Geschehnissen im Alltagsleben der Menschen an und nimmt die empirischen Befunde zur Kenntnis, dass die aktuelle Berufstätigkeit von Menschen eher das Ergebnis von weitgehend ungeplanten Entscheidungen ist, die ihnen eher aufgedrängt wurden und die sie in ihr bestehendes Leben integrieren als von rationalen Entscheidungen (Bimrose/Barnes/Hughes 2008). Daraus wird die Schlussfolgerung gezogen, dass die wichtigsten Kriterien für eine erfolgreiche Laufbahn nicht Entschiedenheit in der Berufswahl, sondern die Offenheit für sich ergebende Gelegenheiten und das aktive Erkennen und Nutzen von Zufällen und unerwarteten Situationen sind. Ganz ähnlich argumentiert auch Gelatt (1989) mit seiner emphatischen Behauptung: *„Uncertainty inspires our curiosity"*.

Berufsorientierung hat demnach nicht die Aufgabe, die jungen Menschen zu einer Berufsentscheidung zu ‚führen' und ihre individuellen Kompetenzprofile an die Berufswelt anzupassen. Vielmehr sollte sie dazu ermutigen, neuen Ereignissen und Erfahrungen mit einer prinzipiell aufgeschlossenen, bejahenden und entdeckenden Haltung gegenüber zu treten, ja sie durch eine aktive Lebensführung sogar gewissermaßen hervorzulocken, anstatt sie abwehrend und furchtsam als unvermeidbar hinzunehmen. Denn die beste Voraussetzung für das Eintreten von Umständen, die chancenreich für die persönliche Laufbahnplanung sein können, ist eine Lebensführung, die durch Offenheit, Neugier auf Neues und Unbekanntes sowie Zuversicht angesichts der Vielfalt der ungeplanten Ereignisse des Lebens geprägt ist.

Nicht zufällig beruht der Planned-Happenstance-Ansatz auf lerntheoretischen Überlegungen der Happenstance Learning Theory von Krumboltz (2009), die sich auf das von John Dewey bereits 1915 entwickelte Konzept des „entdeckenden Lernens" (exploratory learning) und seine Methoden bezieht: „The task of careers work is accordingly conceived as fostering learning and personal development" (Krumboltz 2009). Empfehlungen, die sich am Planned-Happenstance-Konzept von Berufsorientierung orientieren, zielen darauf ab, die Jugendlichen dabei zu unterstützen,

- anzuerkennen, dass ungeplante Ereignisse die berufliche Entwicklung mitbestimmen,
- die damit verbundene Unsicherheit nicht als etwas Negatives, sondern als eine Chance zu sehen,
- Offenheit für verschiedene Möglichkeiten als etwas Positives zu betrachten,
- unerwartete Gelegenheiten durch aktives Verhalten herbeizuführen,
- unerwartete Gelegenheiten als nützlich zu erkennen,
- sich bietende Gelegenheiten aktiv zu nutzen.

Hier werden der Kontrast zum traditionellen Modell und der Wechsel in der Blickrichtung auf Berufsorientierung besonders deutlich. Sie sind Ausdruck eines ähnlichen Wandels wie jener in der Lerntheorie vom Kognitivismus zum Konstruktivismus, mit seiner Abkehrung vom Primat der Informationsverarbeitung und dem Dualismus von Lehrer*innen und Schüler*innen im Frontalunterricht zu einer dialektischen Interaktion beider Gruppen in einer „community of practice" (Wenger 1991). Die Jugendlichen bleiben nicht mehr passive Objekte von Beratung und Betreuung, ja bloße Schablonen in einem vorgegebenen Puzzle, sondern sie werden als eigensinnig handelnde Subjekte im Rahmen ihres individuellen Lebensentwurfs ernst genommen. Nicht mehr ihre Anpassung, sondern ihre ‚besten Seiten' – Neugier, Aufgeschlossenheit, Optimismus, Risikobereitschaft und Gestaltungsbereitschaft – sollen angeregt werden.

Ein in der Praxis der Berufsorientierung auch in Deutschland verschiedentlich eingesetztes Verfahren zur individuellen Laufbahnentwicklung ist das von dem amerikanischen Pastor R. N. Bolles entwickelte und besonders in Career Centers amerikanischer Hochschulen zur Berufs- und Karriereplanung praktizierte *Life/Work-Planning* (Bolles 2017). In adaptierter Form wurde es beispielsweise in einem Modellprojekt des Paritätischen Wohlfahrtsverbandes NRW zur Entwicklung eines Selbstvermittlungscoachings von 2010 bis 2012 durchgeführt (Lütkenhorst o. J.). Es ist zwar weder kompetenz- noch beratungs- oder lerntheoretisch ausgearbeitet und untermauert, sondern eine pragmatische Kombination von Instrumenten und Techniken, die aus Empfehlungen arbeitswissenschaftlicher Institute in den USA sowie aus der Beratungspraxis zusammengetragen wurden. Faktisch verwirklicht es dennoch besser als alle dem Autor bekannten Verfahren das Konzept des ‚entdeckenden Lernens', setzt viele der genannten Empfehlungen des Planned-Happenstance-Konzeptes um und erfüllt überdies auch die Anforderungen an ein formatives Kompetenzfeststellungsverfahren.

Bei Life/Work-Planning handelt es sich eher um eine Bildungsmaßnahme, die in der Regel in Form von Workshops durchgeführt wird, als um ein traditionelles Beratungsangebot. Im engeren Sinne zielt sie darauf ab, die eigenen Fähigkeiten und Interessen zu entdecken und sich bewusst zu machen, um auf dieser Grundlage ein persönliches berufliches Leitbild zu entwickeln („*Welcher Beruf passt zu mir?*") und auf seiner Grundlage schließlich mittels Kurzinterviews konkrete Arbeitstätigkeiten zu erkunden. Dabei wird der traditionelle Weg der Berufssuche in zweifacher Hinsicht umgedreht: Zum einen werden nicht die ‚Anforderungen des Arbeitsmarkts' konstant gesetzt und die Individuen passen sich ihnen an, sondern die Individuen suchen die zu ihrem beruflichen Leitbild ‚passende' Arbeitstätigkeit. Darüber hinaus sind die Teilnehmer*innen nicht die passiven Empfänger*innen von Beratung, sondern aktiv Handelnde, die die dazu notwendigen Kompetenzen während der Maßnahme erlernen. Im weiteren Sinne kann man Life/Work-Planning deshalb als Trainingskurs zum Erlernen berufsbiografischer Steuerungskompetenzen charakterisieren.

Life/Work-Planning setzt sich aus drei Teilen zusammen. Der erste ist auf die Exploration des eigenen Wissens, der Fähigkeiten, Interessen, Wertvorstellungen und Persönlichkeitseigenschaften auf der Grundlage kurzer biografischer Narrationen über subjektiv erfolgreiche Handlungen ausgerichtet. Sie werden in Kleingruppen von den anderen Teilnehmer*innen widergespiegelt und gewissermaßen kommunikativ validiert und anschließend in Form von Bildern, Collagen, Geschichten usw. konfigurativ zusammengefügt und verdichtet. Dabei lernen die Erzählenden durch das Feedback der Zuhörenden Neues über die ihnen noch nicht bewussten eigenen Kompetenzen. Darüber hinaus lernen sie aber auch auf einer metakognitiven Ebene, aus Narrationen Kompetenzen zu erkennen, da die Rollen als Erzähler*in und Zuhörer*in ständig wechseln.

Im zweiten Teil von Life/Work-Planning beschäftigen sich die Teilnehmer*innen intensiv mit ihren bevorzugten Arbeitsbedingungen, unter denen sie arbeiten möchten. Im dritten Teil erkunden sie praktisch den Arbeitsmarkt in dem von ihnen während der ersten Phase identifizierten Arbeitsbereich, der ihrem beruflichen Leitbild zu entsprechen scheint. Dazu üben sie in einer ‚Probephase' kurze und sehr stark gerahmte Informationsgespräche (Kurzinterviews) ein, die sie anschließend mit einer Reihe von Beschäftigten in diesen Arbeitsbereichen durchführen und schließlich systematisch auswerten. Dabei lernen sie nicht nur, relevante Informationen zu recherchieren, sondern auch ein berufliches Netzwerk aufzubauen und sich zu vermarkten.

> **„Können sie mir bitte sagen, wo ich hin will?"**
>
> In dieser Frage des Komikers Karl Valentin, die von vielen Jugendlichen gestellt wird, die unsicher über ihre zukünftigen Wege sind, liegt eine große Versuchung für die Jugendberufshilfe. Sie muss jedoch widerstehen, jungen Menschen zu sagen, wohin sie gehen sollen und wer sie sind. Stattdessen sollte sie ihre Aufgabe darin sehen, jene Kräfte und Kompetenzen in ihnen zu stärken, die sie befähigen, eigenständige Bildungs- und Berufswege zu beschreiten.

In diesem Sinne sollte Jugendberufshilfe grundlegend neu gedacht und konzipiert werden. Vor allem sollte eine kompetenzorientierte Berufsorientierung eine Stärkung des Selbstwertgefühls der Jugendlichen, die Förderung ihrer Selbstwahrnehmung, Emotionsregulation und Handlungskontrolle sowie ihrer motivationalen und metakognitiven Kompetenzen (‚Lernen des Lernens') zum Ziel haben

(Preißer 2003). Ein solcher Ansatz würde auch die Anschlussfähigkeit des Übergangsbereichs zwischen Schule und Berufsausbildung an das Bildungssystem befördern und zu einer Qualitätskontrolle der in ihm stattfindenden Bildungsprozesse verpflichten.

## Literatur

BA – Bundesagentur für Arbeit (Hrsg.) (2009): HEGA 09/09-01 – Berufsorientierung in der Bundesagentur für Arbeit für den Bereich der Sekundarstufe I und II: Grundsätze und fachliche Grundlagen. URL: https://www3.arbeitsagentur.de/web/content/DE/Veroeffentlichungen/Weisungen/Arbeitnehmer/Detail/index.htm?dfContentId=L6019022DSTBAI431466 (Zugriff: 19.01.2017).

Bildungsbericht (2008): Bildung in Deutschland 2008. Ein indikatorengestützter Bericht mit einer Analyse zu Übergängen im Anschluss an den Sekundarbereich I. Bielefeld.

Bimrose, Jenny/Barnes, Sally-Anne/Hughes, Deirdre (2008): Adult Career Progression & Advancement: A five Year Study of the Effectiveness of Guidance. Coventry, England: Warwick University.

BMBF – Bundesministerium für Bildung und Forschung (Hrsg.) (2005): Berufliche Qualifizierung Jugendlicher mit besonderem Förderbedarf – Benachteiligtenförderung. Berlin/Bonn.

Bolles, Richard Nelson (2017): What Color Is Your Parachute? 46. Aufl. New York.

Bußhoff, Ludger (1989): Berufswahl. Theorien und ihre Bedeutung für die Praxis der Berufsberatung. Stuttgart.

Ertelt, Bernd-Joachim/Schulz, William E. (1997): Beratung in Bildung und Beruf. Leonberg.

Gelatt, H. B. (1989) Positive Uncertainty: A New Decision-Making Framework for Counselling. In: Journal of Counselling Psychology, 36, Heft 2, S. 252–256.

Grawe, Klaus (2000): Psychologische Therapie. Göttingen.

Hall, Anja (2010): Wechsel des erlernten Berufs: theoretische Relevanz, Messprobleme und Einkommenseffekte. In: Euler, Dieter u. a. (Hrsg.): Berufsforschung für eine moderne Berufsbildung – Stand und Perspektiven. Stuttgart, S. 157–173.

Hooley, Tristram u. a. (2013): The ‚Blueprint' Framework for Career Management Skills: A Critical Exploration, British Journal of Guidance & Counselling, 41, Heft 2, S. 117–131.

Jüttemann, Gerd (Hrsg.) (2011): Biographische Diagnostik. Lengerich.

Krötzl, Gerhard (2010): Career Management Skills – ein Kernelement der Strategien zu Lifelong Guidance. In: MAGAZIN erwachsenenbildung.at, 9, S. 13–25.

Krumboltz, John D. (2009): The Happenstance Learning Theory. In: Journal of Career Assessment, 2, S. 135–154.

Krumboltz, John D./Levin, Al S. (2010): Luck Is no Accident: Making the Most of Happenstance in Your Life and Career. 2. Aufl. Atascadero, CA.

Krumboltz, John D./Worthington, R. L. (1999): The School-to-Work Transition From a Learning Theory Perspective. The Career Development Quarterly, 47, S. 312–325.

Lang-von Wins, Thomas/Triebel, Claas (2006): Kompetenzorientierte Laufbahnberatung. Heidelberg.

Lippegaus-Grünau, Petra/Voigt, Birgit (2012): Potenziale erkennen und fördern. Qualität entwickeln. Band 1: Potenzialanalyse in Theorie und Praxis. Offenbach.

LSIS – Learning and Skills Improvement Service (2010): Career Learning for the 21st Century: The Career Blueprint: Supporting an All-Age Guidance Atrategy. Coventry: LSIS.

Lüttkenhorst, Werner (o. J.): Kursbuch Selbstvermittlungscoaching. Wie man Menschen unterstützt, neue Wege in Arbeit zu gehen. Wuppertal: Deutscher Paritätischer Wohlfahrtsverband Landesverband Nordrhein-Westfalen e. V.

Preißer, Rüdiger (2003): Berufsbiographische Selbstorganisation, biographisches Lernen, Selbstsozialisation. In: REPORT, 3, S. 87–97. URL: http://www.die-bonn.de/doks/preisser0302.pdf (Zugriff: 01.11.2016).

Preißer, Rüdiger (2007): Methoden und Verfahren der Kompetenzbilanzierung im deutschsprachigen Raum. Wien: Österreichisches Institut für Berufsbildungsforschung (öibf). URL: http://www.oeibf.at/db/calimero/tools/proxy.php?id=13266 (Zugriff: 01.04.2017).

Preißer, Rüdiger (2009): Kompetenzen von benachteiligten Jugendlichen feststellen und fördern. Forschungsergebnisse und Handreichung für die sozialpädagogische Praxis. Paderborn/Freiburg.

Preißer, Rüdiger (2010): Ergebnisse und Verfahren der Kompetenzfeststellung am Ende der Maßnahmen der Jugendberufshilfe. Bonn (unveröffentlichter Forschungsbericht für das Bundesministerium für Bildung und Forschung).

Preißer, Rüdiger (2013): Berufsorientierung aus der Sicht der Lehrenden. Eine praktische Handreichung. URL: http://www.uebergangschuleberuf.de/site/objects/download/8243_KESHandreichungBerufsorientierungPreier062014.pdf (Zugriff: 01.11.2016).

Rosenthal, Gabriele (2015): Interpretative Sozialforschung. Eine Einführung, 5., aktual. u. erg. Aufl. Weinheim/München.

Seifert, Karl Heinz (1977): Handbuch der Berufspsychologie. Göttingen.

Super, Donald (1957). The Psychology of Careers. New York.

Wenger, Étienne (1998): Communities of Practice: Learning, Meaning, and Identity. Cambridge University Press.

# KAPITEL 9: PROFESSIONELLES HANDELN SOZIALER ARBEIT IN DER JUGENDBERUFSHILFE ZWISCHEN EINEM ENGEREN UND WEITEN METHODENVERSTÄNDNIS

*Michael Fehlau*

## Überblick

Ein lebensweltorientiertes, methodisches Handeln richtet sich flexibel in einer grundlegenden Problem-, Ziel- und Verfahrensoffenheit an den Bedürfnissen und Wünschen der Adressat*innen aus. Für arbeitsmarktpolitische Maßnahmen der Jugendberufshilfe werden jedoch Zielvorgaben und handlungsmethodische Ansätze in standardisierten, öffentlichen Ausschreibungsverfahren vorgegeben. Der Beitrag zeichnet Konfliktlinien zwischen dem weiten Methodenverständnis lebensweltorientierter Professionalität und institutionellen Rahmenbedingungen, die den Sozialpädagog*innen von Seiten der Arbeitsverwaltung gesetzt werden, nach. Beispielhaft vorgestellt und diskutiert werden die geforderte individuelle und EDV-gestützte Förderplanung sowie sogenannte Verhaltenstrainings.

## Einleitung

Professionelles Handeln in der Sozialen Arbeit erhebt den Anspruch, eigenständige Methoden zur Lösung von Problemen sowohl gegenüber ihren Adressat*innen als auch Kostenträgern ausweisen und umsetzen zu können. Nach Michael Galuske (2013) wird der Methodenbegriff in der Sozialen Arbeit jedoch uneinheitlich verstanden. Vor allem Student*innen und Berufsanfänger*innen erhofften sich von Methoden praktisch anwendbares „Rezeptwissen" (ebd., S. 19) in Situationen von Handlungsunsicherheit. Verunsichernd sei z. B. der Alltagsbezug sozialpädagogischen Handelns, der sich durch „Komplexität, Unübersichtlichkeit, Widersprüchlichkeit und Banalität" (ebd.) auszeichne. Methodisches Handeln könne darüber hinaus nicht ausschließlich nach eigenen fachlichen Maßstäben gestaltet werden, da es die geltenden institutionellen Rahmenbedingungen in den Tätigkeitsfeldern Sozialer Arbeit mitberücksichtigen müsse (ebd., S. 36). Für Angebote der Jugendberufshilfe nach Sozialgesetzbuch (SGB) II und III gilt, dass die Arbeitsverwaltung auch methodische Ansätze in zeitlich und inhaltlich standardisierten Leistungsbeschreibungen festschreibt und zur Grundlage öffentlicher Ausschreibungen der Maßnahmen macht. Auch die arbeitsmarktpolitische Zielsetzung, junge Menschen vorrangig in ihrer Beschäftigungsfähigkeit zu fördern und ‚Ausbildungsreife' herzustellen, hat Konsequenzen für ein eigenständig begründetes Methodenverständnis Sozialer Arbeit (Enggruber 2010). Denn vom Standpunkt einer subjekt- und lebensweltorientierten Professionalität richtet sich methodisches Handeln nicht an fremddefinierten Problemen und Zielen, sondern situativ und ganzheitlich an den Bedürfnissen, Interessen und Wünschen der Adressat*innen aus. Probleme sowie Ziele sollen dialogisch ausgehandelt, sozialpädagogische Prozesse gemeinsam gestaltet und flexibel bleiben (vgl. Kap. 4).

Der folgende Beitrag zeichnet die konflikthaften Beziehungen zwischen einem lebensweltorientierten Methodenverständnis und den institutionellen Rahmenbedingungen, die den Sozialpädagog*innen in der Jugendberufshilfe von Seiten der Arbeitsverwaltung gesetzt werden, nach.

1. Zunächst wird mit Michael Galuske (2013) ein eigenständiger, sozialpädagogischer Methodenbegriff präzisiert. In diesem Zusammenhang wird das weite Methodenverständnis einer lebensweltorientierten Professionalität skizziert und gegen ein engeres, ergebnisorientiertes Verständnis abgesetzt, das mit der Einführung der Hartz-Gesetze verschärft im Tätigkeitsfeld der Jugendberufshilfe Einzug gehalten hat (Enggruber 2010).
2. Vorgeschriebene Handlungsmethoden werden anschließend beispielhaft vorgestellt und im Vergleich von enger und weit verstandenen methodischen Ansätzen diskutiert: (2.1) die individuelle Förderplanung, die in der Regel EDV-gestützt auf Informationen aus diagnostischen Verfahren aufbauen, über Zielvereinbarungen gesteuert und in ihren Ergebnissen kontrolliert werden soll sowie (2.2) Trainingseinheiten zur Verbesserung des Arbeits-, Sozial- und Bewerbungsverhaltens.

# 1 Handlungsmethoden zwischen Standardisierung und strukturierter Offenheit

Ich möchte zum Einstieg ein Beispiel geben: Fällt z. B. die Planung, Organisation und Durchführung eines regelmäßigen Frühstücks mit den Teilnehmer*innen an einer Maßnahme der Jugendberufshilfe bereits unter den Methodenbegriff? Und wie ließe sich dieses Vorgehen gegenüber dem auftraggebenden Kostenträger wie der Arbeitsverwaltung – die das Frühstück und die Gehälter der Fachkräfte letztendlich finanziert – fachlich begründen? Und dies vor allem, wenn diese doch eigentlich erwartet, die jungen Menschen fit für den Ausbildungs- und Arbeitsmarkt zu machen und nicht mit ihnen am Frühstückstisch über Freizeitbeschäftigungen zu plaudern.

Zur Beantwortung der in diesem Beispiel aufgeworfenen Fragen wird der Argumentation von Michael Galuske (2013) gefolgt, um eine Definition des sozialpädagogischen Methodenbegriffs vorzustellen und in Bezug zu den institutionellen Rahmenbedingungen in den arbeitsmarktpolitischen Förderinstrumenten zu setzen. Dieser grenzt zwei Methodenverständnisse in der Fachdiskussion Sozialer Arbeit voneinander ab:

1. Ein *engeres* Verständnis verhandle *Methoden* unter der vorrangigen Fragestellung, wie ein gegebenes Ziel (z. B. eine Verbesserung des Sozialverhaltens) unter Einsatz welcher bewährten, d. h. empirisch überprüften, Vorgehensweisen (z. B. Verhaltenstrainings) erreicht werden könne. Diskutiert würden Methoden unter dem Blickwinkel plan-, überprüf- und wiederholbarer Handlungsschritte. Dieses engere Verständnis werde aus subjektorientierter Perspektive kritisiert (ebd., S. 29 f.). Es bezöge sich lediglich auf Aspekte der Umsetzung und klammere Fragen zu Problem- und Zieldefinitionen aus. Damit laufe es Gefahr, Methoden im Glauben an klare Handlungsregeln auf sozialtechnologische Anwendungsroutinen zu verkürzen. Ein derartiges Methodenverständnis könne jedoch „dem Charakter sozialpädagogischer Handlungssituationen nicht gerecht" werden (ebd., S. 19).
2. In einem *weiten* Verständnis würde die Abhängigkeit der *Methoden* von „Problemlagen, Zielsetzungen und Rahmenbedingungen" mitbedacht (ebd., S. 30). Es reflektiere und überprüfe fortwährend, inwieweit Ziele und die daraufhin beschrittenen Wege methodischen Handelns dem Eigensinn der betroffenen Menschen und ihren Lebenssituationen gerecht würden (ebd., S. 35). Ein weites Methodenverständnis greife auf einen integrierten Methodenbegriff zurück, der sich über ein übergeordnetes Handlungsmodell begründe und damit berücksichtige, dass Methoden ein „spezifisches Verhältnis zum Subjekt und zur Gesellschaft zum Ausdruck" brächten (Geißler/Hege 1995, zit. in Galuske 2013, S. 33). Methoden ordneten sich demnach einem *Konzept* unter, das „die Ziele, die Inhalte, die Methoden und die Verfahren in einen sinnhaften Zusammenhang" bringe (ebd., S. 30). *Verfahren* seien wiederum als ein „Set" an Vorgehensweisen innerhalb einer Methode zu verorten (ebd., S. 31 f.).

Michael Galuske (2013) schlägt daher folgende Definition des Methodenbegriffs vor:

> **Methoden Sozialer Arbeit**
> 
> Methoden Sozialer Arbeit und ihre Verfahren zielen konzeptionell integriert auf die Planbarkeit und nachvollziehbare „Gestaltung von Hilfeprozessen" ab. Sie reflektieren und überprüfen sich auf ihre Angemessenheit gegenüber institutionellen Rahmenbedingungen, Zielen, „Situationen sowie den beteiligten Personen" (Galuske 2013, S. 35).

So verstanden begründet das Konzept einer Lebensweltorientierten Sozialen Arbeit (vgl. Kap. 4) ein weites Methodenverständnis, das Hans Thiersch (1993) prägnant als „Handeln in strukturierter Offenheit" bezeichnet hat (zit. in Galuske 2013, S. 73). Eine sich derart ausweisende Professionalität setzt zwar Methoden ein, wendet diese jedoch nicht routiniert auf vordefinierte Probleme an, um fremddefinierte Ziele ergebnisorientiert zu erfüllen. Sie will stattdessen prozessorientiert Verhältnisse entwerfen und gestalten, „in denen individuelle Ziele überhaupt erst entwickelt und auf soziale Anforderungen bezogen werden können, bevor sie gemeinsam realisiert werden" (Düker 2014, S. 65). In dieser Suchhaltung bleibt sie offen „gegenüber dem biografischen Eigensinn, den ‚Besonderheiten' der Klienten ebenso wie gegenüber den Eigenheiten der Lebenswelten" (Galuske 2013, S. 34). Diejenigen Menschen, die Angebote Sozialer Arbeit in Anspruch nehmen (müssen), sollen an allen sie betreffenden Aspekten beteiligt werden. Dies schließt auch Aushandlungen der Frage ein, ob überhaupt ein subjektiv relevantes Problem besteht, das sozialpädagogischer Unterstützung bedarf. Sowohl Ziele, als auch die verzweigten (Um-)Wege dorthin bleiben an der eigenen Zeit, den Bedürfnissen und Interessen der Adressat*innen ausgerichtet, verhandelbar und damit flexibel.

Dieses Methodenverständnis ist in seiner Dialektik anspruchsvoll, denn einerseits benötigen (und erhoffen sich) Sozialpädagog*innen im beruflichen Alltag methodische Halteseile bzw. entlastende Strukturen, um in Situationen von Ungewissheit begründet handlungsfähig zu bleiben. Andererseits verlangt aber der eigensinnig selbstbestimmte Subjektstatus der Nutzer*innen eine grundsätzliche Problem-, Ziel- und Verfahrensoffenheit (Galuske 2013, S. 73). Vorstellungen und auch Hoffnungen von erhöhter Handlungssicherheit oder Steuerungsfähigkeit menschlichen Verhaltens, die an ein engeres Methodenverständnis geknüpft sind, werden damit allerdings in Frage gestellt. Stattdessen zeigt sich ein methodisches Handeln in strukturierter Offenheit sperrig gegenüber Versuchen, eine lebensweltorientiert begründete Leistungserbringung Sozialer Arbeit in standardisierte ‚Produkte' zu überführen.

Eine solche Entwicklung vollzieht sich jedoch verschärft mit Einführung der sogenannten Hartz-Gesetze in den Angeboten der Jugendberufshilfe nach SGB II und III. Denn diesen liegen seitdem bundeseinheitlich standardisierte Fachkonzepte zugrunde (Würfel 2014), in denen sowohl Förderdauer, als auch Zielgruppen, Ziele und Aufgaben der beteiligten Berufsgruppen festgeschrieben sind (exemplarisch für Berufsvorbereitende Bildungsmaßnahmen: BA 2012). Konkretisiert werden die Fachkonzepte in sogenannten Leistungsbeschreibungen (ebenfalls beispielhaft für die Berufseinstiegsbegleitung: BA 2014):

**Leistungsbeschreibung für die Berufseinstiegsbegleitung (BerEb)**

In den Leistungsbeschreibungen führt die Arbeitsverwaltung für jede Maßnahme sehr detailliert und standardisiert die Mindestanforderungen auf, die eine Bildungseinrichtung erfüllen muss, wenn sie den Zuschlag zur Durchführung des Angebots erhalten will. Dies umfasst zunächst Vorgaben zur räumlichen, technischen und sächlichen Ausstattung, zur Erreichbarkeit, zu der Regelung des (elektronischen) Datenaustausches sowie zu Dokumentations- und Berichtspflichten. Weiterhin werden die Zielgruppe(n) und zu erreichende Ziele definiert sowie der zeitliche Umfang (Förderdauer, wöchentliche Anwesenheitspflichten der Teilnehmer*innen und deren Urlaubsansprüche) festgelegt.

Enthalten sind in den Leistungsbeschreibungen auch Vorgaben zum Personal: Als *Sozialpädagog\*innen* werden sowohl Fachkräfte mit einem einschlägigen Studienabschluss (Soziale Arbeit, Heilpädagogik, Pädagogik mit entsprechendem Studienschwerpunkt), als auch Erzieher*innen mit einer mind. 640 Unterrichtsstunden umfassenden, sozialpädagogischen Zusatzqualifikation und beruflicher Erfahrung mit der Zielgruppe zugelassen. Den beteiligten Berufsgruppen werden Aufgaben zugewiesen. Sozialpädagog*innen sollen eine persönliche Beziehung zu jeder betreuten Teilnehmer*in aufbauen, um deren Teilnahmemotivation zu fördern und sie zu stabilisieren.

Als pädagogische Querschnittaufgaben werden die individuelle Förderplanung und die „Entwicklung und Förderung von Schlüsselkompetenzen" benannt (BA 2014, S. 16). Differenziert wird in folgende Kategorien:

- *„Persönliche Kompetenzen* (z. B. Motivation, Leistungsfähigkeit, aber auch Selbstbild, Selbsteinschätzung, Selbstsicherheit, Offenheit, Wertehaltung)
- *Soziale Kompetenzen* (z. B. Kommunikationsfähigkeit und Sprachkompetenz, Kooperations-/Teamfähigkeit, Konfliktfähigkeit, Empathie)
- *Methodische Kompetenzen* (z. B. Problemlösung, Arbeitsorganisation, Lerntechniken, Einordnung und Bewertung von Wissen)
- *Lebenspraktische Fertigkeiten* (z. B. Umgang mit Behörden, Umgang mit Geld, Hygiene, Tagesstruktur, Nutzung öffentlicher Verkehrsmittel, Einkauf, Selbstversorgung, Erscheinungsbild, Freizeitgestaltung)
- *interkulturelle Kompetenzen* (Verständnis und Toleranz für sowie im Umgang mit anderen Kulturen, Traditionen und Religionen)" (ebd., S. 16 f., kursiv i. O. unterstrichen).

Berücksichtigt werden soll auch die Strategie des *Gender Mainstreaming:* „Hierzu gehört insbesondere, sowohl junge Frauen als auch junge Männer zu motivieren bzw. zu unterstützen, sich in geschlechtsuntypischen Berufen zu erproben" (ebd., S. 17). Als strukturbildendes Aufgabenfeld gilt die verpflichtende Zusammenarbeit und Vernetzung mit regionalen Akteur*innen (aus Betrieben, allgemein- und berufsbildenden Schulen, Beratungsstellen, Ehrenamtler*innen usw.) und ggf. Erziehungsberechtigten.

Unter den Bedingungen von Standardisierungsprozessen und öffentlicher Ausschreibung der Maßnahmen (vgl. dazu Kap. 7) bewegt sich ein weites Methodenverständnis lebensweltorientierter Professionalität innerhalb deutlicher institutioneller Grenzen, von denen einige im Folgenden skizziert werden sollen:

- **Mehr Struktur, weniger Offenheit?** Will ein Bildungsträger ein öffentlich ausgeschriebenes Angebot umsetzen, muss er auf der Grundlage einer Leistungsbeschreibung zunächst ein pädagogisches Konzept und eine Preiskalkulation bei einem Regionalen Einkaufszentrum (REZ) der Arbeitsverwaltung einreichen (ebd.). In den Konzepten, die vielfach von sozialpädagogischen Fachkräften in den Bildungseinrichtungen geschrieben werden, müssen dazu anhand eines thematisch gegliederten, standardisierten Fragebogens neben der zeitlichen, räumlichen und personellen Maßnahmeorganisation auch handlungsmethodische Ansätze beschrieben und begründet werden (Würfel 2014). Die sogenannte Bewertungsmatrix als Teil der Vergabeunterlagen fragt ab, wie die bestehenden Vorgaben aus den Leistungsbeschreibungen im geplanten

Angebot nachprüfbar umgesetzt, also wie z. B. „schwerwiegende Vermittlungshemmnisse" abgebaut, Abbrüchen entgegengewirkt oder sogenannte Schlüsselkompetenzen gefördert werden sollen. Im Hinblick auf das vorrangige Ziel der Integration in Ausbildung und Erwerbsarbeit wird die Darstellung von Strategien zur Vermittlung und Eingliederung gefordert. Die Anpassung der bundeseinheitlich standardisierten Leistungsbeschreibungen an die Strukturen regionaler Hilfsangebote sowie Ausbildungs- und Arbeitsmärkte soll über Ausführungen zu Art und Umfang der Zusammenarbeit mit regional relevanten Akteuren erfolgen (beispielhaft in BA 2010, S. 29 ff.).

Derjenige Bildungsträger, der im Wettbewerb mit anderen Anbietern das methodisch und organisatorisch überzeugendste Angebot zum niedrigsten Preis abgibt, erhält den Zuschlag (vgl. Kap. 7). In diesem Fall stellt das pädagogische Konzept gleichzeitig die Vertragsgrundlage für das ‚einkaufende' REZ dar. Die konzeptionell beschriebene Organisation und Methodik der Maßnahme kann durch die Arbeitsverwaltung in ihrer vertragsgemäßen Umsetzungsqualität geprüft werden. Bei Abweichungen vom ursprünglichen Leistungsangebot drohen ggf. Vertragsstrafen oder sogar der Entzug der Maßnahme.

Im Hinblick auf ein weites Methodenverständnis lebensweltorientierter Professionalität weist Walter Würfel (2014, o. S.) darauf hin, dass im Ausschreibungsverfahren zwar eine umfassende Beschreibung des Leistungsangebots gefordert, dabei aber vernachlässigt würde, dass sich ein solches „erst mit den jugendlichen Adressaten und ihren individuellen Voraussetzungen" realisieren lasse. Diese seien „aber zum Zeitpunkt der Ausschreibung und der Angebotserstellung unbekannt". Unter diesen Bedingungen strukturieren die den Leistungsbeschreibungen folgenden pädagogischen Konzepte in ihrer „Funktion eines Grundsatzdokumentes" (Michel-Schwartze 2009, S. 294) die sozialpädagogischen Handlungsprozesse deutlich vor. Sie laufen damit aber Gefahr, sich in der Methodenbeschreibung gegenüber einer offenen und Abweichungen zulassenden Suchhaltung nach den lebensweltlich bedeutsamen Bedürfnissen und Eigensinnigkeiten der potentiellen Teilnehmer*innen zu verschließen.

- **Stärken- oder Defizitorientierung?** Laut Fachkonzept für Berufsvorbereitende Bildungsmaßnahmen (BvB) der Bundesagentur für Arbeit (BA 2012, S. 7) soll die Querschnittsaufgabe der Kompetenzförderung „durch eine ressourcen- und kompetenzorientierte, individuelle Entwicklungsbegleitung unterstützt" werden. Dies erscheint zunächst anschlussfähig an das Konzept der Lebensweltorientierung, das Menschen stärkenorientiert in ihrer Alltagsbewältigung unterstützen will. Junge Menschen können jedoch erst dann an einer arbeitsmarktpolitischen Maßnahme teilnehmen, wenn sich im Vorfeld ein Förderbedarf durch Merkmale von Benachteiligung oder Beeinträchtigung begründen lässt.

Entsprechende Probleme werden über kollektive Kategorien wie etwa eine alleinerziehende Elternschaft, fehlende Bildungsabschlüsse, einen Migrationshintergrund oder eine Behinderung und nicht über subjektiv bedeutsame Bedürfnisse der Individuen definiert (Oehme 2016). Die Zuweisung in Förderangebote nach SGB II und III begründet sich darüber hinaus über Etiketten

unzureichender „Ausbildungsreife oder Berufseignung" (BA 2012, S. 2). Adressat*innen der Jugendberufshilfe haben daher bereits vor ihrer (seltener) freiwilligen oder (häufiger) sanktionsbewehrten und damit verpflichtenden Teilnahme eine defizitäre Diagnose erfahren.
Mit dieser haben Berufsberater*innen der Agentur für Arbeit oder Fallmanager*innen der Jobcenter z. B. einen „komplexen Förderbedarf" oder „schwerwiegende Hemmnisse insbesondere im Bereich Motivation/Einstellungen, Schlüsselqualifikationen und sozialer Kompetenzen" (ebd.) festgestellt, sie einer Zielgruppe zugeordnet und einer ‚passenden' Maßnahme zugewiesen (Oehme 2016). Anne van Rießen hat im fünften Kapitel bereits dargelegt, dass die Zunahme derartiger Kategorisierungen in einem Zusammenhang mit konjunkturellen Ursachen wie dem Rückgang betrieblicher Ausbildungsstellen zu verorten sei. Die Arbeitsverwaltung individualisiere damit ein strukturelles Problem und überantworte dessen Lösung den jungen Menschen selbst. Daraus ergibt sich die Frage, inwieweit entsprechende defizitäre Etikettierungen in den Maßnahmen der Jugendberufshilfe als gültige Problemdefinitionen unhinterfragt aufgegriffen, beibehalten und handlungsmethodisch eng z. B. in Verhaltenstrainings ohne Thematisierung der ausgrenzenden Verhältnisse der Ausbildungs- und Arbeitsmärkte pädagogisiert werden.

- **Ergebnisoffene Ganzheitlichkeit oder verengte Zieldefinitionen?** Das Fachkonzept gibt weiterhin vor, die Kompetenzförderung und -entwicklung im „Rahmen einer ganzheitlichen Persönlichkeitsentwicklung" (BA 2012, S. 7) – so gesehen also konform mit dem Konzept der Lebensweltorientierung – umzusetzen. In ihren programmatischen Zielen sind jedoch die arbeitsmarktpolitischen Förderinstrumente der Übergangsbegleitung (vgl. Kap. 10) und Berufsausbildungsvorbereitung (vgl. Kap. 11 und 12) eng auf die Integration in Ausbildung festgelegt. Auch die sozialpädagogisch begleitete Ausbildung (vgl. Kap. 14 und 15) zielt auf den Übergang in Erwerbsarbeit ohne echte Aushandlungsspielräume ab. Im Fachkonzept BvB wird z. B. die „Vorbereitung und Eingliederung in Ausbildung" als vorrangiges Ziel benannt (BA 2012, S. 1). In kritischer Lesart wird die zunächst geforderte ganzheitliche Förderung der Persönlichkeitsentwicklung hierdurch wieder eingeengt. Beschränkt wird damit auch ein methodisches Selbstverständnis, das subjektiv bedeutsame Probleme – die auch (weit) außerhalb arbeitsweltlicher Aspekte liegen können – mit den jungen Menschen in einem ganzheitlichen Zugang erst entdecken und Zielvorstellungen gemeinsam entwickeln will.
- **Ergebnis- oder Prozessorientierung?** Als bedeutendes Wertungskriterium für die Vergabe der Maßnahmen werden Erfolge aus bereits durchgeführten Maßnahmen ausschließlich in Form sogenannter Vermittlungs- und Abbruchquoten einbezogen. Als erfolgreiche Vermittlungen werden nur Übergänge in anerkannte Ausbildungen nach Berufsbildungsgesetz (BBiG) oder Handwerksordnung (HwO) und sozialversicherungspflichtige Erwerbsarbeit gezählt.
Unberücksichtigt bleiben subjektiv sinnhafte Zukunftsentwürfe, die von diesen Vorgaben abweichen, wie z. B. sich als Tätowierer*in zu etablieren. Nicht gezählt wird auch, wenn junge Menschen im Erreichen eines Wunschberufes

unterstützt werden, der für sie kurzfristig noch nicht erreichbar erscheint. Was geschieht z. B. mit einem Jugendlichen mit einem Hauptschulabschluss, der Soziale Arbeit studieren möchte und – statt eine Ausbildung zu beginnen oder zu arbeiten – lieber noch zwei Jahre die Abendschule besuchen will, um die Fachhochschulreife zu erlangen? Unbewertet bleibt ebenfalls, wenn sich Teilnehmer*innen in einem Freiwilligen Sozialen oder Ökologischen Jahr (FSJ, FÖJ) oder im Bundesfreiwilligendienst (BFD) im Sinne eines Moratoriums weiter austesten möchten.

## 2 Handlungsmethoden in arbeitsmarktpolitischen Maßnahmen: Eine Auswahl

Ich möchte nun das einleitend gegebene Beispiel mit dem Frühstück wiederaufnehmen. Ein solches Angebot wäre nach der Definition von Michael Galuske (2013) keine Methode, sondern ein Verfahren innerhalb eines methodischen Selbstverständnisses:

1. In einem engeren Verständnis würde ein solches Frühstück geplant und den jungen Menschen ggf. sogar verordnet, um deren ausbildungsrelevante Sozialkompetenzen zu fördern und sie an feste Tagesstrukturen zu gewöhnen. Es könnte konzeptionell mit der Erhöhung der Teilnahmemotivation und zum Aufbau einer vertrauensvollen Beziehung zu den betreuenden Sozialpädagog*innen begründet werden.
2. In einem weiten, lebensweltorientierten Verständnis wäre dieses Frühstück hingegen ein freiwilliges Angebot, das die jungen Menschen nach ihren Vorstellungen mit einem selbstverwalteten Budget planen und umsetzen könnten. Die Frühstückrunde wäre ein alltagsnaher Begegnungsraum außerhalb der offiziellen Sphäre der Büros und Werkstätten, in dem die Teilnehmer*innen ihre Bedürfnisse nach Selbständigkeit, Ritualisierung und sozialem Austausch verwirklichen könnten. Für die Sozialpädagog*innen ergäbe sich die Möglichkeit, in einer taktvollen Gastrolle ihre Teilnehmer*innen und ihre Freizeitaktivitäten in einer ungezwungenen Atmosphäre kennenzulernen. Auch dieses Vorgehen ließe sich mit einer Erhöhung der Motivation und Beziehungsarbeit begründen, hätte aber andere Vorzeichen: Im ersten Fall stünde das Frühstück im Dienst einer Vorbereitung auf die Arbeitswelt, im zweiten böte es ein Setting, in dem sich die Nutzer*innen selbstbestimmter erfahren könnten.

Ein solches Frühstück ist jedoch in den meisten Leistungsbeschreibungen nicht vorgesehen. Unter den Bedingungen eines wettbewerblich organisierten Ausschreibungsverfahrens der Maßnahmen bleibt ohnehin fraglich, ob die zusätzlichen Kosten für eine regelmäßige Verköstigung der Teilnehmer*innen trotz überzeugender fachlicher Begründungen in die Angebotskalkulation eingepreist werden dürfte – bestünde doch die Gefahr, den Zuschlag an einen kostengünstiger anbietenden Bildungsträger zu verlieren. Im Folgenden werde ich daher methodische Handlungsansätze vorstellen und diskutieren, die nach Vorgabe der

Leistungsbeschreibungen in jeder Maßnahme umgesetzt werden sollen. Ich beschränke mich auf zwei Ansätze, in denen sich Konflikte zwischen einem engeren und weiten Methodenverständnis besonders deutlich nachzeichnen lassen. Der in den Maßnahmen bedeutsame methodische Ansatz *Sozialer Netzwerkarbeit* (dazu auch Galuske 2013, S. 330 ff.) wurde von Ruth Enggruber oben im dritten Kapitel bereits ausgeführt und wird daher an dieser Stelle nicht wiederholt.

## 2.1 Individuelle Förderplanung: Diagnostik, Zielplanung und Ergebniskontrolle

Die *individuelle Förderplanung* kann als zentrale Methode zur Steuerung aller pädagogischen Prozesse innerhalb einer Maßnahme verstanden werden. Sie umfasst in ihren Verfahren sowohl Erst- und wiederholte Förderplangespräche, als auch die Ziel- und Umsetzungsplanung mit einer entsprechenden Aufgabenverteilung an die maßnahmeninternen Berufsgruppen und -externe Akteur*innen. Inbegriffen ist ebenfalls die umfassende Dokumentation der Zielplanung, der daraufhin umgesetzten Handlungsschritte und erreichten Ergebnisse sowie die Erstellung sogenannter Leistungs- und Verhaltensbeurteilungen (LuV), die in festgelegten Zeitabständen an die Arbeitsverwaltung gesendet werden müssen. Die Teilnehmer*innen sollen in alle Aspekte der individuellen Förderplanung einbezogen und daran beteiligt, deren Verfahren transparent und nachvollziehbar sein (BMBF 2005).

Planung, Dokumentation und Leistungsberichte der Förderprozesse werden durch Fachsoftware strukturiert, deren Verwendung fast ausnahmslos vorgegeben wird. Von der Arbeitsverwaltung zertifizierte, d. h. zugelassene Dokumentations- und Verwaltungsprogramme meist kommerzieller Anbieter bilden förderplanerische Prozesse als Gegenstände sozialpädagogischen Handelns virtuell ab. Darüber hinaus stehen Tools zur Erfassung der Anwesenheiten zur Verfügung. Eine Schnittstelle zum Datenaustausch mit der Arbeitsverwaltung ist als eigenes Modul in die Systeme integriert. Für die Nutzung dieser Systeme wird sehr detailliert vorgegeben, wie etwa Förderpläne gegliedert oder die standardisierten Leistungsberichte ausgefüllt werden müssen (BA 2016). Forschungsergebnisse deuten darauf hin, dass die Dokumentationsarbeit überwiegend von den in den Maßnahmen eingesetzten Sozialpädagog*innen geleistet wird. Diese mache einen erheblichen Anteil an ihrer täglichen Arbeitszeit aus, die dann nicht mehr für die Zusammenarbeit mit den jungen Menschen zur Verfügung stünde (Enggruber 2010, S. 154). Formal und inhaltlich folgt die EDV-gestützte individuelle Förderplanung einem Dreischritt aus 1.) Förderdiagnostik, 2.) Zielplanung und -vereinbarungen sowie 3.) einer Ergebniskontrolle.

### 1. Diagnostische Verfahren

Zu Beginn jeder Maßnahme soll eine sogenannte Standortbestimmung mit jeder Teilnehmer*in durchgeführt werden, um Ansätze für eine anschließende pädagogische Förderung zu finden.

Erhoben werden sollen Informationen über den schulischen Verlauf, schulische und außerschulische Interessen, die Teilnahmemotivation, Ausprägungen der sogenannten Schlüsselkompetenzen, Angaben zur Herkunft, zu körperlichen und kognitiven Voraussetzungen sowie zu den Erwartungen und Wünschen der Teilnehmer*innen (z. B. BA 2014, S. 15). Die in den arbeitsmarktpolitischen Angeboten geforderte **Förderdiagnostik** umfasst in der Regel ein ‚Set' verschiedener Erhebungsverfahren, die in der Eingangsphase der Maßnahmen eingesetzt werden sollen. Welche Verfahren Verwendung finden, bleibt freigestellt. Psychometrische und Persönlichkeitstest dürfen jedoch nicht eingesetzt werden.

Nach Michael Galuske (2013, S. 219) zielen *sozialpädagogische Diagnosen* methodisch darauf, „komplexe Lebenszusammenhänge zu erfassen, zu verstehen und zu beurteilen" (ebd.), um „zu realisierbaren Vorschlägen für sozialpädagogisches Handeln (…) zu kommen" (Schrapper 2008, zit. in Galuske 2013, S. 219). Lebensweltorientiert begründete Verfahren gestalteten ihr diagnostisches Vorgehen „kommunikativ und partizipativ" (ebd., S. 223) und stellten die Bedürfnisse und Selbstdeutungen der Adressat*innen in das Zentrum ihres Handelns. Dies erfordere primär sinnverstehende bzw. *rekonstruktive* Diagnostikmodelle, die sich durch ein kaum strukturiertes, flexibles und situationsabhängiges Vorgehen auszeichneten (ebd., S. 224).

Dem gegenüber stünden *klassifikatorische* Diagnostikmodelle, die durch eine weitgehend standardisierte Datenerfassung und -analyse gekennzeichnet seien (Galuske 2013, S. 226). Entsprechende Verfahren finden sich z. B. in halbstrukturierten Interviewleitfäden für den Erstkontakt (beispielhaft in Buschmeyer/Eckardt 2009, S. 27 ff.) oder quantifizierenden Testverfahren im Rahmen sogenannter Potenzialanalysen, Kompetenz- oder Eignungsfeststellungen. Rüdiger Preißer hat im achten Kapitel in diesem Zusammenhang zwischen *summativen* und *formativen* Verfahren unterschieden. Die in der Regel biografisch-erzählerisch angelegten formativen Verfahren lassen sich methodisch einem rekonstruktiven Modell zuordnen. Die überwiegend eingesetzten summativen Erhebungsverfahren verorten sich hingegen in klassifikatorischen Diagnostikmodellen. Das zugrundeliegende Klassifikationssystem greift meistens auf Kategorien des Kompetenzansatzes zurück (BMBF 2005, S. 88 ff.; kritisch dazu: Kap. 8). Nach Ruth Enggruber (2010, S. 148) würden derartige diagnostische Verfahren allerdings im Hinblick auf ihre Vereinbarkeit mit einem professionellen Selbstverständnis Sozialer Arbeit kritisiert, da die jungen Menschen daran nicht als eigensinnige Subjekte verständigungsorientiert beteiligt wären. Im Zentrum des ‚objektivierenden', diagnostischen Blicks stünden vielmehr ihre normabweichenden Verhaltensweisen, die über fremddefinierte Kompetenzkategorien abgebildet würden.

**Biografisches Ressourceninterview**

Ein Verfahren, das methodisch einem rekonstruktiven Diagnostikmodell folgt, hat Norbert Herriger (2012) als zweiphasiges Biografisches Ressourceninterview vorgestellt und erprobt.

1. Dieses wird durch einen offenen Erzählimpuls eingeleitet, in dem die Interviewten zu biografischen Erzählungen mit Blick auf „ihre aktuell gegebenen Lebensherausforderungen" (ebd., S. 9) und verfügbaren Ressourcen zur Bewältigung ihres Alltags angeregt werden. Die Interviewer*in hört lediglich aufmerksam zu, interpretiert und ‚sammelt' währenddessen die genannten Ressourcen in einer Liste. An die Erzählungen wird damit kein klassifizierendes Diagnoseraster angelegt, nach dessen bereits festgelegten Kategorien lediglich gesucht wird. Das verwendete Ressourcenverständnis strukturiert stattdessen die interpretative Suchhaltung, bleibt in seiner Ergebnishaltung jedoch offen.
2. Nach Abschluss der biografischen Erzählung werden die Interviewten gebeten, die gelisteten Ressourcen nach dem Grad ihrer aktuellen Ausprägung, dem gewünschten Grad ihrer Ausprägung, ihrer Relevanz u. a. auf einer numerischen Skala zu bewerten. Diese reflexive Selbsteinschätzung leitet die Auswahl nachfolgender, angemessener Vorgehensweisen an.

Das Interview kann wiederholt werden, um Veränderungen dialogisch zu überprüfen und festzuhalten. Das dargestellte Verfahren setzt ein hohes Maß an hermeneutischer Sensibilität und ein breites Deutungswissen voraus, um erzählerisch eingelassene Ressourcen erkennen und begrifflich fassen zu können. Eine Zusammenschau begrifflicher Konzepte, die nicht im Sinne eines starren Inventars, sondern erweiterbar zu verstehen sind, bietet Norbert Herriger ebenfalls an (ebd., S. 6 ff.).

Ich habe oben angeführt, dass die Leistungsbeschreibungen keine Vorgaben hinsichtlich der einzusetzenden Verfahren machen. Formative Verfahren biografischer Diagnostik könnten also durchaus verwendet werden. Die Fachkräfte in den Maßnahmen sind programmatisch aber gleichzeitig auf den Kompetenzansatz verpflichtet. Die sich am sogenannten „Kriterienkatalog zur Ausbildungsreife" (BA 2012, S. 3) ausrichtenden Kategorien persönlicher, sozialer und methodischer Kompetenzen haben ihre Entsprechung in den virtuellen Förderplänen der Dokumentations- und Verwaltungssysteme und legen den Einsatz kompatibler klassifikatorischer Verfahren nahe. Denn die formalisierte Fachsoftware gibt mit ihren Eingabefeldern Förderbedarfe bereits in Kompetenzkategorien vor und lässt damit wenig Spielraum für Ergebnisse aus den weit angelegten Verfahren rekonstruktiver Diagnostikmodelle. Franz Josef Krafeld hat bereits im Jahr 2000 kritisch darauf hingewiesen, dass derart angelegte Förderpläne vor allem diejenigen Aspekte einbezögen, die als ausbildungs- oder berufsrelevant gelten. Erfasst würden daher neben entsprechenden Kompetenzmerkmalen vor allem sogenannte Vermittlungshemmnisse wie Verschuldung, Suchtverhalten oder Straffälligkeit. Unberücksichtigt blieben hingegen lebensweltliche Themen wie „Konflikte zu Hause, Sehnsüchte nach einer eigenen Wohnung, Freizeitaktivitäten, Kontakte mit dem anderen Geschlecht u. ä." (ebd., S. 152).

## 2. Zielplanung und -vereinbarungen

Die diagnostisch gewonnenen Informationen aus der Standortbestimmung sollen im Rahmen der individuellen Förderplanung die Grundlage für ein individuell zugeschnittenes Förderangebot bilden, das gemeinsam mit den Teilnehmer*innen „im Hinblick auf Förderschwerpunkte und -ziele festgelegt und adressatengerecht festgeschrieben" werden soll (BA 2014, S. 15). Ziele sollen formuliert, festgelegt und in ihrer Umsetzung geplant, anschließend in Zielvereinbarungen schriftlich festgehalten und in Förderplangesprächen überprüft werden (BMBF 2005, S. 99). Nach Peter Pantuček (2012, S. 384) können *Zielvereinbarungen* als „explizit gemachter Konsens", d. h. als schriftlich fixierte Ergebnisse zielplanerischer Aushandlungsprozesse verstanden werden, die einen Grad höherer Verbindlichkeit durch die Inszenierung eines durch Unterschrift besiegelten Vertrages versprächen (ebd., S. 113). Der Autor unterscheidet im Zusammenhang mit Zielvereinbarungen zwischen zwei Typen der Zielplanung:

Eine *statische Zielplanung* definiert auf der Basis diagnostisch gewonnener Erkenntnisse gültige Bedürfnisse der Adressat*innen, die in mittel- bis langfristig angelegten Zielvereinbarungen das methodische Handeln der Fachkräfte strukturieren. Ein solches Vorgehen berücksichtige jedoch nicht die Dynamik und Kontingenz sozialpädagogischer Prozesse. Eine *flexible Zielplanung* nutzt hingegen drei Strategien, die im Sinne eines Handelns in strukturierter Offenheit sowohl Prozesssteuerung, als auch -flexibilität integrieren:

1. Ziele werden fortlaufend auf ihre Angemessenheit überprüft und durch Reduzierung, Erweiterung oder Wechsel angepasst,
2. Ziele werden vage und global formuliert und erst in der Umsetzung aufgrund gewonnener Erfahrungen durch Zwischenziele angereichert,
3. Ziele werden in vorwärts tastenden Bewegungen kleinschrittig formuliert, reflektiert und immer wieder neu ausgerichtet (Pantuček 2012, S. 112).

In der Zielplanung in Maßnahmen der Jugendberufshilfe ist ein mittel- bis langfristiges Ziel bereits gesetzt: Der Übergang in oder der Abschluss einer Ausbildung oder die Aufnahme einer Erwerbsarbeit. Mit der besonderen Betonung der „Entwicklung der Schlüsselkompetenzen", der „Unterstützung hinsichtlich des Ziels eines Übergangs" in den Leistungsbeschreibungen (BA 2014, S. 15) und der hohen Bedeutung zu erfüllender Vermittlungsquoten ist kritisch zu fragen, ob Zielvereinbarungen zwischen Adressat*innen und Sozialpädagog*innen tatsächlich flexibel und im Konsens abgeschlossen werden konnen. Auch gemeinsam ausgehandelte Zielformulierungen stellen sich im Zusammenhang mit den Dokumentations- und Verwaltungsprogrammen als eingeschränkt heraus, bieten diese doch häufig vorkonfigurierte Routinen an, in denen globale und Teilziele bereits vorgegeben sein können.

## 3. Ergebniskontrollen

Ergebniskontrollen sind in den Maßnahmen im Rahmen der individuellen Förderplanung auf zwei Ebenen angesiedelt: Zum Ersten sollen mit den Teilnehmer*innen die in den Zielvereinbarungen festgehaltenen Ziele in ihrer Umsetzung überprüft und nachvollziehbar dokumentiert werden. Zum Zweiten fordert die fallführende Arbeitsverwaltung sogenannte Leistungs- und Verhaltensbeurteilungen (LuV) ein, mit denen Auskunft über Inhalte und Umsetzung der Förderplanung gegeben werden soll. Im Zusammenhang mit der Auswertung von Zielvereinbarungen gibt Peter Pantuček (2012, S. 111 f.) zu bedenken, dass diese im Fall nicht erreichter Ziele die Funktion erfüllen könnten, das Scheitern einseitig den Adressat*innen anzulasten, denn meistens hielten sich nur die jungen Menschen nicht an getroffene Vereinbarungen. Im Rahmen einer flexiblen Zielplanung wäre daher das zunächst dialogisch ausgehandelte Ziel auf seine Angemessenheit zu reflektieren und ggf. aufzugeben oder zu verändern.

Getroffene Zielvereinbarungen bilden jedoch in der Regel einen Bestandteil der LuVs. Diese Leistungsberichte müssen zu festgelegten Zeitpunkten und anlassbezogen an die fallbetreuende Beratungsfachkraft der Arbeitsverwaltung übermittelt werden (BA 2014, S. 16). Nach Andreas Polutta (2010) unterliegen die Beratungsfachkräfte ebenso wie die ausführenden Fachkräfte und somit auch die Sozialpädagog*innen in den Maßnahmen „einer Rationalität des Ausweisens von Erfolgen und Leistungen" (ebd., S. 217). Da Erfolge von Seiten der Arbeitsverwaltung vor allem über eine hohe Vermittlungsquote und die Leistungen bzw. das methodische Vorgehen an der Gewährleistung solcher Erfolge gemessen werden, bleiben Abweichungen von den Zielvorgaben problematisch.

## 2.2 Verhaltenstrainings

Im Rahmen der Förderplanung sollen auf der Grundlage festgestellter Förderbedarfe methodische Vorgehensweisen festgelegt werden, mit denen sich die in Zielvereinbarungen festgehaltenen Förderziele umsetzen und erreichen lassen. Neben Ansätzen, die sich am individuellen Bedarf der Teilnehmer*innen orientieren (z. B. Krisenintervention, Konfliktbewältigung, Alltagshilfen, Beratung und Hilfestellungen bei der Beantragung von Sozialleistungen) sollen Sozialpädagog*innen verbindlich Fördereinheiten durchführen, in denen die jungen Menschen in ihrem Arbeits-, Sozial- und Bewerbungsverhalten auf die Anforderungen der Arbeitswelt vorbereitet werden sollen.

In **Bewerbungstrainings** sollen die jungen Menschen befähigt werden, sich aus eigener Initiative erfolgreich auf dem Ausbildungs- und Arbeitsmarkt zu ‚verkaufen'. Dazu sollen sie Selbstvermarktungs- und Bewerbungsstrategien entwickeln, nach freien Stellen recherchieren, ansprechende Bewerbungsunterlagen erstellen und sich in Vorstellungsgesprächen und Einstellungstests behaupten können (BA 2012, S. 24). Neben der Bereitstellung von Informationen zum regionalen und bundesweiten Ausbildungs- und Arbeitsmarkt, zu Möglichkeiten der Stellensuche (z. B. Onlineangebote wie die Jobbörse der Bundesagentur für Arbeit, Tagespresse) oder aktuellen Standards schriftlicher Bewerbungsunterlagen soll auch ein „aktives Bewerbungstraining" angeboten werden, in denen Kommunikations- und Verhaltensregeln sowie körpersprachliche Ausdrucksweisen im Hinblick auf Vorstellungsgespräche eingeübt werden können (beispielhaft in BA 2014, S. 19).

Mit der Querschnittsaufgabe der Förderung von arbeitsweltlich für bedeutsam gehaltenen Schlüsselkompetenzen werden Fachkräfte Sozialer Arbeit weiterhin aufgefordert, die Jugendlichen und jungen Erwachsenen neben ihrem Arbeitsverhalten (z. B. Pünktlichkeit, Zuverlässigkeit, Durchhaltefähigkeit, Verantwortungsbewusstsein) auch in ihren sozialen Kompetenzen zu fördern, z. B. in ihrer ...

- *Kommunikationsfähigkeit:* Die jungen Menschen sollen lernen, sich sprachlich angemessen auszudrücken, sowie die Aussagen anderer zu verstehen und ebenfalls sozial angemessen darauf zu reagieren. Gelernt werden soll auch, sich gegenüber anderen höflich, respekt- und rücksichtsvoll zu verhalten.
- *Konfliktfähigkeit:* Gegensätzliche Interessen sollen erkannt, zugelassen und kompromissorientiert bewältigt werden.
- *Kritikfähigkeit:* Gelernt werden soll, mit (vermeintlichen) Fehlern anderer fair umzugehen und Hinweise auf eigenes (vermeintlich) fehlerhaftes Handeln konstruktiv annehmen zu können.
- *Teamfähigkeit:* Mit den Mitgliedern einer Gruppe soll ziel- und aufgabengerecht kooperiert werden.

Zur methodischen Umsetzung stehen Manuale, d. h. Handlungsleitfäden sogenannter Sozialtrainings zur Verfügung.

**Beispiel: Sozialtraining nach Petermann/Petermann (2010)**

Das Trainingsprogramm wendet sich an die Zielgruppe 13- bis 20-jähriger junger Menschen, insbesondere solche, die „deutliche Entwicklungsrisiken aufweisen", die sich als „Arbeits- und Verhaltensprobleme" äußern (ebd., S. 49). Das Training wurde nach Angabe der Autor*innen sowohl in Schulen als auch in Maßnahmen der Jugendhilfe und beruflichen Bildung erprobt und hinsichtlich seiner Wirksamkeit evaluiert (ebd. S. 268 ff.). Ziel ist die Förderung des Arbeits- und Sozialverhaltens, indem „aggressiv-dissoziales als auch initiativloses und sozial unsicheres Verhalten" abgebaut und u. a. „Selbst- und Fremdwahrnehmung verbessert, die Selbstkontrollfähigkeit und Ausdauer erhöht, ein positives Selbstbild und selbstsicheres Verhalten" aufgebaut werden sollen (ebd., Rückumschlag; auch S. 35 ff.). Die Durchführung ist sowohl kombiniert als auch getrennt in Einzel- oder Gruppensettings konzipiert und wird in mindestens fünf ca. fünfzigminütigen (Einzeltraining) und zehn ca. hundertminütigen (Gruppentraining) Einheiten ein- bis zweimal wöchentlich durchgeführt. Jeder Trainingsabschnitt behandelt ein vorgegebenes Thema wie z. B. zu beruflichen Zukunftsvorstellungen (ebd., S. 85 ff.) oder dem Umgang mit „Lebensschicksale(n, M.F.) und Eigenverantwortung" (ebd. S. 112 ff.). Integriert ist auch eine Einheit, in der im Sinne eines aktiven Bewerbungstrainings Vorstellungsgespräche geübt werden können (ebd., S. 151 ff.). Das Manual stellt weiterhin diagnostische Verfahren (z. B. einen strukturierten Interviewleitfaden für den Erstkontakt) sowie Materialien wie Trainingsverträge, Tagebücher, Rollenspielanleitungen und Arbeitsblätter zur Verfügung.

Während Bewerbungstrainings als eigenständige, zeitlich abzugrenzende Einheiten in Einzel- und Gruppensettings vorgeschrieben werden, bleiben die Verfahren der Kompetenzförderung weitgehend freigestellt und könnten z. B. auch über „gruppen-, erlebnis- und sonstige kreativ- und freizeitpädagogische Angebote" umgesetzt werden (Enggruber 2010, S. 157). Ruth Enggruber weist allerdings darauf hin, dass Sozialpädagog*innen zunehmend mit Bewerbungs- und Sozialtrainings versuchen, „die jungen Menschen trotz fehlender Ausbildungs- und Arbeitsplätze erfolgreich zu vermitteln" (ebd., S. 156 f.). Dies lasse sich auf die Folgen eines gestiegenen Vermittlungsdrucks, der geforderten Qualitätsnachweise (z. B. in Form der LuVs) und der sich u. a. über Fachkonzepte und Leistungsbeschreibungen vollziehenden Standardisierungsprozesse zurückführen.

Sowohl Bewerbungs- als auch Sozialtrainings können sinnhafte Angebote in Maßnahmen der Jugendberufshilfe darstellen. Im weiten und ganzheitlichen Verständnis lebensweltorientierter Professionalität bliebe der Maßstab methodischen Handelns jedoch der junge Mensch mit seinen Bedürfnissen, Interessen und Wünschen als Subjekt seiner alltäglichen Verhältnisse. Im Rahmen des Bewerbungstrainings wäre dann verhältnisorientiert auch zu thematisieren, wie Adressat*innen trotz vielfach verschickter Bewerbungsunterlagen mit der Enttäuschung umgehen könnten, wenn sie trotzdem keine Einladung zu einem Vorstellungsgespräch erhielten, ohne sich diese Erfolglosigkeit selbst zuzuschreiben. Auch in manualisierten und damit inhaltlich und zeitlich deutlich strukturierteren Sozialtrainings wären die Wünsche der Teilnehmer*innen vorrangig gegenüber einer programmgemäßen Umsetzung. Insbesondere wäre darauf zu achten, den jungen Menschen kein defizitäres oder sogar pathologisiertes Selbstbild ihrer Verhaltensweisen zu vermitteln, sondern diese in ihrer Sinnhaftigkeit auf ausschließende Mechanismen in ihren Alltagserfahrungen, z. B. in der Schule oder den Ausbildungs- und Arbeitsmärkten zu beziehen. Ansonsten gerieten Verhaltenstrainings in den Sog eines sozialtechnologisch verengten Methodenverständnisses. Mit diesem würden Trainings in Folge eines institutionell erzeugten Vermittlungsdrucks lediglich umgesetzt, um die jungen Menschen von ‚unrealistischen' Berufswünschen abzubringen, sie in ihrem vermeintlich ungenügenden Verhalten für den Ausbildungs- und Arbeitsmarkt zu trainieren, um sie anschließend im Sinne der Arbeitsverwaltung ergebnisorientiert und schnell in die verbliebenen Restposten meistens nicht gewünschter Ausbildungsplätze und perspektivlose Stellen in den Randzonen prekärer Zeit- und Hilfsarbeit zu vermitteln.

## Literatur

BA – Bundesagentur für Arbeit (Hrsg.) (2010): Vergabeunterlagen zur Öffentlichen Ausschreibung von Berufseinstiegsbegleitung-Bildungsketten (BerEb-Bk) nach der Richtlinie zur Durchführung des Sonderprogramms Berufseinstiegsbegleitung im Rahmen der BMBF-Initiative „Abschluss und Anschluss – Bildungsketten bis zum Ausbildungsabschluss". URL: http://bildungsketten.de/intern/system/upload/Materialien/Vergabeunterl¬agen_zur_Oeffentlichen_Ausschreibung_von_Berufseinstiegsbegleitung_Bildungsketten.¬pdf (Zugriff: 10.09.2016).

BA – Bundesagentur für Arbeit (Hrsg.) (2012): Fachkonzept für berufsvorbereitende Bildungsmaßnahmen nach §§ 51 ff. SGB III (BvB 1–3) (November 2012). URL: http://¬

www.arbeitsagentur.de/web/wcm/idc/groups/public/documents/webdatei/mdaw/mta1/ (Zugriff: 10.09.2016).
BA – Bundesagentur für Arbeit (Hrsg.) (2014): Berufseinstiegsbegleitung – § 49 SGB III – BerEb/2015. Teil B: Leistungsbeschreibung. URL: http://www.gruemel.de/Images/uploaded/Dokumente/B_Leistungsbeschreibung.pdf (Zugriff: 10.09.2016).
BA – Bundesagentur für Arbeit (Hrsg.) (2016): Infopaket zur fachlichen Nutzung der elektronischen Maßnahmeabwicklung (eM@w). Nürnberg.
BMBF – Bundesministerium für Bildung und Forschung (Hrsg.) (2005): Berufliche Qualifizierung Jugendlicher mit besonderem Förderbedarf – Benachteiligtenförderung. Berlin/Bonn.
Buschmeyer, Hermann/Eckardt, Christoph (2009): 3. Weg in der Berufsausbildung. Individuelle Qualifizierungs- und Förderplanung. Eine Arbeitshilfe. Bottrop.
Düker, Jan (2014): Verwirklichungschancen für Jugendliche mit Startschwierigkeiten. Bedarf und Bedürfnis beim Übergang in Ausbildung und Lohnarbeit. In: Pfeffer-Hoffmann, Christian (Hrsg.): Nachwuchskräftesicherung. Chancen durch Integration benachteiligter Jugendlicher in Ausbildung. Berlin, S. 59–73.
Enggruber, Ruth (2010): Von der „sozialpädagogisch orientierten Berufsbildung" zur „beruflichen Qualifizierung Jugendlicher mit besonderem Förderbedarf" – methodische Konsequenzen. In: Michel-Schwartze, Brigitta (Hrsg.): „Modernisierungen" methodischen Handelns in der Sozialen Arbeit. Wiesbaden, S. 135–172.
Galuske, Michael (2013): Methoden der Sozialen Arbeit. Eine Einführung, 10. Aufl. Weinheim/Basel.
Herriger, Norbert (2012): Ressourcenorientierte Biografiearbeit. URL: http://www.empowerment.de/empowerment.de/files/Materialien-4-Ressourcenorientierte-Biografiearbeit.pdf (Zugriff: 17.09.2016).
Krafeld, Franz Josef (2000): Die überflüssige Jugend der Arbeitsgesellschaft. Eine Herausforderung an die Pädagogik. Wiesbaden.
Michel-Schwartze, Brigitta (2009): Konzeptionsentwicklung als Steuerungsmethode. In: Michel-Schwartze, Brigitta (Hrsg.): Methodenbuch Soziale Arbeit. Basiswissen für die Praxis, 2., überarb. u. erw. Aufl. Wiesbaden, S. 293–316.
Oehme, Andreas (2016): Jeder Zielgruppe ihre Maßnahme? Zum Zusammenhang von Bedarf, Bedürfnis und flexibler Hilfe. URL: https://www.ueberaus.de/wws/9.php#/wws/jeder_zielgruppe_ihre_massnahme.php?sid=18288093658465478648025952619130 (Zugriff: 26.11.2016).
Pantuček, Peter (2012): Soziale Diagnostik. Verfahren für die Praxis Sozialer Arbeit, 3., aktual. Aufl. Wien/Köln/Weimar.
Petermann, Franz/Petermann, Ulrike (2010): Training mit Jugendlichen. Aufbau von Arbeits- und Sozialverhalten, 9., überarb. u. erw. Aufl. Göttingen.
Polutta, Andreas (2010). Professionelles Selbstverständnis an der Schwelle zum Post-Wohlfahrtsstaat – zu aktuellen Paradoxien professioneller Dienstleistungserbringung in der Jugendhilfe. In: Burghardt, Heinz/Enggruber, Ruth (Hrsg.): Soziale Dienstleistungen am Arbeitsmarkt in professioneller Reflexion Sozialer Arbeit. Berlin, S. 213–236.
Würfel, Walter (2014): Vortrag. Veranstaltung von BAG EJSA/GEW zum Thema „Vergabe öffentlich finanzierter Aus- und Weiterbildung – Rechtslage u. Alternativen – und Preis statt Qualität?" URL: https://www.gew.de/index.php?eID=dumpFile&t=f&f=24128&token=2cf231cba0284766c06d05012a123dadb0584bee&sdownload=&n=Vortrag_Wuerfel.pdf (Zugriff: 08.12.2016).

# ZUR VIELFALT DER ANGEBOTE DER JUGENDBERUFSHILFE

# KAPITEL 10: BERUFSORIENTIERUNG UND BERUFSEINSTIEGSBEGLEITUNG

*Michael Fehlau*

## Überblick

Vor dem Hintergrund sogenannter ‚Passungsprobleme' zwischen den Interessen der Jugendlichen und jenen der Betriebe im Übergangsgeschehen von der Schule in eine Berufsausbildung gewinnen präventive Handlungsansätze in der Jugendberufshilfe an Bedeutung. Sie werden Schüler*innen an allgemeinbildenden Schulen bereits ab der siebten oder achten Klasse angeboten. Der Beitrag stellt berufsorientierende Angebote, an denen tendenziell alle Jugendlichen teilnehmen, und die Berufseinstiegsbegleitung (BerEb) nach § 49 SGB III für die eingegrenzte Zielgruppe ‚förderungsbedürftiger junger Menschen' als entsprechende Ansätze vor.

## Einleitung

Im dritten Teil dieses Lehrbuches wird das in den grundlegenden Beiträgen wiederholt als ‚Förderdschungel' charakterisierte Tätigkeitsfeld der Jugendberufshilfe konkretisiert. Im folgenden Kapitel werden Angebote vorgestellt, die bereits während des Besuchs der allgemeinbildenden Schule einsetzen. Dazu zählen sozialpädagogisch begleitete Projekte und Programme zur *Berufsorientierung*, an denen tendenziell alle Jugendlichen ab der siebten oder achten Klasse teilnehmen. Im Unterschied dazu ist das arbeitsmarktpolitische Förderinstrument der *Berufseinstiegsbegleitung* (BerEb) nach § 49 Sozialgesetzbuch (SGB) III auf die Zielgruppe ‚förderungsbedürftiger junger Menschen' begrenzt (BA 2011, S. 8). Ferner ist BerEb, die auch berufsorientierende Anteile enthält, auf eine längerfristige, individuell unterstützende Bewältigung des Übergangs von der Vorabgangsklasse bis in eine Berufsausbildung angelegt.

## 1 Berufsorientierung

Spätestens zum Ende des Besuchs einer allgemeinbildenden Schule sind junge Menschen herausgefordert, sich für einen Beruf zu entscheiden und damit eine weitreichende, biografische Weichenstellung vorzunehmen. Die Aussicht auf die eigene berufsbiografische Zukunft ist jedoch für viele Jugendliche zunehmend durch eine Nebelwand aus Unsicherheit und Überforderung angesichts einer sich in ihren steigenden Anforderungen immer schneller wandelnden Arbeitswelt verstellt. Nach den Forschungsergebnissen von Werner Süßlin (2014, S. 6) stellt sich für rund die Hälfte der Schüler*innen deshalb die Berufswahl als schwierig dar, ein Drittel fühlt sich über Ausbildungs- und Berufsmöglichkeiten nicht ausreichend informiert, und für ein Viertel ist die Beschäftigung mit der beruflichen Zukunft sogar sorgenbehaftet.

Aus arbeitsmarktpolitischer Sicht werden wachsende Diskrepanzen im Verhältnis von Angebot und Nachfrage auf dem Ausbildungsmarkt als herausfordernde Passungsprobleme verstanden (Matthes/Ulrich 2014). Trotz eines rückläufigen betrieblichen Ausbildungsangebots blieben z. B. im Jahr 2013 ca. sechs Prozent der Ausbildungsplätze unbesetzt, während im gleichen Jahr über 13 Prozent der Ausbildungsinteressent*innen nicht mit einem Ausbildungsplatz versorgt werden konnten (ebd., S. 5). Besetzungs- und Versorgungsprobleme werden u. a. auf das Berufswahlverhalten der Jugendlichen zurückgeführt. Eine Mehrheit der jungen Menschen konzentriert sich – auch entlang geschlechtsrollenkonformer ‚Männer- und Frauenberufe' (Faulstich-Wieland (Hrsg.) 2016) – zeitlich relativ stabil auf ca. 20 aus einem Spektrum von über 300 anerkannten Ausbildungsberufen (Voigt 2012, S. 32 ff.). Problematisiert wird weiterhin die zu hohe Quote vorzeitiger Ausbildungsvertragsauflösungen bzw. Kündigungen, die im Jahr 2014 immerhin 25 Prozent betrug. Sie erfolgen überproportional häufig bereits während des ersten Ausbildungsjahres (BIBB 2016, S. 179). Eine Ausbildung, die nicht dem Wunschberuf entspricht, erhöht das Risiko eines Abbruchs (ebd., S. 184).

Die inzwischen annähernd flächendeckend installierten Projekte, Programme und Initiativen zur frühzeitigen Berufsorientierung verfolgen als präventiver Handlungsansatz (Stauber/Walther 2015) das Ziel, die hier nur knapp skizzierten Folgen aus Passungsproblemen zwischen den berufsbiografischen Suchbewegungen der Jugendlichen und den Bedingungen der Arbeitswelt zu verringern.

> **Berufsorientierung**
>
> Bert Butz und Sven Deeken (2014) definieren Berufsorientierung als „Prozess der Annäherung und Abstimmung zwischen Interessen, Wünschen, Wissen und Können des Individuums auf der einen und den Möglichkeiten, Bedarfen und Anforderungen der Arbeits- und Berufswelt auf der anderen Seite" (ebd., S. 101).

Berufsorientierende Angebote dienen programmatisch der Unterstützung dieses Prozesses. Berufsorientierung soll dazu nicht ausschließlich berufskundlich informieren, sondern miteinander verzahnte Arrangements bereitstellen, in denen die Jugendlichen *Berufswahlkompetenz* entwickeln können, indem sie befähigt werden,

- ihre berufsbezogenen Stärken, Wünsche und Interessen zu erkennen und auszudrücken,
- diese auf Berufsfelder und -ausbildungen zu beziehen und die jeweiligen Zugangswege und -anforderungen zu kennen,
- berufsalltägliche Erfahrungen zu sammeln,

- auf der Grundlage des gewonnenen Orientierungswissens Berufswahlentscheidungen kompetent zu begründen und eigenverantwortlich zu treffen (Büchter/Christe 2014, S. 12; Rademacker 2012, S. 231).

Berufsorientierung ist landesschulrechtlich verankert. Die Institution Schule ist die zentrale Akteurin, das Bildungsziel einer Vorbereitung auf die Arbeitswelt umzusetzen. Dazu kooperiert sie mit einer Vielzahl weiterer Akteure, zu denen neben Betrieben und der Berufsberatung der Agentur für Arbeit auch Träger der Jugendberufshilfe gehören (Butz/Deeken 2014, S. 105).

## 1.1 Jugendberufshilfe als Akteurin in der Berufsorientierung

Ein erheblicher Anteil berufsorientierender Angebote wird in Verantwortung der Schulen durchgeführt. Lehrer*innen organisieren Schulpraktika in Betrieben und die Teilnahme ihrer Schüler*innen an Projekten wie dem bundesweiten Girls' oder Boys' Day, besuchen mit ihren Klassen das Berufsinformationszentrum der Agentur für Arbeit (BIZ), unterstützen Gründungen von Schüler*innenfirmen und Vieles mehr. Jugendberufshilfe begleitet diese Angebote in Gestalt von Schulsozialarbeit oder der unten vorgestellten BerEb. Sie wird weiterhin zur beteiligten Akteurin

1. in Angeboten zur Beratung und Betreuung nach § 13 SGB VIII durch Träger der öffentlichen und freien Jugendhilfe (Butz/Deeken 2014, S. 107), hier allerdings beschränkt auf die Zielgruppe ‚sozial benachteiligter oder individuell beeinträchtigter junger Menschen' (vgl. Kap. 6)
2. in der Durchführung von Kompetenzfeststellungsverfahren (vgl. Kap. 8) und Berufserkundungen im Rahmen außerschulischer Projekte und Programme aus Mitteln des Europäischen Sozialfonds (ESF), des Bundes und der Länder (Büchter/Christe 2014, S. 12) sowie als ‚Vertiefte Berufsorientierung' mit mindestens 50-prozentiger Co-Finanzierung nach § 48 SGB III (Kupka/Wolters 2010) bei Trägern der Jugendberufshilfe.

Zur Verdeutlichung einer durch Fachkräfte Sozialer Arbeit gestalteten Berufsorientierung sei beispielhaft auf das Berufsorientierungsprogramm BOP verwiesen, in dem Kompetenzfeststellungsverfahren – hier ‚Potenzialanalyse' genannt (kritisch dazu: Kap. 8) – und Berufserkundung kombiniert werden.

> **Beispiel: ‚Berufsorientierungsprogramm des Bundesministeriums für Bildung und Forschung (BOP)'**
>
> Das Bundesprogramm wurde 2008 gestartet, richtet sich an Schüler*innen der siebten und achten Klasse aller Schulformen und wird in überbetrieblichen oder vergleichbaren Bildungseinrichtungen durchgeführt. Ca. 300 Bildungsträger und über 3.000 Schulen sind an dem Programm beteiligt, das länderspezifisch variieren kann und mit den dortigen Förderangeboten im Sinne einer ‚Bildungskette' verzahnt wird.

> Das Programm enthält zwei Instrumente: (1) Mit der ‚Potenzialanalyse' sollen die Jugendlichen ihre Stärken und Interessen ‚spielerisch' erkunden. Dazu absolvieren sie unter Anleitung und Beobachtung durch (sozial-)pädagogische Fachkräfte praxisorientierte Einzel- und Gruppenaufgaben. Ziel dieser Kompetenzfeststellung ist die Erfassung und Dokumentation eines stärkenorientierten Kompetenzprofils. Auf der Grundlage dieser Erkenntnisse sollen die Schüler*innen eine gezielte Auswahl von mindestens drei passend erscheinenden Berufsfeldern vornehmen, in denen sie sich (2) während berufskundlicher ‚Werkstatttage' – begleitet von erfahrenen Ausbilder*innen – in berufsbezogenen Projektarbeiten ausprobieren und erfahren können. Das Programm schließt mit einem individuellen Feedbackgespräch, zu dem auch die Eltern eingeladen werden (BMBF o. J.).

### 1.2 Kritische Anfragen an Berufsorientierung

Nach Karin Büchter und Gerhard Christe (2014) nehmen berufsorientierende Angebote ihren Ausgangspunkt bei den Jugendlichen mit ihren Wünschen, Stärken und Interessen, was einem subjektorientierten Selbstverständnis sozialpädagogischer Professionalität auf den ersten Blick entspräche. Die Autor*innen weisen jedoch auch auf folgende, als kritische Anfragen formulierte Widersprüche hin (ebd., S. 13 f.):

- Die erste Anfrage richtet sich an ein Verständnis von *Berufsorientierung* als einem zweiseitigen *Abstimmungsprozess* zwischen den Interessen der Jugendlichen und jenen des Ausbildungs- und Arbeitsmarkts. In erster Linie werden jedoch nur von den Jugendlichen vielfältige Fähigkeiten einseitig abgefordert, während ihnen die Betriebe meistens kaum entgegenkommen, indem sie ihnen z. B. eine besondere pädagogische Unterstützung anbieten.
- Die zweite Anfrage betrifft das programmatische Ziel der *Berufswahlkompetenz*. Angesichts der selektiven Effekte des wettbewerblich organisierten Ausbildungsmarktes und verengter Berufswahlchancen vor allem für junge Menschen mit maximal einem Haupt- oder vergleichbaren Schulabschluss stellt sich die Frage, ob *Berufswahlkompetenz* nicht um die Fähigkeit der Frustrationstoleranz erweitert werden müsste, um die „Begrenztheit oder Nicht-Realisierbarkeit subjektiver Interessen und Neigungen bei der Berufswahl auszuhalten" (ebd., S. 13).

## 2 Berufseinstiegsbegleitung (BerEb)

Im Übergang von der Schule in eine Berufsausbildung sind Jugendliche, die über keinen oder höchstens einen Hauptabschluss verfügen, in besonderem Maße mit Schwierigkeiten bei ihrer Ausbildungsplatzsuche konfrontiert. BerEb wurde ab 2009 zunächst im Rahmen eines Modellversuchs nach § 421s SGB III an

1.000 ausgewählten Schulen eingeführt. Zuvor existierten für sogenannte leistungsschwächere Schüler*innen neben Angeboten nach § 13 SGB VIII (vgl. Kap. 6) keine weiteren Optionen einer längerfristig angelegten Begleitung in der unsicheren Übergangsphase. Angesichts der bereits oben erwähnten Passungsprobleme auf dem Ausbildungsmarkt einerseits und einem gleichzeitigen Rückgang von Angeboten der Jugendberufshilfe nach § 13 SGB VIII andererseits sollte mit BerEb, diesmal als arbeitsmarktpolitisches Förderinstrument, diese Lücke geschlossen werden (Adler 2013, S. 32 f.). Die seit 2012 in § 49 SGB III verstetigte BerEb stellt damit derzeitig die einzige Maßnahme dar, die bundesweit „förderungsbedürftige Jugendliche" im Übergang Schule-Beruf längerfristig und institutionenübergreifend individuell unterstützt (BMAS 2015, S. 60).

Das BerEb zugrundeliegende Fachkonzept benennt als *Adressat*innengruppe* „junge Menschen, die voraussichtlich Schwierigkeiten haben werden, den Abschluss der allgemeinbildenden Schule zu erreichen oder den Übergang in eine Berufsausbildung zu erreichen" (BA 2011, S. 7). Als förderfähig gelten leistungsschwächere Schüler*innen, die einen Förder-, Haupt- oder vergleichbaren Schulabschluss anstreben. Es „muss grundsätzlich zu erwarten sein, dass die individuellen Voraussetzungen zur Aufnahme einer Berufsausbildung geschaffen werden können" (ebd.).

Die Auswahl der Teilnehmer*innen soll in Abstimmung mit der Klassenlehrer*in, der Schulsozialarbeiter*in und der zuweisenden Berufsberater*in der Agentur für Arbeit erfolgen. Eine Einwilligung der Erziehungsberechtigten ist ebenfalls erforderlich. Der Einstieg erfolgt vorzugsweise zu Beginn der Vorabgangsklasse, die Förderung endet ein halbes Jahr nach dem Ende des allgemeinbildenden Schulbesuchs. Die Begleitung kann auf Antrag um bis zu 24 Monate verlängert werden. BerEb kann auch bei einer Teilnahme an berufsvorbereitenden Maßnahmen oder ausbildungsbegleitenden Hilfen fortgesetzt werden, wenn weiterhin eine Ausbildung angestrebt wird.

Vorrangiges Ziel von BerEb ist die Verbesserung der Chancen auf einen Übergang in Ausbildung. Dabei sollen von den umsetzenden Berufseinstiegsbegleiter*innen folgende Aufgaben wahrgenommen werden:

- „Erreichen des Abschlusses einer allgemeinbildenden Schule
- Berufsorientierung und Berufswahl
- Ausbildungsplatzsuche
- Begleitung in Übergangszeiten zwischen Schule und Berufsausbildung
- Stabilisierung des Ausbildungsverhältnisses" (BA 2011, S. 11).

Das in BerEb eingesetzte Personal kann aus Sozialpädagog*innen und Pädagog*innen, aber auch Ausbilder*innen mit mindestens zweijähriger Erfahrung mit der Zielgruppe bei einem Personalschlüssel von 1:20 bestehen. Zu deren Querschnittsaufgaben gehören eine Standortbestimmung auch unter Heranziehung von Ergebnissen aus ‚Potenzialanalysen' (vgl. Kap. 8), die individuelle Förderplanung und deren Fortschreibung auf der Basis regelmäßiger Zielvereinbarungen (vgl. Kap. 9), der Aufbau einer vertrauensvollen Beziehung, Alltagshilfen, Elternarbeit, Kriseninterventionen und die Förderung von Kompetenzen.

Mit Beginn der Tätigkeiten im schulischen Alltag der Jugendlichen und der mehrjährig angelegten Übergangsbegleitung bis in Ausbildung oder berufsvorbereitende Maßnahmen hinein agieren Berufseinstiegsbegleiter*innen in einem komplexen Umfeld aus verschiedenen Institutionen und den darin handelnden unterschiedlichen Berufsgruppen. Die Tätigkeit als Berufseinstiegsbegleiter*in erfordert demnach die Fähigkeit, in der eigenen Rolle als nicht-schulische Akteur*in erkennbar zu bleiben und sich gleichzeitig mit den anderen Akteur*innen im Sinne der teilnehmenden Jugendlichen abzustimmen und Kooperationsverhältnisse einzugehen (Adler 2013, S. 34).

BerEb bietet Sozialpädagog*innen als „offener Handlungsrahmen mit bedarfsabhängigen Gestaltungsmöglichkeiten" (Peschner/Sarigöz 2015, S. 101) zunächst Freiräume für ein alltags- und subjektorientiertes Handeln. Die Installierung von Berufseinstiegsbegleiter*innen als langfristige Bezugspersonen, die in ihrer Rolle die jungen Teilnehmer*innen auch „bei der Wahrung ihrer Interessen gegenüber Dritten" (BA 2011, S. 8) unterstützen sollen, eröffnet in professionstheoretischer Lesart sogar Optionen anwaltschaftlicher Einmischung (vgl. Kap. 4). Mit der Verortung im Rechtskreis SGB III und dem dort festgeschriebenen, zu verfolgenden Ziel der Integration in Ausbildung lassen sich allerdings dieselben kritischen Anfragen an BerEb stellen, wie sie bereits oben bezogen auf die Berufsorientierung formuliert wurden. Zudem verweisen die Ergebnisse der wissenschaftlichen Begleitung und Evaluation des Modellprojekts BerEb-BK, dem BerEb nach § 49 SGB III weitgehend entspricht, auf zentrale Kritikpunkte (BMAS 2015): So zeigen sich keine positiven Wirkungen von BerEb auf die damit verfolgten Ziele der Erreichung eines Schulabschlusses oder eines bruchlosen Übergangs in eine Berufsausbildung. Nur ein Viertel der Teilnehmer*innen begann direkt im Anschluss an den Besuch der allgemeinbildenden Schule eine Ausbildung, ein Drittel hatte hingegen auch zwei Jahre später noch keinen Ausbildungsplatz erhalten. Die Studie weist weiterhin sogar eine leicht erhöhte Abbruchquote begonnener Ausbildungen gegenüber vergleichbaren Jugendlichen ohne BerEb nach.

### Literatur

Adler, Simone (2013): Professionalisierung in der Berufseinstiegsbegleitung. Eine neue Herausforderung. Teil 1. In: Wirtschaft & Beruf. Zeitschrift für berufliche Bildung, 6, S. 32–36.

BA – Bundesagentur für Arbeit (Hrsg.) (2011): Fachkonzept Berufseinstiegsbegleitung im Auftrag der Bundesagentur für Arbeit (BA) (Stand: September 2011). URL: http://www.uebergangschuleberuf.de/site/objects/fachkonzept_berufseinstiegsbegleitung_im_auftrag_der_ba.pdf (Zugriff: 19.01.2017).

BIBB – Bundesinstitut für Berufsbildung (Hrsg.) (2016): Datenreport zum Berufsbildungsbericht 2016. Informationen und Analysen zur Entwicklung der beruflichen Bildung. Bonn.

BMAS – Bundesministerium für Arbeit und Soziales (Hrsg.) (2015): Evaluation der Berufseinstiegsbegleitung nach § 421s SGB III. Abschlussbericht. Berlin.

BMBF – Bundesministerium für Bildung und Forschung (Hrsg.) (o. J.): Allgemeine Informationen zum Berufsorientierungsprogramm. URL: https://www.berufsorientierungsprogramm..de/de/allgemeine-informationen-1694.html (Zugriff: 17.06.2016).

Büchter, Karin/Christe, Gerhard (2014): Berufsorientierung: Widersprüche und offene Fragen. In: BWP Berufsbildung in Wissenschaft und Praxis, 43, Heft 1, S. 12–15.

Butz, Bert/Deeken, Sven (2014): Subjektbezogene Berufsorientierung – Individueller Lernprozess und kooperative Aufgabe. In: Pötter, Nicole (Hrsg.): Schulsozialarbeit am Übergang Schule – Beruf. Wiesbaden, S. 97–113.

Faulstich-Wieland, Hannelore (Hrsg.) (2016): Berufsorientierung und Geschlecht. Wiesbaden.

Kupka, Peter/Wolters, Melanie (2010): Erweiterte vertiefte Berufsorientierung. Überblick, Praxiserfahrungen und Evaluationsperspektiven. In: IAB-Forschungsbericht 10/2010, Institut für Arbeitsmarkt- und Berufsforschung (IAB), Nürnberg.

Matthes, Stephanie/Ulrich, Joachim Gerd (2014): Wachsende Passungsprobleme auf dem Ausbildungsmarkt. In: BWP Berufsbildung in Wissenschaft und Praxis, 43, Heft 1, S. 5–7.

Peschner, Jens/Sarigöz, Satiye (2015): Berufseinstiegsbegleitung: zentrales Strukturelement der Initiative Bildungsketten. In: Solga, Heike/Weiß, Reinhold (Hrsg.): Wirkung von Fördermaßnahmen im Übergangssystem – Forschungsstand, Kritik, Desiderata. Bielefeld, S. 101–116.

Rademacker, Hermann (2012): Berufsorientierung als Bildungsherausforderung für Jugendhilfe und Schule. In: Ratschinski, Günter/Steuber, Ariane (Hrsg.): Ausbildungsreife. Kontroversen, Alternativen und Förderansätze. Wiesbaden, S. 219–243.

Stauber, Barbara/Walther, Andreas (2015): Übergänge in den Beruf. In: Otto, Hans-Uwe/Thiersch, Hans (Hrsg.): Handbuch Soziale Arbeit. 5., erw. Aufl. München/Basel, S. 1812–1824.

Süßlin, Werner (2014): Einfluss von Eltern auf die Berufsorientierung ihrer Kinder. In: Vodafone Stiftung (Hrsg.): Schule, und dann? Herausforderungen bei der Berufsorientierung von Schülern in Deutschland. Düsseldorf, S. 6–15.

Voigt, Jana (2012): Berufliche Orientierung zwischen Anspruch und Realität. Evaluation ausgewählter Orientierungsmaßnahmen und ihrer Wirkung. Chemnitz.

# KAPITEL 11: PRODUKTIONSSCHULEN

*Cortina Gentner*

**Überblick**

Die Frage nach neuen Zugangswegen in Ausbildung und Arbeitswelt für junge Menschen, die beim Übergang Schule-Beruf chancenlos geblieben sind, hat den Blick verstärkt auf Produktionsschulen gelenkt. *Produktionsschule* ist in erster Linie ein pädagogisches Konzept, das Arbeiten und Lernen verbindet, indem Produkte und Dienstleistungen für reale Kund*innen in betriebsähnlichen Strukturen erbracht und verkauft werden. Dies soll die Entwicklung und den Erwerb von grundlegenden beruflichen Kompetenzen ermöglichen, die für die Aufnahme einer Berufsausbildung oder Erwerbstätigkeit notwendig sind. Die Entwicklung dieser Kompetenzen und die Verbindung von praktischer Arbeit mit ‚Ernstcharakter' werden dabei mit der Förderung der persönlichen Entwicklung der Jugendlichen verknüpft. Der Beitrag skizziert das pädagogische Selbstverständnis von *Produktionsschule* und führt in deren wichtigste Merkmale ein.

## Einleitung

*Produktionsschulen* sind, hier verstanden als Bildungsangebote der Jugendberufshilfe, in denen Arbeiten und Lernen kombiniert werden, ideen- wie auch realgeschichtlich zunächst der Berufpädagogik zuzuordnen (Kipp 2008). Vor dem Hintergrund der erheblichen Schwierigkeiten junger Menschen auf dem Ausbildungsmarkt und des wachsenden Übergangsbereichs Schule-Beruf seit den 1990er Jahren rückte zunehmend der Anspruch beruflicher und sozialer Förderung sogenannter ‚benachteiligter Jugendlicher' in das Zentrum der Produktionsschuldiskussion und -praxis. Mit dem Ziel, junge Menschen im Übergang von der Schule in eine Berufsausbildung bzw. ins Erwerbsarbeitsleben ganzheitlich zu unterstützen, haben sich Produktionsschulen seitdem zu einem berufs- und sozialpädagogischen Konzept als Teil des Übergangsgeschehens und damit der Jugendberufshilfe in Deutschland entwickelt (Bojanowski/Gentner/Meier 2013; Gentner 2013).

## 1 Verortung

Seit den 1990er Jahren wird im deutschsprachigen Raum das pädagogische Konzept der Verbindung von Arbeits- und Produktionsprozessen für die berufliche Qualifizierung von jungen Menschen eingesetzt. Obgleich *Produktionsschu-*

*len* auf langjährige Erfahrungen und Erfolge blicken können, haben sie (noch) keinen festen Platz in der deutschen Bildungslandschaft. Diese ist gekennzeichnet von einer Vielfalt der Bezeichnungen, einer Verschiedenartigkeit der Konzepte, dahinterstehenden (Träger-)Philosophien und auch übergeordneten Programmlogiken von Förder- bzw. Geldgebern. Aktuell lässt sich aber eine beginnende rechtliche und somit finanzielle Institutionalisierung der Produktionsschulen in Deutschland beobachten: Zum einen werden sie im Rahmen der Jugendhilfe über Landesprogramme sowie aus Mitteln des Europäischen Sozialfonds finanziert. Zum anderen besteht die Möglichkeit, Produktionsschulen als ‚Berufsvorbereitende Bildungsmaßnahme' nach Sozialgesetzbuch (SGB) III (sogenannte ‚BvB Pro') oder als ‚sinnstiftende oder marktnahe' Maßnahmen zur Aktivierung und beruflichen Eingliederung nach SGB II zu betreiben. Eine Sonderstellung nimmt Hamburg ein. Denn dort bilden Produktionsschulen eine feste Säule im Übergang Schule-Beruf. Als integraler Bestandteil der Berufsvorbereitung für schulpflichtige Jugendliche werden sie über den kommunalen Bildungshaushalt finanziert.

## 2 Merkmale und Facetten

Die bestehende Produktionsschullandschaft in Deutschland ist gekennzeichnet von einer Konzept- und Bezeichnungsvielfalt: Nicht jede Einrichtung, die Arbeiten und Lernen verbindet, nennt sich Produktionsschule. Versuche, *Produktionsschule* begrifflich umfassend zu definieren und in der Bildungslandschaft zu verorten, gibt es seit den 1990er Jahren (u. a. Meier/Gentner/Bojanowski 2011; Bundesverband Produktionsschulen 2015). Seit Anfang der 2000er Jahre ist mit der stärkeren Verbreitung von Produktionsschulen in Deutschland eine Fülle pädagogischer Praxen und empirischer Ergebnisse zu verzeichnen (z. B. Meier/Gentner 2013; Gentner/Bojanowski/Wergin 2008). Basierend auf den jüngeren Debatten und Auseinandersetzungen, den Erfahrungen und Erkenntnissen aus Praxis und Wissenschaft sollen im Folgenden die Kernmerkmale von Produktionsschulen kurz beschrieben werden.

### 2.1 Das pädagogische Konzept als ‚Wirktrias von Auftrag, Kund*in und Produktion'

Produktionsschulen strukturieren ihre Lernprozesse vor dem Hintergrund realer Aufträge und echter Kund*innen. Der Arbeits- und Lernalltag einer Produktionsschule wird betriebsähnlich organisiert. Das (berufs-)pädagogische Konstrukt mit seinen konstituierenden Merkmalen der marktorientierten Produktion bzw. Dienstleistungserstellung und der Verknüpfung der Lern- über die Produktionsprozesse ermöglicht die Vermittlung grundlegender beruflicher Fertigkeiten, Kenntnisse, Fähigkeiten und Verhaltensweisen. Die allgemeinbildenden, fachtheoretischen und -praktischen Angebote gehen mit der sozialpädagogischen Unterstützung Hand in Hand.

Das Lernen an realen Kundenaufträgen in betriebsähnlichen Strukturen ermöglicht Mitgestaltung und die Beteiligung aller an den Geschäfts- und Arbeitsprozessen – unterstützt durch eine konsequente Lob- und Feedbackkultur.

Die verschiedenen Werkstatt- und Dienstleistungsbereiche einer Produktionsschule sind der zentrale Anlaufpunkt. Sie geben den Impuls für die Arbeits- und Lernprozesse und somit für die Kompetenzentwicklung der Jugendlichen. Diese findet nicht nur durch die Verbindung von Arbeits- und Lerntätigkeit in den Werkstätten und Dienstleistungsbereichen (dem didaktischen Kern der Produktionsschule) statt, sondern auch im Geflecht tragfähiger und wertschätzender Beziehungsarbeit.

## 2.2 Die Fachkräfte sind das ‚Herz' der Produktionsschule

Als pädagogische Kernaufgaben in Produktionsschulen gelten der Aufbau und das Aufrechterhalten tragfähiger Beziehungen zwischen den Fachkräften und Jugendlichen. In Produktionsschulen arbeiten Menschen mit sehr unterschiedlichen Bildungsvoraussetzungen, biografischen und beruflichen Werdegängen und (Lebens-)Erfahrungen miteinander.

**Personal der Produktionsschulen**

Das Personal umfasst vor allem die folgenden Berufsgruppen:

- Handwerker*innen sowie Kaufleute mit dualem Berufsabschluss und betrieblicher Berufserfahrung,
- Ausbilder*innen (mit Meisterqualifikation, mit Ausbildungsberechtigung),
- Sozialpädagog*innen,
- Lehrer*innen für allgemeinbildende (und Sonder-)Schulen; Berufsschul- sowie Fachpraxislehrer*innen,
- Techniker*innen sowie Ingenieur*innen.

Vielfach sind Mitarbeiter*innen mit ‚Patchwork-Biografien' und Doppel- bzw. Mehrfachqualifikationen an Produktionsschulen tätig. Dieser Mix von Berufsgruppen und unterschiedlichen Persönlichkeiten bietet den Produktionsschüler*innen vielfältige Anknüpfungs- und Identifikationsmöglichkeiten.

In den meisten Angeboten der Jugendberufshilfe wird seit fast vierzig Jahren das Zusammenspiel von Sozialpädagog*innen, Lehrer*innen und Ausbilder*innen praktiziert (vgl. Kap. 3). Dabei wird oftmals – vielfach den multiplen Problemlagen der Adressat*innen und den daraus resultierenden Handlungsanforderungen an die Fachkräfte geschuldet –, dem sozialpädagogischen Personal eine zentrale Rolle zugemessen. Hingegen kommt in Produktionsschulen, in denen die Dienstleistungs- und Werkstattbereiche zentral sind, diese Rolle den Werkstatt- oder Produktionsschulpädagog*innen bzw. den Ausbilder*innen zu.

Für alle Fachkräfte in Produktionsschulen gilt: Sie bilden ein Team, das die abgestimmte Zusammenarbeit und die Nutzung aller zur Verfügung stehenden professionsspezifischen Methoden- und Handlungsrepertoires pflegt. Die Fachkräfte einer Produktionsschule müssen deshalb über ein hohes Maß an Teamfähigkeit verfügen. Diese grundlegende Kompetenz umfasst die Wahrnehmung eigener Rollen und Aufgaben und notwendigerweise auch, die eigenen Grenzen zu kennen und zu wahren.

### 2.3 Subjektorientierung und Kompetenzansatz

Jugendliche können sich bei ihrem Eintritt in eine Produktionsschule – abhängig von ihrer individuellen Lebensgeschichte sowie der sozialen und kulturellen Ressourcenausstattung ihrer Herkunftsfamilie – auf sehr unterschiedlichen Bildungs- und Entwicklungsstufen befinden. Viele von ihnen signalisieren höhere Bildungs- und Unterstützungsbedarfe beim Übergang in Ausbildung und eine enge Kooperation mit verschiedenen externen Beratungs- und Unterstützungseinrichtungen. Grundlegend ist weiterhin eine pädagogische Haltung, die die jungen Menschen mit ihren individuellen Wünschen, Interessen und Stärken in den Mittelpunkt stellt und damit subjektorientiert handelt.

Produktionsschulen arbeiten auf der Basis des Kompetenzansatzes, d. h., die Jugendlichen werden in ihren Fähigkeiten und Stärken wahrgenommen, um die Kette bisheriger Misserfolgserfahrungen und defizitärer Zuschreibungen zu durchbrechen. In den Blick treten zunehmend auch Kompetenzen, die sie sich in ihren alltäglichen Lebenswelten außerhalb der Maßnahmen aneignen. Um die Entwicklungs- und Lernprozesse der jungen Menschen zu unterstützen, bedarf es einer genauen Analyse aller Einflussfaktoren und deren Wechselwirkungen auf die Lernbiografie, inklusive ihrer sozialen und kulturellen Ressourcen. Eine professionelle Kompetenzfeststellung bildet den Ausgangspunkt der individuellen Berufswege- bzw. Entwicklungsplanung und Lern- und Kompetenzentwicklung (kritisch dazu: Kap. 8). Die Dokumentation des individuellen Entwicklungsverlaufs der Jugendlichen schließt auch eine transparente Erfassung der erworbenen Kompetenzen ein. Auf diese Weise werden sie unterstützt, ihre eigenen Stärken zu ‚entdecken', sich dieser bewusst zu werden und sie systematisch zu entwickeln.

Hier zeigen sich Traditionen der beruflichen Förderpädagogik (Bojanowski/Gentner/Meier 2013). Deren Eckpfeiler bilden der Kompetenz- statt Defizitansatz, adressat*innenadäquate Konzepte, Subjektorientierung, ‚innere Haltung' und ein zugewandtes Menschenbild, Beziehungskultur und Lernklima, Individualisierung und Heterogenität, Stärkung von individueller Resilienz und Lebensbewältigungskompetenz sowie Entwicklungs-/Berufswegeplanung zur systematischen Gestaltung und Unterstützung von individuellen Lern- und Entwicklungsprozessen.

### 2.4 Betriebliche Praktika

Lernen im pädagogischen Schonraum (betriebsähnlich) ermöglicht den jungen Menschen ein ‚Ankommen', flexible Lernwege, Erprobungsräume, Erfahrungen von Selbstwirksamkeit und Motivation, aber auch die Vorbereitung auf betriebliche Praktika und den Übergang in eine Ausbildung oder Erwerbstätigkeit. Auch wenn Produktionsschulen ihre Arbeits- und Lernprozesse in betriebsähnlichen Strukturen organisieren, gehören begleitete und reflektierte betriebliche Praktikumsphasen, um Einblicke in Arbeits- und Organisationsstrukturen zu erlangen sowie berufliche und betriebliche Rollenanforderungen und Regelwerke eines Wirtschaftsbetriebes zu erfahren, ebenfalls verbindlich zum Produktionsschulkonzept. Die Lern- und Entwicklungsmöglichkeiten in den Werkstatt- und Dienstleistungsbereichen einer Produktionsschule werden also durch den Lernort Betrieb ergänzt. Das Spektrum der verschiedenen Berufsfelder regionaler Betriebe ist zudem deutlich vielfältiger als die Angebote der Produktionsschulen. Die Berufsorientierungs- und Berufswahloptionen der Jugendlichen werden so erweitert.

## 2.5  Regionale Einbindung

Eine enge Kooperation und Vernetzung mit Partnern im regionalen Bildungs-, Sozial- und Wirtschaftsraum sind unabdingbar für das Gelingen einer Produktionsschule. Das grundlegende Merkmal einer Produktionsschule – die Herstellung und der Verkauf marktfähiger Produkte und Dienstleistungen – macht die Zusammenarbeit mit der regionalen Wirtschaft notwendig. Denn Betriebe könnten die Konkurrenz fürchten und die Sorge haben, Kund*innen an staatlich subventionierte Produktionsschulen zu verlieren. Dies bedeutet, dass neue regionale Kooperationsformen (z. B. ständiger Kommunikationsprozess zwischen den Beteiligten, Einrichtung eines Wirtschaftsbeirats) entwickelt und verstetigt werden müssen.

Um ihren ganzheitlichen Bildungs- und Erziehungsauftrag wahrzunehmen, arbeiten die Produktionsschulen außerdem eng mit verschiedenen externen Beratungs- und Unterstützungseinrichtungen zusammen und kooperieren mit allgemein- und berufsbildenden Schulen und anderen Bildungseinrichtungen. Diese Kooperationsbeziehungen oder Vernetzungen bieten insbesondere die Chance, Angebote für die Jugendlichen am Übergang Schule-Beruf aufeinander abzustimmen, miteinander zu verzahnen und Übergänge vom allgemeinbildenden Bereich in die Produktionsschulen sowie von dort in Ausbildung anschlussfähig zu gestalten.

## 2.6  Produktionsschule als Lebensort

Die Arbeits- und somit Lernumgebung hat für die Jugendlichen einen erheblichen Einfluss auf die Persönlichkeitsentwicklung. *Produktionsschule* bedeutet für sie damit mehr als Arbeiten und Lernen, mehr als die Verknüpfung von Produktions- und Lernprozessen: Sie ist ein Arbeits-, Lern- und Lebensort, der sich als kulturelles Arrangement in den Dimensionen ‚Rituale', ‚Regeln' und ‚Räume' entfaltet. Produktionsschulen bieten eine anregende Fülle verschiedener Formen des Alltagslebens: z. B. morgendliche Begrüßungs- oder Verabschiedungsrituale am

Ende des Tages, gemeinsame Aktivitäten außerhalb des Arbeits- und Lernalltages und gemeinsame Mahlzeiten, deren Bedeutung nicht hoch genug geschätzt werden kann. Diese Rituale können Gefühle von Sicherheit, Orientierung und Zugehörigkeit befördern – sowohl für die Jugendlichen, aber auch für die Fachkräfte.

Ein weiteres Element des kulturellen Arrangements ist ein im Idealfall mit allen Beteiligten gemeinsam erarbeitetes und verabredetes Regelwerk. Die Fixierung von Regeln erfolgt auf der Grundlage von Kriterien, die für alle Beteiligten transparent, nachvollziehbar und verbindlich sind. Über die Formel ‚verhandelbare und nicht verhandelbare Regeln' werden die Jugendlichen in die Gestaltung und Strukturierung einbezogen und daran beteiligt.

Eine bisher wenig beachtete Erfahrungsdimension sind die Räume. Grundsätzlich gilt: Räume wirken bildend, ob intendiert oder nicht. Sie haben Auswirkungen auf Rezeption, Orientierung und Bewertung. Um die Wahrnehmung und Wirkung von Räumen zu fördern, müssen Räume pädagogisch gestaltet werden und als Mittel und Medium zur Unterstützung von Lernprozessen begriffen werden.

## 3 Kritischer Bildungsbegriff

Als Bildungsangebot im Rahmen der Jugendberufshilfe besteht eine der zentralen Aufgaben von Produktionsschulen darin, Jugendlichen den Zugang zu Ausbildung und Erwerbsarbeit zu eröffnen. Über die marktorientierte Produktion bzw. Dienstleistungserstellung in annähernd betrieblichen Strukturen und der Verknüpfung der Lernprozesse über die Produktionsprozesse sollen sich die jungen Menschen berufs- und arbeitsbezogene theoretische Kenntnisse und praktische Fertigkeiten aneignen. Gleichzeitig besteht der Anspruch, sie dabei zu unterstützen, ihre persönlichen und sozialen Orientierungen, Einstellungen und Verhaltensweisen in der Auseinandersetzung mit Anforderungen und Erwartungen des realen sozialen (Berufs- und Arbeits-)Umfeldes zu erkennen, zu entfalten und zu stärken.

*Produktionsschulen* als Institution im Übergang Schule-Beruf sind in einem Bereich des Bildungssystems angesiedelt, in dem Selektions- und Zuweisungsprozesse besonders stark ausgeprägt sind. Vor dem Hintergrund ihres (sozial-)pädagogischen Konzepts, ihrer Leitideen und dem daraus abgeleiteten Handeln müssen sich Produktionsschulen daher selbstkritisch folgenden Fragen stellen:

1. Tragen sie als Teil des (Berufs-)Bildungs- und Beschäftigungssystems zur fortgesetzten Legitimation der Selektivität des Bildungs- und Beschäftigungssystems bei, anstatt – so ihr Anspruch – soziale Ungleichheit abzubauen und selbstbestimmte Teilhabe an Bildung und Erwerbsarbeit zu ermöglichen?
2. Werden Brüche am Übergang Schule-Beruf auf individuelle Probleme reduziert, oder gibt es eine kritische Auseinandersetzung mit strukturellen Ausgrenzungsprozessen?
3. Ist die subjektorientierte Leitlinie des Kompetenzansatzes handlungsleitend – oder eher die arbeitsmarktpolitische Programmlogik der Kostenträger mit

entsprechend zu erfüllenden ‚Vermittlungsquoten'? Werden vermeintliche Defizite der Jugendlichen bearbeitet, um sie dann schnellstmöglich und kennzahlenkonform in Ausbildungs- oder Beschäftigungsverhältnisse zu überführen (vgl. Kap. 7)?
4. Stehen Persönlichkeits- und Kompetenzentwicklung oder die Förderung von Beschäftigungsfähigkeit bzw. ‚Humankapital' im Vordergrund?

Angesichts dieser kritischen Nachfragen sind Produktionsschulen gefordert, den Spagat zwischen ihrem berufs- und sozialpädagogischen Auftrag und dem Ziel der Integration in den Erwerbsarbeits- bzw. Ausbildungsmarkt zu meistern. Dieses Spannungsverhältnis sollte aus Sicht Lebensweltorientierter Sozialer Arbeit nicht einseitig zugunsten der Integration in Ausbildung und Erwerbsarbeit aufgelöst und die reibungslose Einfügung in den gegebenen betrieblichen Kontext gar zur ‚Entwicklungsnotwendigkeit' stilisiert werden.

Fachkräfte an Produktionsschulen müssen sich ihrer sozialisatorischen und gesellschaftspolitischen Funktion bewusst sein. Die Verknüpfung von praktischer Arbeit mit ‚Ernstcharakter' und der Entwicklung von Kompetenzen, die für den Übergang in Ausbildung und Beschäftigung notwendig sind, ist mit der Förderung der persönlichen Entwicklung der Jugendlichen, insbesondere im Hinblick auf deren Selbstbestimmung, Demokratielernen und Alltagsbewältigung, zu verbinden. *Bildung* in diesem Sinne ist mehr als die Förderung und Ausschöpfung von ‚Humanressourcen' oder eine Art Überlebens- und Anpassungstraining in Bezug auf gesellschaftliche Vorgaben und Zwänge, so wie dies in einem funktional-verwertungsorientierten Bildungsbegriff anklingt. Vielmehr unterstützt sie im Verständnis eines kritisch-emanzipatorischen Bildungsbegriffs das Bestreben der jungen Menschen nach Entwicklung ihrer Persönlichkeit, nach Selbst- und Mitbestimmung sowie nach einem subjektiv sinnhaften Lebensentwurf und dessen Umsetzung.

## Literatur

Bojanowski, Arnulf/Gentner, Cortina/Meier, Jörg (2013): Die Produktionsschule: Didaktisches Vorbild. In: Bojanowski, Arnulf/Koch, Martin/ Ratschinski, Günter/Steuber, Ariane (Hrsg.) (2013): Einführung in die Berufliche Förderpädagogik. Pädagogische Basics zum Verständnis benachteiligter Jugendlicher. Münster, S. 165–179.

Bundesverband Produktionsschulen e. V. (Hrsg.) (2015): Qualitätsstandards des Bundesverbandes Produktionsschulen e. V. URL: http://www.bv-produktionsschulen.de/cms/wp-content/uploads/2015/12/Ausgabe-3-2015_web.pdf (Zugriff: 31.01.2016).

Gentner, Cortina (2013): Produktionsschule – ein Übergang mit System. In: Fischer, Andreas/Frommberger, Dietmar (Hrsg.): Vielfalt an Übergängen in der beruflichen Bildung – zwölf Aussichten. Berufliche Bildung und zukünftige Entwicklung (Leuphana-Schriften zur Berufs- und Wirtschaftspädagogik, Band 6). Hohengehren, S. 155–184.

Gentner, Cortina/Bojanowski, Arnulf/Vergin, Claus (Hrsg.) (2008): Kurs finden. Junge Menschen auf dem Weg ins Leben: Produktionsschulen in Mecklenburg-Vorpommern. Münster.

Kipp, Martin (2008): Produktionsschule – zur aktuellen Wirksamkeit einer alteuropäisch-pädagogischen Idee in Deutschland. In: Gentner, Cortina/Bojanowski, Arnulf/Vergin, Claus (Hrsg.): Kurs finden. Junge Menschen auf dem Weg ins Leben: Produktionsschulen in Mecklenburg-Vorpommern. Münster, S.173–188.

Meier, Jörg/Gentner, Cortina (2013): Ergebnisse, Erkenntnisse und Handlungsempfehlungen aus der Evaluationsstudie „Produktionsschulorientierte Vorhaben im Freistaat Sachsen" – Eva[P]S. Abschlussbericht. Hamburg.
Meier, Jörg/Gentner, Cortina/Bojanowski, Arnulf (Hrsg.) (2011): Produktionsschulen verstetigen! Handlungsempfehlungen für die Bildungspolitik. Münster.

# KAPITEL 12: ZUR VIELFALT AUSSERSCHULISCHER MASSNAHMEN – EIN AUSSCHNITT: BERUFSVORBEREITENDE BILDUNGSMASSNAHMEN, EINSTIEGSQUALIFIZIERUNG UND THEATERPÄDAGOGISCHE MASSNAHMEN

*Anne van Rießen*

**Überblick**

Die berufsvorbereitenden Angebote der Jugendberufshilfe zu überblicken, fällt auch erfahrenen Akteur*innen im Handlungsfeld schwer. Einhergehend mit der Kritik an der uneinheitlichen Systematisierung und der fehlenden Bündelung der Maßnahmen hat sich auch die Metapher des ‚Förderdschungels' etabliert. Im Beitrag werden drei ausgewählte außerschulische Maßnahmen der Berufsvorbereitung dargestellt und kurz skizziert mit dem Ziel, Gemeinsamkeiten und Unterscheidungen sichtbar zu machen und so einen kurzen Einblick in die Vielfalt des Angebotsspektrums in diesem Teil der Jugendberufshilfe zu eröffnen.

## Einleitung

Die Jugendberufshilfe gilt mit ihren bereits dargestellten unterschiedlichen Rechtsgrundlagen als ein in Jugend-, Bildungs- und Arbeitsmarktpolitik gern genutztes Instrument, um Jugendausbildungs- und -arbeitslosigkeit abzubauen (vgl. Kap. 3 und Kap. 6). Mit der Zeit ist dadurch ein kaum noch überschaubarer Förderdschungel entstanden, der sich im besonderen Maße bei den außerschulischen berufsvorbereitenden Angeboten der Jugendberufshilfe zeigt. Während alle Maßnahmen – gleich ihrer rechtlichen Grundlagen in den Sozialgesetzbüchern (SGB) II, III, VIII und IX – zwar primär auf die Integration in eine Ausbildung und/ oder Erwerbsarbeit zielen, zeigen sich bei genauerer Betrachtung neben dieser Gemeinsamkeit auch Differenzen. Es würde jedoch den Rahmen dieses Lehrbuchs sprengen, einen systematischen Überblick dazu zu geben. Stattdessen werde ich in diesem Beitrag drei ausgewählte Maßnahmen skizzieren, um darzustellen, wie konzeptionell vielfältig die Angebote der Jugendberufshilfe zur Berufsvorbereitung trotz vergleichbarer Zielstellung sind.

Dabei habe ich mich einerseits auf ‚typische Maßnahmen' konzentriert, die jedoch andererseits unterschiedliche ‚Qualifizierungszugänge' aufweisen. Während die im Folgenden dargestellten **Berufsvorbereitenden Bildungsmaßnahmen (BvB)** der Bundesagentur für Arbeit primär auf eine Förderung und Qualifizierung durch praktische und theoretische Unterweisungen innerhalb der Maßnahmen zielen, sollen mit der **betrieblichen Einstiegsqualifizierung** (EQ) berufliche Handlungsfähigkeiten der jungen Erwachsenen durch konkrete Arbeit in Betrieben erweitert bzw. gefördert werden. BvB und EQ können als ‚typisch' gelten, weil es vergleichbare Angebote auch von Seiten der Jugendhilfe nach § 13 SGB VIII z. B. in Form von Jugendwerkstätten oder betrieblichen Integrationsprojekten gibt. Im Gegensatz dazu fokussieren **theaterpädagogische Maßnahmen**, die als drittes Beispiel vorgestellt werden, eher auf personale Kompetenzen wie mehr Selbstbewusstsein oder Teamfähigkeit, indem sie die positiven Wirkungen von Theaterspielen (etc.) betonen.

## 1 Berufsvorbereitende Bildungsmaßnahmen der Arbeitsverwaltung (BvB)

An den berufsvorbereitenden Bildungsmaßnahmen der Arbeitsverwaltung (BvB) nahmen in 2015 rund 70.000 junge Erwachsene teil (BMBF 2016, S. 90). Grundlage stellt das in 2004 eingeführte „Neue Fachkonzept für berufsvorbereitende Bildungsmaßnahmen" der Bundesagentur für Arbeit (BA 2012) in der aktuellen Fassung von November 2012 dar. Die Möglichkeit zur Teilnahme an einer BvB von in der Regel bis zu zehn Monaten beruht auf §§ 51 ff. SGB III, denn „(d)ie Agentur für Arbeit kann förderungsbedürftige junge Menschen durch berufsvorbereitende Bildungsmaßnahmen fördern, um sie auf die Aufnahme einer Berufsausbildung vorzubereiten oder (…) ihnen die berufliche Eingliederung zu erleichtern" (§ 51 Abs. 1, SGB III). Die Förderung von Menschen mit Behinderungen richtet sich nach den §§ 112 ff. SGB III. Ein Rechtsanspruch auf die Leistung bzw. die Teilnahme an einem bestimmten Angebot besteht für die jungen Menschen jedoch nicht (Schmid 2015, S. 91 f.).

**Primäres Ziel** der berufsvorbereitenden Maßnahmen ist es, die Teilnehmer*innen auf eine Ausbildung vorzubereiten und sie in eine solche einzugliedern. Dazu gehören sowohl die Herstellung einer ‚realistischen' Berufswahl als auch die erforderlichen Kenntnisse und Fertigkeiten für die Aufnahme einer Ausbildung zu erwerben. Nur dann, wenn Teilnehmenden die Aufnahme einer Berufsausbildung wegen in ihrer Person liegender Gründe nicht möglich ist, kann auch die Vorbereitung auf eine Einmündung in ein sozialversicherungspflichtiges Beschäftigungsverhältnis ein paralleles Ziel sein.

Zur **Adressat*innengruppe** von BvB gehören junge Menschen ohne eine berufliche Erstausbildung, die bereits ihre Vollzeitschulpflicht erfüllt und in der Regel das 25. Lebensjahr noch nicht vollendet haben (BA 2012). Dabei gilt, dass sie erstens prinzipiell eine Ausbildung anstreben und zweitens ihre Fähigkeiten erwarten lassen, dass sie das Ziel der Maßnahme erreichen werden. Weiterhin wird aber drittens festgelegt, dass die Jugendlichen und jungen Erwachsenen noch nicht über die erforderliche Ausbildungsreife oder Berufseignung verfügen. Das Konstrukt der Ausbildungsreife und die damit verbundenen subjektbezogenen Ursachenbeschreibungen von Ausbildungslosigkeit werden, wie hier schon mehrfach erwähnt, angezweifelt (vgl. Kap. 3 und Kap. 5). Explizit ausgeschlossen von der Teilnahme an BvB werden jene Jugendlichen und jungen Erwachsenen, „die aufgrund vielfältiger und schwerwiegender Hemmnisse insbesondere im Bereich Motivation (...), Schlüsselqualifikationen und sozialer Kompetenzen eine regelmäßige Teilnahme noch nicht erwarten lassen" (BA 2012, S. 2) und die daher erst ‚vorgelagerter Stabilisierungsmaßnahmen' – wie beispielsweise der Aktivierungshilfen nach § 45 SGB III – bedürfen, bevor sie an einer BvB teilnehmen können (ebd.).

Um die bildungspolitische Zielstellung zu erreichen, wird eine am **individuellen Förderbedarf ausgerichtete Qualifizierung** mittels Fachpraxis, theoretischer Unterweisung und sozialpädagogischer Begleitung angestrebt. Dazu gehören verschiedene, zeitlich und inhaltlich individuell zu durchlaufende ‚Qualifizierungsebenen' wie

1. die Eignungsanalyse,
2. die Grundstufe mit dem Kernelement ‚Berufsorientierung/Berufswahl',
3. die Förderstufe mit dem Kernelement ‚Berufliche Grundfertigkeiten' sowie
4. die Übergangsqualifizierung mit dem Kernelement ‚Berufsbezogene und betriebsorientierte Qualifizierung' (Plicht 2010, S. 8).

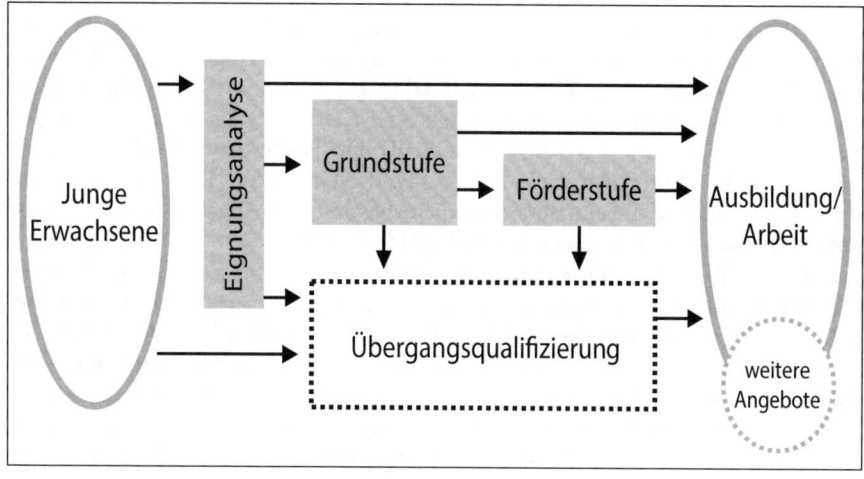

**Abb. 3:** Grundstruktur Berufsvorbereitender Bildungsmaßnahmen der Bundesagentur für Arbeit (BvB)

Blickt man allein auf die sogenannte ‚Eingliederungsquote', listet der Berufsbildungsbericht 2016 auf, dass annähernd die Hälfte der Teilnehmer*innen sechs Monate nach Austritt aus der BvB sozialversicherungspflichtig beschäftigt waren (BMBF 2016, S. 90). Dabei wird jedoch nicht unterschieden, ob es sich um eine Einmündung in eine Ausbildung oder (in ein temporäres und/oder prekäres) Beschäftigungsverhältnis handelt. Auch wird nicht deutlich, ob die sogenannten

‚Eingliederungen' mit dem ursprünglichen Ziel der Teilnehmer*innen vereinbar sind (vgl. Kap. 2). Zudem – so die Kritik von Rüdiger Preißer (2009, S. 7; vgl. Kap. 8) – werden die BvB zwar ‚Qualifizierungsmaßnahmen' genannt, ohne jedoch am Ende der Teilnahme die Lern- bzw. Qualifizierungsergebnisse zu erfassen und zu dokumentieren.

Insbesondere drei Dimensionen – so zeigen die empirischen Analysen von Hannelore Plicht (2010) – beeinflussen das Ergebnis der Maßnahmen im Hinblick auf die Eingliederungsquote positiv: Erstens ermöglichen insbesondere Betriebspraktika den jungen Erwachsenen die Option, in eine betriebliche Ausbildung einzumünden. Zweitens zeigen sich große regionale Unterschiede hinsichtlich der Maßnahmenergebnisse: Der regionale Ausbildungsmarkt stellt eine zentrale Einflussgröße für den Zugang zu einer Ausbildung dar. Drittens spielt die Zusammensetzung der Teilnehmer*innen eine Rolle: Vor allem dann, wenn eine hohe Anzahl von Teilnehmer*innen mit sogenannten ‚Ausbildungshemmnissen' (z. B. ein nicht vorhandener Schulabschluss, Behinderungen, ein hohes Alter) an der BvB teilnehmen, wirkt sich dies ‚negativ' auf den Vermittlungserfolg aus.

## 2   Einstiegsqualifizierung

Ein weiteres Angebot der Jugendberufshilfe, das den Übergang in eine Ausbildung mit sozialpädagogischer Begleitung unterstützen soll, ist die betriebliche Einstiegsqualifizierung (nachfolgend: EQ). Als Sonderprogramm im Jahr 2004 aufgelegt, wurde die EQ im Jahr 2007 modifiziert und in das Regelinstrumentarium der beruflichen Integrationsförderung in das Sozialgesetzbuch III (§ 54a SGB III) übernommen: Im Jahr 2015 haben rund 17.500 junge Menschen an dieser ein Jahr dauernden Qualifizierungsmaßnahme teilgenommen (BMBF 2016, S. 90).

Vorrangiges **Ziel der EQ** ist es, jungen Menschen mit „eingeschränkten Vermittlungsperspektiven" Möglichkeiten zu geben, „berufliche Handlungsfähigkeit zu erreichen bzw. zu vertiefen" (ebd.), um so ihre Übernahme- und Übergangschancen in eine Ausbildung zu erhöhen. Nach § 54a SGB III Abs. 4 sind förderungsfähige Jugendliche und junge Erwachsene

1. bei der Agentur für Arbeit gemeldete Ausbildungsplatzbewerber*innen mit aus individuellen Gründen eingeschränkten Vermittlungsperspektiven,
2. jene, die noch nicht über die erforderliche Ausbildungsreife verfügen und
3. lernbeeinträchtigte und sozial benachteiligte Ausbildungsplatzsuchende.

Die Teilnehmer*innen absolvieren ein Langzeitpraktikum in einem Ausbildungsbetrieb von mindestens sechs und maximal zwölf Monaten. Die Ausbildungsbetriebe haben während dieser Zeitspanne die Möglichkeit, sich ein ‚ausgeprägtes Bild' von den Jugendlichen und jungen Erwachsenen zu machen, wobei sie eine finanzielle Förderung erhalten. Während der einjährigen Langzeitpraktika ist es primäre Aufgabe der Betriebe, berufsbezogene Grundlagen zu vermitteln und

den Erwerb beruflicher Handlungsfähigkeit zu unterstützen. Zusätzlich müssen die jungen Menschen – je nach Alter und Regelung in den jeweils geltenden Schulgesetzen – am Berufsschulunterricht teilnehmen. Untersuchungen zeigen jedoch, dass kein flächendeckender Berufsschulunterricht stattfindet (GIB/IAB 2012). Dies ist insofern problematisch, da gerade der Berufsschulbesuch ausschlaggebend ist, ob die EQ-Teilnahme auf eine nachfolgende Ausbildung angerechnet wird – und somit die potentiell nachfolgende Ausbildung um ein Jahr verkürzt werden kann. Auch eine sozialpädagogische Förderung und Begleitung ist optional vorgesehen, allerdings nutzten im Untersuchungszeitraum nur wenige Betriebe diese Form der Unterstützung (ebd.).
Die Teilnehmer*innen sollen während der EQ eine monatliche Praktikumsvergütung und am Ende eine betriebliche Bescheinigung sowie ein Zertifikat der zuständigen Kammer (z. B. Handwerks-, Ärzte- oder Industrie- und Handelskammer) über die erfolgreich absolvierte EQ-Teilnahme erhalten (GIB/IAB 2012, S. 2). Die empirischen Analysen der Begleitforschung machen jedoch deutlich, dass insbesondere die Kammern, z. B. Ärzte- oder Handwerks- oder Industrie- und Handelskammern, nicht immer die entsprechenden Zertifikate ausstellen, obwohl diese für weitere Bewerbungen der jungen Menschen bedeutsam sind: Nur bei rund einem Drittel der erfolgreich absolvierten EQ erfolgte die Zertifizierung durch eine Kammer (ebd., S. 53).
Im Hinblick auf die Zielerreichung – die allein an der Eingliederungsquote gemessen wird – führt der Berufsbildungsbericht 2016 auf, dass annähernd 70 Prozent der Absolvent*innen sechs Monate nach Beendigung in eine Ausbildung eingemündet sind (BMBF 2016, S. 91), davon rund 40 Prozent in dem Betrieb, in dem sie auch ihre EQ-Jahr absolviert haben (GIB/IAB 2012). Auch die Begleitforschung kommt zu dem Ergebnis, dass die Teilnehmenden an einer EQ „zu hohen Anteilen in eine betriebliche Ausbildung übergehen" (ebd., S. VIII). Dabei wird herausgestellt, dass die Teilnahme an einer EQ – auch unter Berücksichtigung weiterer Kategorien (beispielsweise Schulabschluss) – im Vergleich zu BvB deutlich höhere Einmündungsquoten erzielt. Die Gründe dafür lassen sich – so die Vermutung an dieser Stelle – auf zwei Aspekte zurückführen:

1. Auch andere Studien machen deutlich, dass der ‚Klebeeffekt', den ein Praktikum bieten kann, nicht zu unterschätzen ist (Plicht 2010). Gerade die betriebliche Anbindung stellt eine positive Wirkung dar.
2. Die Absolvent*innen einer EQ verfügen über „nur wenig ungünstigere Voraussetzungen" (GIB/IAB 2012, S. VIII) als die Gesamtheit der Bewerber*innen um Ausbildungsplätze.

‚Individuelle Benachteiligungen' sind in den Datenquellen wenig ersichtlich (ebd., S. 36); hingegen findet sich eine vergleichsweise hohe Anzahl junger Menschen, die über die Mittlere Reife bzw. die (Fach-)Hochschulreife verfügen (ebd., S. 33). Auch ist im Vorfeld nur wenigen Teilnehmer*innen eine ‚fehlende Ausbildungsreife' von der Agentur für Arbeit attestiert worden.
Zusammenfassend zeigt sich, dass das EQ-Jahr vor allem den jungen Menschen einen Zugang zu einer Ausbildung bietet, die marktbenachteiligt sind und insgesamt über gute Voraussetzungen verfügen. Gleichsam – und so ließe sich

kritisch anmerken – ermöglicht die EQ den Betrieben ein (annähernd) unentgeltliches Langzeitpraktikum, mit der Möglichkeit, ‚potentielle Auszubildende' zu überprüfen. Auch die Begleitforschung weist auf mögliche ‚Mitnahmeeffekte' hin, die jedoch grundsätzlich schwer zu identifizieren sind.

Aus welchen Gründen Soziale Arbeit nur bedingt in der EQ beteiligt ist, lässt sich an dieser Stelle nicht klären. Jedoch verweisen die hier skizzierten Untersuchungsergebnisse darauf, dass eine ‚anwaltschaftliche Vertretung' der Teilnehmenden gegenwärtig kaum erfolgt. An dieser Stelle bleibt die Frage, ob es im lebensweltorientierten Verständnis nicht Aufgabe der Sozialen Arbeit wäre – wenn sie denn beteiligt ist – darauf zu achten, dass auch die Ansprüche und Rechte der jungen Menschen berücksichtigt werden (vgl. Kap. 4 und Kap. 16). So könnten Fachkräfte Sozialer Arbeit in Gesprächen und Verhandlungen mit den Arbeitgeber*innen die Teilnehmenden dabei unterstützen, dass diese im Anschluss eine betriebliche Ausbildung durchführen können und potentielle Schwierigkeiten, die eine Übernahme verhindern, ansprechen und ggf. beseitigen. Auch könnten sie auf der institutionellen Ebene die Rechte der Teilnehmenden sichern, indem sie strukturelle Problematiken – wie die oftmals vernachlässigte Zertifizierung durch die Kammern sowie den Berufsschulbesuch und die damit einhergehende Verkürzung einer (potentiellen) Ausbildung – thematisieren und einfordern. Insbesondere könnten sie aber auch dafür Sorge tragen, dass die teilnehmenden Betriebe begleitet werden, damit sie sich stärker als bisher sogenannten ‚benachteiligten' jungen Menschen öffnen.

## 3 Theaterpädagogische Maßnahmen

Zunehmend wird Theaterpädagogik in berufsvorbereitenden Maßnahmen der Jugendberufshilfe unter Verweis auf die Wirkungen von Theaterspielen eingesetzt (Bundesvereinigung Kulturelle Kinder- und Jugendbildung e. V. 2008). Dabei lassen sich gegenwärtig zwar keine konkreten Teilnehmer*innenzahlen nennen, aber sie werden wohl im Vergleich zu den oben aufgeführten Absolvent*innenzahlen von BvB im Jahr 2015 verschwindend gering sein. Der Grund dafür liegt insbesondere auch darin, dass es gegenwärtig nicht ‚die' klassischen theaterpädagogischen Maßnahmen gibt: Theaterspielen als Methode wird einerseits temporär als zusätzliches Angebot in verschiedenen Maßnahmen der Jugendberufshilfe (z. B. BvB) und andererseits als eigenständige Maßnahme eingesetzt und durchgeführt.

Im Folgenden stehen ‚eigenständige Maßnahmen' im Fokus, also solche, die allein auf Theaterspielen als Methode zurückgreifen und dabei von den Arbeitsagenturen oder Jobcentern gefördert werden. Voraussetzung für die Teilnahme ist der Bezug von Leistungen nach dem Sozialgesetzbuch II (SGB II) und ein Alter zwischen 16 und 25 Jahren. Die jungen Menschen werden durch die Jobcenter ‚zugewiesen' und bekommen während der zehn- bis zwölfmonatigen Teilnahme weiterhin Leistungen nach dem SGB II. Spezifisch für diese Maßnahmen ist, dass die (potentiellen) Teilnehmer*innen die Möglichkeit erhalten, sich auf Informationstagen, bei ‚Castings' oder nach einer Probezeit für oder gegen die Teilnahme zu entscheiden (van Rießen 2016, S. 61 ff.).

**Konzeptionelles Ziel theaterpädagogischer Maßnahmen** ist die (Wieder-)Herstellung von Arbeitsfähigkeit bzw. die Vermittlung der Teilnehmer*innen in eine Ausbildung und/oder Arbeit. Begründet wird der Einsatz von Theaterpädagogik mit den empirisch attestierten ‚Transferwirkungen' von Theaterspielen (Bundesvereinigung Kulturelle Kinder- und Jugendbildung e. V. 2008), wie beispielsweise positive Entwicklungen im Hinblick auf das Selbstbewusstsein, die Fähigkeit zu Empathie und eine verbesserte Ausdrucksfähigkeit (Finke/Haun 2001, Lindner 2008). Die unterstellte Grundannahme theaterpädagogischer Maßnahmen lautet so, dass mittels der Transferwirkungen (eher) der Übergang in eine Ausbildung und/oder Erwerbsarbeit für die jungen Erwachsenen gelingen kann.

Theaterpädagogische Maßnahmen sind dabei konzeptionell so aufgebaut, dass die Teilnehmer*innen in den ersten sechs Monaten unter Anleitung einer theaterpädagogischen Fachkraft eigenständig ein Theaterstück erarbeiten, erproben und vor Publikum öffentlichkeitswirksam aufführen. Gruppenarbeit ist für die Theaterproduktion die zentrale Methode und der Erfahrungsort. Empirische Analysen machen dabei deutlich, dass die Transferwirkungen von Theaterspielen den jungen Erwachsenen nicht als zentrales Bewertungskriterium dienen (van Rießen 2016, S. 211 ff.). Sie beschreiben hingegen als für sie ‚nützlich', dass sie erstens beim Theaterspielen sich selbst als zentrale und handelnde Akteur*innen erleben, zweitens positive Erfahrungen mit Vergemeinschaftungsprozessen machen und drittens tatsächlich ‚Arbeit' (im Sinne von etwas zu tun haben: Theaterspielen) zur Verfügung steht (ebd.). Zudem zeigen die Forschungsergebnisse, dass Theaterspielen an der ‚Person' ansetzt, indem es auf eine (Verhaltens-)Veränderung der jungen Erwachsenen zielt. Dies wird deutlich, wenn die jungen Erwachsenen beschreiben, dass sie davon ausgehen, zukünftig weniger schüchtern zu sein und mehr Selbstbewusstsein erlangt zu haben: beides zentrale Kategorien, die ihnen – so ihre Annahme bzw. Erwartung – beim Zugang zu einem Ausbildungsplatz und im ‚Jobleben' dienlich sind (ebd.). Gleichsam benötigen sie (im Anschluss) konkrete Ausbildungs- und Arbeitsplätze, damit sie sowohl ihre Erwartungen in ‚echte Erfahrungen' umwandeln als auch ihr primäres Ziel – die Absolvierung einer Ausbildung – überhaupt erreichen können.

Ein weiterer konstitutiver Bestandteil theaterpädagogischer Maßnahmen ist – wie generell typisch für Angebote der Jugendberufshilfe – Bewerbungstraining, Berufsorientierung sowie ein mehrmonatiges Betriebspraktikum unter Anleitung einer sozialpädagogischen Fachkraft, mit dem Ziel, die jungen Erwachsenen zu unterstützen, im Anschluss (eher) in eine Ausbildung oder in sozialversicherungspflichtiges Beschäftigungsverhältnis einzumünden.

Im Hinblick auf die Einmündungsquote liegen gegenwärtig nur träger- oder maßnahmenspezifische Zahlen und somit keine bundesweiten Erhebungen vor. Gleichwohl zeigt die qualitative Studie auf (ebd., S. 140 ff.), dass sich die Erwartungen der jungen Erwachsenen im Hinblick auf die Teilnahme an der theaterpädagogischen Maßnahme in die Kategorien (1) Ausbildung, (2) Freiraum und (3) Fürsorge differenzieren lassen. Für einige der Teilnehmer*innen stand somit im Vordergrund, infolge ihrer Maßnahmeteilnahme eine Ausbildungsstelle zu finden, für andere war der in dieser Zeit vorhandene Freiraum bedeutsam, sich erproben und mit sich neue Erfahrungen machen zu können. Insbesondere jene jungen Erwachsenen profitieren von der Teilnahme, deren Erwartungen sich unter die Kategorie ‚Fürsorge' subsummieren. So beschreiben sie nicht nur zentral die mit dem Theater(-spielen) verbundene Aufführung des Theaterstücks als Option für Wertschätzung und Selbstwirksamkeitserfahrungen (ebd. S. 148 ff.), sondern konnten mit der Teilnahme eher eine weiterführende und subjektiv zufriedenstellende Perspektive erreichen, als jene jungen Erwachsenen, deren Erwartungen primär unter die Kategorien ‚Ausbildung' oder ‚Freiraum' fallen (zu den möglichen Gründen vgl. ebd. S. 151 f.).

Allen Teilnehmer\*innen gemeinsam ist hingegen, dass diese unabhängig von ihren anfänglichen Erwartungen stets dann ihrer Teilnahme einen Nutzen attestieren, wenn sich die Ansprache, die Aktivitäten und die Zielsetzungen an ihren Erwartungen (mit-)ausrichten und sie grundlegend und kontinuierlich in alle für sie bedeutsamen Entscheidungsprozesse miteinbezogen werden: Im Rahmen von Theaterspielen unter der Anleitung theaterpädagogischer Fachkräfte machen sie diese Erfahrung dabei ‚eher' als im Rahmen ‚typischer' Sozialer Arbeit in anderen Angeboten der Jugendberufshilfe wie Berufsorientierung, Betriebspraktika und Bewerbungstraining (ebd. S. 249 ff.). An dieser Stelle bleiben die Fragen, ob, wie und an welchen Stellen Soziale Arbeit – im Sinne eines lebensweltorientierten Verständnisses – Räume (er)öffnen kann, um die Partizipation der jungen Erwachsenen zu (be)fördern und zwar auch und gerade in den Maßnahmen der Jugendberufshilfe (ebd. S. 266 ff., vgl. auch Kap. 16).

## 4 Zum Abschluss

Zusammenfassend wird deutlich, dass alle drei hier skizzierten Angebote mit unterschiedlichen Zugängen das gleiche Ziel der Einmündung in eine Ausbildung oder eine sozialversicherungspflichtige Beschäftigung verfolgen: Unabhängig jedoch davon, ob der Schwerpunkt auf die berufliche oder persönliche Qualifizierung innerhalb der Maßnahme oder außerhalb – durch die Absolvierung von Langzeitpraktika – gelegt wird, erfolgt eine personenbezogene Bearbeitung der nicht erfolgten Ausbildungs- bzw. Arbeitsmarkteinmündung. Die Gründe dafür, dass bisher eine Berufsausbildung oder Erwerbsarbeit nicht aufgenommen werden konnte, werden somit primär in der ‚Person' vermutet, strukturelle und konjunkturelle Ursachen wie das Problem des zu geringen Ausbildungsplatzangebots auf Seiten der Betriebe bleiben tendenziell ausgeblendet.

### Literatur

BA – Bundesagentur für Arbeit (Hrsg.) (2012): Fachkonzept für berufsvorbereitende Bildungsmaßnahmen nach §§ 51 ff. SGB II (BvB 1–3) (November 2012). URL: http://www.arbeitsagentur.de/web/wcm/idc/groups/public/documents/webdatei/mdaw/mta1/ (Zugriff: 21.08.2016).

BMBF – Bundesministerium für Bildung und Forschung (Hrsg.) (2016): Berufsbildungsbericht 2016. URL: https://www.bmbf.de/pub/Berufsbildungsbericht_2016.pdf (Zugriff: 21.08.2016).
Bundesvereinigung Kulturelle Kinder- und Jugendbildung (Hrsg.) (2008): Übergänge gestalten. Kunst- und Kulturprojekte zwischen Schule und Beruf. Remscheid.
Finke, Raimund/Haun, Hein (2001): Lebenskunst Theaterspielen. Psychosoziale Wirkungen aktiven Theaterspielens bei Jugendlichen. In: Bundesvereinigung Kulturelle Jugendbildung e. V. (Hrsg.): Kulturelle Bildung und Lebenskunst. Ergebnisse und Konsequenzen aus dem Modellprojekt „Lernziel Lebenskunst". Remscheid, S. 97–107.
GIB/IAB – Gesellschaft für Innovationsforschung und Beratung mbH/Institut für Arbeitsmarkt- und Berufsforschung (Hrsg.) (2012): Weiterführung der Begleitforschung zur Einstiegsqualifizierung. Berlin. URL: http://www.bmas.de/SharedDocs/Downloads/DE/PDF-¬Publikationen/Forschungsberichte/eq-abschlussbericht-maerz-2012.pdf;jsessionid=1ECD¬FF5805E44730C47451801560DEC2?__blob=publicationFile&v=2 (Zugriff: 22.08.2016).
Lindner, Werner (2008): ‚Ich lerne zu leben' – Bildungswirkungen in der kulturellen Kinder- und Jugendarbeit. In: Lindner, Werner (Hrsg.): Kinder- und Jugendarbeit wirkt. Aktuelle und ausgewählte Evaluationsergebnisse der Kinder- und Jugendarbeit. Wiesbaden, S. 169–180.
Plicht, Hannelore (2010): Das neue Fachkonzept berufsvorbereitender Bildungsmaßnahmen der BA in der Praxis. Ergebnisse aus der Begleitforschung BvB. IAB-Forschungsbericht 07/2010. URL: http://doku.iab.de/forschungsbericht/2010/fb0710.pdf (Zugriff: 22.08.2016).
Preißer, Rüdiger (2009): Kompetenzen von benachteiligten Jugendlichen feststellen und fördern. Forschungsergebnisse und Handreichung für die sozialpädagogische Praxis. Paderborn/Freiburg.
van Rießen, Anne (2016): Zum Nutzen Sozialer Arbeit. Theaterpädagogische Maßnahmen im Übergang zwischen Schule und Erwerbsarbeit. Wiesbaden.
Schmid, Alexander (2015): Rechtliche Rahmenbedingung. In: Müller, Bettina/Zöller, Ulrike/Diezinger, Angelika/Schmid, Alexander: Lehrbuch Integration von Jugendlichen in die Arbeitswelt. Weinheim/Basel, S. 83–135.

# KAPITEL 13: ANGEBOTE ZUR BERUFSAUSBILDUNGSVORBEREITUNG UND SCHULSOZIALARBEIT IN BERUFSBILDENDEN SCHULEN

Ruth Enggruber

**Überblick**

Berufsbildende Schulen und ihre berufsvorbereitenden Angebote sind in den 16 Bundesländern so vielfältig, dass hier nur ein Überblick gegeben werden kann. Die Schüler*innen werden dort meistens von Schulsozialarbeiter*innen begleitet, deren Stellen institutionell unterschiedlich verankert und organisiert sind. Dabei gibt es in berufsbildenden Schulen zu wenige Stellen gemessen an der hohen Schüler*innenzahl. Deshalb sind die Schulsozialarbeiter*innen gefordert, Schwerpunkte in der Vielzahl ihrer möglichen Aufgaben zu setzen. Die skizzierten konzeptionellen Ideen zur Gestaltung lebensweltorientierter Schulsozialarbeit verstehen sich als Vorschläge, auf deren Basis Schulsozialarbeiter*innen ihr Aufgabenprofil schärfen und im Rahmen von Schulentwicklung und Politik für bessere Bedingungen streiten können.

## Einleitung

So vielfältig wie die im vorherigen Kapitel anhand einer Auswahl vorgestellten außerschulischen Angebote zur Berufsvorbereitung sind auch jene in berufsbildenden Schulen. Dabei geht jedes Bundesland aufgrund des Föderalismus in Deutschland, trotz vieler Gemeinsamkeiten, eigene Wege. Die Unterschiede beginnen schon bei der Bezeichnung: Während *berufsbildende Schulen* im Schulgesetz in Nordrhein-Westfalen (NRW) *Berufskolleg* genannt werden, sind es in Niedersachsen *berufliche Schulen* oder in Thüringen – wie auch hier wegen der Abgrenzung zu *allgemein*bildenden Schulen gewählt – *berufsbildende Schulen*. Ungeachtet dieser verschiedenen Bezeichnungen gilt für alle berufsbildenden Schulen, dass sie eine Vielfalt unterschiedlicher Bildungsgänge unter einem ‚Dach' integrieren. Diese reichen von der Berufsvorbereitung bzw. Berufsgrundbildung über Berufsschulen innerhalb der dualen Ausbildung, Berufsfachschulen, Fachoberschulen, berufliche Gymnasien bis hin zur schulischen Berufsausbildung (z. B. Erzieher*in). Verbunden sind sie in der jeweiligen berufsbildenden Schule durch gemeinsame berufliche Fachrichtungen, wie Wirtschaft und Verwaltung, Soziales und Gesundheit, Ernährung und Hauswirtschaft, Metall- oder Holztechnik. Die Bildungsgänge werden sowohl in Voll- als auch Teilzeitform angeboten, so dass nie alle Schüler*innen gleichzeitig anwesend sind. Berufsbildende Schulen sind in der Regel sehr groß mit mehreren 1.000 Schüler*innen.

Der Rahmen dieses Lehrbuchs lässt es nicht zu, auf alle berufsvorbereitenden Bildungsgänge in allen Bundesländern einzugehen. Deshalb wird im Folgenden nur ein kurzer zusammenfassender Überblick gegeben. Im Unterschied zu den zuvor vorgestellten außerschulischen Maßnahmen (vgl. Kap. 12) sind in den einzelnen Bildungsgängen keine Fachkräfte Sozialer Arbeit tätig. Stattdessen werden die Schüler*innen in der Regel von Schulsozialarbeiter*innen unterstützt, die für die jeweilige berufsbildende Schule insgesamt zuständig sind. Auch auf diese institutionellen Bedingungen und konzeptionellen Grundlagen von Schulsozialarbeit in berufsbildenden Schulen werde ich in diesem Beitrag eingehen und dabei die widerspruchsvollen Erwartungen thematisieren, mit denen sich sozialpädagogische Fachkräfte in diesem Feld konfrontiert sehen.

## 1 Überblick zu berufsausbildungsvorbereitenden Angeboten in berufsbildenden Schulen

Berufsvorbereitende Angebote in berufsbildenden Schulen richten sich an junge Menschen, die im Anschluss an ihren allgemeinbildenden Schulbesuch entweder

- keinen betrieblichen oder schulischen Ausbildungsplatz erhalten haben oder
- ihren Schulabschluss verbessern möchten oder
- noch keine 18 Jahre alt und deshalb noch berufsschulpflichtig sind und entweder eine außerschulische Maßnahme der Jugendberufshilfe besuchen (vgl. Kap. 12) oder bereits erwerbstätig sind.

Trotz der unterschiedlichen Schwerpunkte verbindet die verschiedenen Bildungsgänge (Buchholz/Straßer 2007, S. 12 ff.):

1. Für ihre **berufliche Orientierung und Grundbildung** werden die Schüler*innen in fachtheoretische und -praktische Grundlagen des sie interessierenden Berufsfeldes – teilweise sind es auch zwei oder drei Berufsfelder – eingeführt. Dazu werden sie nicht nur unterrichtet, sondern auch in schulischen Werkstätten fachpraktisch qualifiziert. Ferner absolvieren sie meistens Betriebspraktika, oder die Schule wird nur in Teilzeit besucht, so dass die andere Zeit im Betrieb verbracht wird.
2. Zudem wird die **Allgemeinbildung** gefördert, so dass die Schüler*innen in den Angeboten auch ihren Schulabschluss nachholen oder verbessern können.
3. Des Weiteren sollen die Jugendlichen in ihren **Lebensführungskompetenzen** gestärkt werden.

Während z. B. das Berufsgrundbildungsjahr und einige Bildungsgänge in Berufsfachschulen als erstes Ausbildungsjahr auf eine anschließende Berufsausbildung anrechenbar sind, was die Betriebe jedoch in der Regel nicht tun, gilt dies für andere Angebote wie das Berufsvorbereitungsjahr (in NRW: ‚Berufsorientierungsjahr' genannt) nicht. Die folgende Zusammenstellung der berufsvorbereitenden Bildungsgänge mit den Schulabschlüssen der Schüler*innen, die sie größtenteils besuchen, wurde dem Datenreport zum Berufsbildungsbericht 2016 entnommen (BIBB 2016, S. 246).

> **Berufsvorbereitungsangebote an berufsbildenden Schulen**
> - **Allgemeinbildende Angebote an Berufsfachschulen** dienen meistens zur Erfüllung der Berufsschulpflicht und Verbesserung des Schulabschlusses:
>   66,6 Prozent mit Haupt-, 32 Prozent mit Realschulabschluss
> - **Bildungsgänge an Berufsfachschulen, die eine berufliche Grundbildung vermitteln und als erstes Ausbildungsjahr anrechenbar** sind:
>   31,9 Prozent mit Haupt-, 64,8 Prozent mit Realschulabschluss
> - **Bildungsgänge an Berufsfachschulen, die eine berufliche Grundbildung vermitteln ohne Anrechnung:**
>   12,7 Prozent ohne, 70,8 Prozent mit Haupt- und 12,6 Prozent mit Realschulabschluss
> - **Berufsgrundbildungsjahr, als erstes Ausbildungsjahr anrechenbar** (Vollzeit):
>   16,1 Prozent ohne, 65,8 Prozent mit Haupt- und 13,5 Prozent mit Realschulabschluss
> - **Berufsvorbereitungsjahr inklusive Berufseinstiegsklassen:**
>   68,6 Prozent ohne, 19,4 Prozent mit Hauptschulabschluss
> - **Bildungsgänge für erwerbstätige/erwerbslose Schüler*innen ohne Ausbildungsvertrag:**
>   33,7 Prozent ohne, 41,6 Prozent mit Haupt- und 12 Prozent mit Realschulabschluss

Die Schulabschlüsse der meisten Schüler*innen im jeweiligen Angebot lassen sich als Hinweis auf mögliche Benachteiligungen lesen. Denn neben einem Migrationshintergrund ist ein Haupt- oder fehlender Schulabschluss die größte Hürde, einen Ausbildungsplatz zu finden (vgl. Kap. 3). Deshalb konzentrieren sich Schulsozialarbeiter*innen in berufsbildenden Schulen oft auf das Berufsvorbereitungs- und Berufsgrundbildungsjahr sowie die Bildungsgänge, die überwiegend von Schüler*innen mit oder ohne Hauptschulabschluss besucht werden, obwohl sie für alle Schüler*innen der Schule zuständig sind (El-Mafaalani 2011). Solche Schwerpunktsetzungen sind jedoch auch den institutionellen Bedingungen geschuldet.

## 2 Institutionelle Bedingungen von Schulsozialarbeit an berufsbildenden Schulen

Schulsozialarbeit zeichnet sich durch eine Vielzahl unterschiedlicher institutioneller Zuständigkeiten in den Bundesländern und Kommunen aus (Speck 2014).

Beispielsweise werden einige Schulsozialarbeiter*innen aus nicht besetzten Lehrer*innenstellen finanziert, andere werden von (Landes-)Jugendämtern gemäß § 13 Sozialgesetzbuch (SGB) VIII oder/und aus dem Europäischen Sozialfonds (ESF) und wieder andere aus sonstigen Programmen der Länder oder des Bundes wie aus dem Bundes- und Teilhabepaket nach SGB II bezahlt. Teilweise werden sie auch von kommunalen Schulträgern bzw. Schulverwaltungsämtern oder integrierten Fachbereichen in der Kommunalverwaltung (z. B. Schulentwicklungs- und Jugendhilfeplanung gemeinsam) gefördert. Manchmal sind es auch Trägervereine von Schulen, die die Stellenfinanzierung übernehmen. Es gibt berufsbildende Schulen, in denen Schulsozialarbeiter*innen mit verschiedenen institutionellen Zuständigkeiten und Finanzierungen in einem Team zusammenarbeiten.

Mit den verschiedenen Finanzierungsweisen sind unterschiedliche Organisationsvarianten für die Fachkräfte verbunden. So sind sie bei einer Förderung aus schulischen Mitteln in die schulinterne Hierarchie eingeordnet und damit der Fachaufsicht der Schulleitung unterstellt. Bei einer Finanzierung aus anderen ‚Töpfen' sind sie außerhalb der Aufbauorganisation der Schule in der Hierarchie des zuständigen Jugendamts oder freien bzw. sonstigen Trägers verankert. Nach Karsten Speck (2014, S. 67 ff.) ist bisher noch ungeklärt, unter welchen Bedingungen welche dieser Varianten vorzuziehen ist. Aus der Perspektive Lebensweltorientierter Sozialer Arbeit ist jedoch grundsätzlich die organisatorische Autonomie und Entscheidungsfreiheit der Schulsozialarbeiter*innen zu gewährleisten, damit sie mit Schüler*innen subjekt- und verständigungsorientiert zusammenarbeiten können (Speck 2014, S. 77 ff., vgl. Kap. 4).

Trotz der unterschiedlichen Finanzierungs- und Organisationsvarianten sind für Schulsozialarbeit an berufsbildenden Schulen zu geringe personelle und materielle Ressourcen vorhanden. So gab es 2011 in NRW laut Aladin El-Mafaalani (2011, S. 111) für rund 1.500 Schüler*innen eine halbe Stelle. Inzwischen gehe ich bundesweit von maximal zwei Schulsozialarbeitsstellen für 1.500 Schüler*innen in berufsbildenden Schulen aus. Dieser Personalschlüssel ist jedoch immer noch zu gering und verlangt von den dort tätigen Schulsozialarbeiter*innen Schwerpunktsetzungen in ihrer Arbeit. Deshalb konzentrieren sich viele auf die berufsvorbereitenden Bildungsgänge, andere Schüler*innen werden hingegen nur bei Bedarf unterstützt. Im Folgenden werde ich skizzieren, wie Schulsozialarbeit an berufsbildenden Schulen im Verständnis lebensweltorientierter Schulsozialarbeit von Eberhard Bolay (2004) gestaltet werden könnte (Enggruber 2014).

## 3 Konzeptionelle Vorschläge zu lebensweltorientierter Schulsozialarbeit an berufsbildenden Schulen

Wie generell in der Jugendberufshilfe stehen auch bei lebensweltorientierter Schulsozialarbeit in berufsbildenden Schulen die Schüler*innen mit ihrem Eigensinn im Mittelpunkt. Schulsozialarbeit vertritt deren Interessen und versucht, auch Lehrer*innen und Ausbilder*innen in den Schulwerkstätten sowie Ausbildungs- und Praktikumsbetrieben dafür zu sensibilisieren (vgl. Kap. 3). In diesem eher schon visionär zu bezeichnenden Verständnis werden Schüler*innen ausdrücklich als „schulische Akteure" und „Mit-Handelnde" (Bolay 2004, S. 155) gesehen und anerkannt. Gemeinsam mit ihnen verständigen sich Schulsozialarbeiter*innen auf die jeweils zu verfolgenden Zielsetzungen und unterstützen sie darin, diese zu erreichen, z. B.:

- Klärung von Lebens- und Berufsplänen, auch mit Familienplanung;
- Vorbereitung auf eine Berufsausbildung: Unterstützung bei Berufswahl und Suche eines betrieblichen oder schulischen Ausbildungsplatzes;
- Hilfen bei schulischen Leistungsproblemen;
- Unterstützung bei der Bewältigung etwaiger Probleme während einer Berufsausbildung wie Konflikte im Ausbildungsbetrieb, Zeit- und Kostendruck, Betriebskultur, falsche Berufswahl u. a.;
- Hilfe bei möglichen inneren Konflikten und sich widerstreitenden Wünschen und Gefühlen, die sich in der Lebenswelt einerseits und Berufs(aus)bildung andererseits stellen;
- Unterstützung bei der Aufnahme einer weiteren Berufsausbildung im Falle eines Ausbildungsabbruchs der Berufsausbildung
- Vorbereitung auf Erwerbsarbeit, z. B. Hilfe bei der Suche eines Arbeitsplatzes.

Vor allem aufgrund der zentralen Bedeutung, die Lehr- und Ausbildungspläne haben, besteht für Schulsozialarbeit die Gefahr, sich für schulische Zwecke wie die Disziplinierung der Schüler*innen in ‚Trainingsräumen', instrumentalisieren zu lassen. Oder sie wird auf eine ‚Feuerwehrfunktion' im Rahmen von Krisen- und Konfliktbewältigung reduziert. Grundsätzlich ist mit Eberhard Bolay (2004, S. 155, kursiv i. O.) ein „*kritisch-reflexiver Umgang* mit den Systembedingungen von Schule" und des Berufsbildungssystems von Schulsozialarbeiter*innen gefordert.

Folgende Methodenansätze sind für Schulsozialarbeit an berufsbildenden Schulen relevant:

- unterrichtsunterstützende und -ergänzende Angebote (z. B. Bewerbungstraining, Antirassismusprojekt, Mediationsausbildung, Exkursionen, Projekte im Sozialraum wie Fassadenmalerei),
- aufsuchende Schulsozialarbeit (im Pausenbereich, auf dem Schulhof, im Lehrer*innenzimmer, Hospitationen im Unterricht oder in schulischen Werkstätten, Besuche in Familien, Praktikums- und Ausbildungsbetrieben),
- Beratungsangebote (einzeln oder gemeinsam, auch Konfliktmoderation) für Schüler*innen, Lehrer*innen, Ausbilder*innen in Schulwerkstätten, Praktikums- und Ausbildungsbetrieben sowie mit Eltern und Angehörigen,
- gruppenpädagogische wie erlebnis-, sport-, oder sonstige freizeitpädagogische (auch Klassenfahrten, Klassen- und Schulfeste) sowie geschlechtsspezifische Angebote,
- Übernahme einer „*Schnittstellen- und Vermittlungsfunktion*" (Bolay 2004, S. 156, i. O. kursiv) zwischen Schüler*innen sowie Jugendamt, Jobcenter und

Angeboten der Jugendhilfe (z. B. Schuldner-, Erziehungs- oder Drogenberatung), Arbeitsverwaltung, Wohnungsamt usw. (vgl. Kap. 3).

Aufgrund der „*Schnittstellen- und Vermittlungsfunktion*" (ebd.) sind auch Schulsozialarbeiter*innen – wie alle in der Jugendberufshilfe tätigen sozialpädagogischen Fachkräfte – gefordert, Kooperationen und Netzwerke mit Akteur*innen am regionalen Ausbildungs- und Arbeitsmarkt sowie jenen der kommunalen Jugendhilfe und sonstigen sozialen Dienstleistungsangeboten aufzubauen, um Schüler*innen ganzheitlich im lebensweltorientierten Sinne unterstützen zu können (vgl. Kap. 3). Darüber hinaus sollte sich Schulsozialarbeit in berufsbildenden Schulen an der Schulentwicklung beteiligen, damit das gesamte Schulprofil lebensweltorientierter im Interesse der Schüler*innen gestaltet wird und dabei auch breitere Beteiligungsmöglichkeiten für diese institutionalisiert werden.

Allerdings besteht mit Ulrich Deinet (zit. in Enggruber 2014, S. 122) das Risiko, dass sich Schulsozialarbeiter*innen in der Einzelfallhilfe „verschleißen". Denn „vielfach werden die Einzelfälle (…) unabhängig von den strukturellen Entstehungsursachen betrachtet. Schulsozialarbeit, die als reine ‚Klimaanlage' von Schule betrachtet wird, wird schnell überfordert". Angesichts der oben skizzierten institutionellen Rahmenbedingungen für Schulsozialarbeit in berufsbildenden Schulen verstehe ich alle hier skizzierten Aufgaben ausdrücklich nur als Vorschläge, aus denen Schulsozialarbeiter*innen auswählen und ihr spezifisches Profil entwickeln sollten, um sich vor Überforderungen zu schützen. Des Weiteren sollen sie dazu anregen und genutzt werden, sich politisch einzumischen und für notwendige Entwicklungsprozesse und Ressourcen für lebensweltorientierte Schulsozialarbeit an berufsbildenden Schulen zu streiten.

## Literatur

BIBB – Bundesinstitut für Berufsbildung (Hrsg.) (2016): Datenreport zum Berufsbildungsbericht 2016. Bonn.

Bolay, Eberhard (2004): Überlegungen zu einer lebensweltorientierten Schulsozialarbeit. In: Grunwald, Klaus/Thiersch, Hans (Hrsg.): Praxis Lebensweltorientierter Sozialer Arbeit. Handlungszugänge und Methoden in unterschiedlichen Arbeitsfeldern. Weinheim/München, S. 147–162.

Buchholz, Christine/Straßer, Peter (2007): Aktuelle Tendenzen in der schulischen Berufsvorbereitung. Eine Expertise. Bundesinstitut für Berufsbildung Bonn. URL: http://www.¬good-practice.de/expertise_schulische_berufsvorbereitung.pdf (Zugriff: 12.08.2016).

Enggruber, Ruth (2014): Lebensweltorientierte Schulsozialarbeit an berufsbildenden Schulen – konzeptionelle Grundlagen. In: Pötter, Nicole (Hrsg.): Schulsozialarbeit am Übergang Schule-Beruf. Wiesbaden, S. 115–130.

El-Mafaalani, Aladin (2011): Warteschleife oder Übergangssystem? Zur Notwendigkeit von Schulsozialarbeit an berufsbildenden Schulen. In: unsere jugend, die zeitschrift für studium und praxis der sozialpädagogik, 63, Heft 3, S. 106–115.

Speck, Karsten (2014): Schulsozialarbeit. Eine Einführung. 3. überarb. u. erw. Aufl., München/Basel.

# KAPITEL 14: AUSSERBETRIEBLICHE BERUFSAUSBILDUNG

*Katja Jepkens*

**Überblick**

Für ausbildungsinteressierte junge Menschen ohne einen betrieblichen Ausbildungsplatz gibt es die Möglichkeit der Berufsausbildung in außerbetrieblichen Einrichtungen oder Jugendwerkstätten. Diese öffentlich finanzierte, sozialpädagogisch begleitete Berufsausbildung bieten freie Träger Sozialer Arbeit im Auftrag der Agentur für Arbeit oder des örtlichen Jugendamts an. Im Folgenden wird die außerbetriebliche Berufsausbildung mit ihren Gesetzesgrundlagen, verschiedenen Formen, den beteiligten Berufsgruppen und der sozialpädagogischen Arbeit mit deren Aufgaben und Zielen betrachtet. Abschließend werden die Herausforderungen, Grenzen und Widersprüche thematisiert, denen sich Fachkräfte Sozialer Arbeit in der Jugendberufshilfe generell und der außerbetrieblichen Berufsausbildung speziell ausgesetzt sehen.

## Einleitung

Für junge Menschen, die eine duale Ausbildung machen möchten und keinen betrieblichen Ausbildungsplatz finden, gibt es die Möglichkeit der Berufsausbildung in außerbetrieblichen Einrichtungen (BaE) oder Jugendwerkstätten, die freie Träger Sozialer Arbeit im Auftrag der Agenturen für Arbeit oder Jugendämter anbieten. Diese öffentlich finanzierte Ausbildung mit sozialpädagogischer Unterstützung gibt es in Deutschland verbreitet seit den 1980er Jahren (vgl. Kap. 3).

Dieser Beitrag stellt die außerbetriebliche Berufsausbildung als Arbeitsbereich sozialpädagogischer Fachkräfte vor. Dazu werden zuerst verschiedene Formen ihrer Gestaltung und die beteiligten Berufsgruppen in den Blick genommen und damit zunächst die Rahmenbedingungen sozialpädagogischer Arbeit beleuchtet, bevor schließlich die sozialpädagogische Arbeit selbst im Fokus steht.

## 1 Die Berufsausbildung in einer außerbetrieblichen Einrichtung

### 1.1 Grundlegendes

Eine außerbetriebliche Berufsausbildung soll jungen Menschen ohne Ausbildungsabschluss die Aufnahme bzw. Fortsetzung und den Abschluss einer Berufsausbildung ermöglichen. Weit überwiegend wird sie in anerkannten Ausbildungsberufen des dualen Systems nach § 4 Berufsbildungsgesetz (BBiG) bzw. § 25 Handwerksordnung (HwO) angeboten (BA 2013, S. 3). Des Weiteren besteht auch die Möglichkeit einer Berufsausbildung nach den Sonderregelungen nach § 66 BBiG oder § 42m HwO, sofern die jungen Menschen eine Behinderung nachweisen können, die aufgrund ihrer Art und Schwere keine Ausbildung in einem anerkannten Ausbildungsberuf zulässt. In beiden Fällen erwerben die Auszubildenden somit den gleichen Abschluss wie in einer betrieblichen Ausbildung und legen die regulären Zwischen- und Abschlussprüfungen ab.

Im Unterschied zu einer betrieblichen wird die außerbetriebliche Ausbildung im Regelfall von der regionalen Arbeitsagentur (SGB III) bzw. dem Jobcenter (SGB II) oder Jugendamt (SGB VIII) finanziert. Vor allem die Angebote der Arbeitsverwaltung, also jene nach SGB II und III, werden im Rahmen von Ausschreibungen für einen bestimmten Zeitraum an eine Bildungseinrichtung vergeben (vgl. Kap. 7), die dann mit den jungen Menschen einen Ausbildungsvertrag abschließt und ihnen die Ausbildungsvergütung zahlt. Zusätzlich zur fachpraktischen Ausbildung und zum Unterricht in der Berufsschule erhalten die Auszubildenden dort eine sozialpädagogische Unterstützung sowie Stütz- und bei Bedarf Förderunterricht zur Bearbeitung allgemeinbildender und fachtheoretischer Probleme.

### 1.2 Zielgruppen

An einer außerbetrieblichen Ausbildung nach § 76 SGB III i. V. m. § 78 SGB III können „lernbeeinträchtigte und sozial benachteiligte junge Menschen" teilnehmen, sofern diese „wegen in ihrer Person liegender Gründe" auch mit Unterstützung keine betriebliche Ausbildung beginnen bzw. abschließen können. Im Gegensatz dazu müssen die jungen Menschen für die Aufnahme einer außerbetrieblichen Berufsausbildung nach § 13 SGB VIII besonders schwerwiegende soziale und individuelle Benachteiligungen nachweisen, die ihren speziellen sozialpädagogischen Förderbedarf begründen. Die meisten Maßnahmen werden aus dem SGB III oder SGB II, also von der Arbeitsverwaltung finanziert (vgl. Kap. 3; kritisch dazu: Kap. 6).

Dass die genannten Zielgruppenbeschreibungen aus Sicht der pädagogischen Praxis kaum tragen, zeigen u. a. Ruth Enggruber (2005) und darauf aufbauend Katja Grimm und Rainer Vock (2007, S. 180–211). Zudem ergibt sich aus der Zugehörigkeit zu einer der oben genannten Personengruppen kein Anspruch auf eine außerbetriebliche Berufsausbildung. Wie viele außerbetriebliche Ausbildungsplätze es gibt, in welchen Berufsfeldern bzw. Berufen ausgebildet wird und ob die Maßnahme in kooperativer oder integrativer Form umgesetzt wird, legen die jeweilige Arbeitsagentur bzw. das Jugendamt vor Ort fest.

### 1.3 Maßnahmenformen

Kooperative Angebote unterscheiden sich von integrativen in der Gestaltung der fachpraktischen Anteile. *Integrativ* ist die Ausbildung dann, wenn sie in Bildungseinrichtungen stattfindet und durch betriebliche Ausbildungsphasen im Umfang von ca. vierzig Tagen pro Jahr ergänzt wird. In der *kooperativen* Variante sind die Auszubildenden in der Regel nur an einem Tag bis zwei Tagen pro Woche für den Stütz- und Förderunterricht und die sozialpädagogischen Angebote in der Bildungseinrichtung. Die übrige Zeit verbringen sie in der Berufsschule und im Kooperationsbetrieb, auf den üblicherweise der größte Stundenanteil entfällt (BA 2013, S. 6 f.). Die Bildungseinrichtung bleibt dabei in der Verantwortung für die Auszubildenden und überwacht deren praktische Ausbildung im Kooperationsbetrieb. Dieser muss sich grundsätzlich dazu bereit erklären, aber nicht verpflichten, die Auszubildenden nach einem Ausbildungsjahr in die betriebliche Ausbildung zu übernehmen (ebd., S. 7).

Weitere Varianten außerbetrieblicher Berufsausbildung gibt es für junge Menschen mit Behinderungen. Wie bereits angedeutet, können sie nach besonderen Regelungen ausgebildet werden. Letzteres bedeutet, dass sie aufgrund der Art und Schwere ihrer Behinderung eine Rehabilitationsspezifische Berufsausbildung in einer außerbetrieblichen Einrichtung (kurz: BaE-Reha) nach § 19 SGB III und eine theoriereduzierte Ausbildung nach § 66 BBiG bzw. § 42m HwO absolvieren können (BMAS 2011, S. 6 f.). Die BaE-Reha kann in einer Bildungseinrichtung oder in einem Berufsbildungswerk, einer speziellen Einrichtung zur beruflichen Rehabilitation junger Menschen durchgeführt werden.

Die 52 bundesweit vorhandenen Berufsbildungswerke sind überregionale Einrichtungen mit je eigenen Schwerpunkten, abhängig z. B. von der Art der Behinderung. Dort werden den Auszubildenden, die hier als Rehabilitand*innen bezeichnet werden, neben Ausbildungsstätten in der Regel auch Wohnmöglichkeiten, eigene (Sonder-)Berufsschulen und die Unterstützung durch Fachdienste, z. B. sozialpädagogischer oder medizinischer Art (BMAS 2011, S. 7, 9–11) angeboten. Auch dort kann eine Ausbildung in Kooperation mit Betrieben durchgeführt werden, die sogenannte ‚Verzahnte Ausbildung mit Berufsbildungswerken' (VAmB). Diese ist betriebsnäher und soll den Übergang nach Ende der Ausbildung erleichtern.

Eine weitere Maßnahmenform außerbetrieblicher Berufsausbildung gibt es für junge Menschen in einer Justizvollzuganstalt (JVA). Sie wird im geschlossenen Vollzug innerhalb einer JVA oder aus dem offenen Vollzug heraus in einer Bildungseinrichtung angeboten. Im Justizvollzug kommt der beruflichen (Re-)Integration nach der Haftentlassung eine große Bedeutung zu. Sie soll dem zentralen Vollzugsziel nach § 2 Strafvollzugsgesetz (StVollzG) dienen, dass Gefangene „künftig in sozialer Verantwortung ein Leben ohne Straftaten (…) führen". Einerseits soll eine Berufsausbildung einer möglichen Arbeits- und somit Perspektivlosigkeit nach der Entlassung entgegenwirken, andererseits soziale und personale Kompetenzen fördern.

## 1.4 Multiprofessionelle Arbeit

Auch für die Angebote außerbetrieblicher Berufsausbildung der Jugendberufshilfe ist multiprofessionelle Arbeit kennzeichnend (vgl. Kap. 3). Neben sozialpädagogischen Fachkräften arbeiten dort Lehrkräfte und in der integrativen Form auch Ausbilder*innen. Letztere müssen gemäß §§ 28 ff. BBiG bzw. §§ 22 ff. HwO ausbildungsberechtigt sein für den Beruf; sie sind vorrangig für die fachpraktische Unterweisung der Auszubildenden in den Lehrwerkstätten zuständig. Die Lehrkräfte müssen neben einem abgeschlossenen Studium pädagogische Erfahrung oder Qualifizierung vorweisen, um den Stütz- und Förderunterricht anzubieten. Sie vermitteln fachtheoretische, fachpraktische und allgemeinbildende Inhalte und unterstützen die Auszubildenden bei der Prüfungsvorbereitung (ebd., S. 39 f.).

Neben der internen multiprofessionellen Arbeit arbeitet das Team mit externen Stellen zusammen. Dazu zählen mindestens die Berufsberatung der Arbeitsagenturen, die Praktikums- bzw. Kooperationsbetriebe, die Berufsschulen und die zuständigen Kammern (z. B. Handwerks-, Ärzte- oder Industrie- und Handelskammer), ggf. auch Arbeitgeberverbände und Behörden. Es gibt für die sozialpädagogischen Fachkräfte also auch außerhalb der außerbetrieblichen Berufsausbildung zahlreiche Schnittstellen mit anderen Professionen und Institutionen.

## 2 Sozialpädagogische Arbeit

Soeben wurden die Aufgaben der Ausbilder*innen und Lehrkräfte umrissen. Während diese Berufsgruppen klar begrenzte Aufgaben wahrnehmen, kommt der sozialpädagogischen Arbeit eine Sonderrolle zu, da sie konzeptionell den integralen Bestandteil der sogenannten sozialpädagogisch orientierten Berufsausbildung darstellt und einen Großteil der Aufgaben übernimmt (BMBF 2005; Eckert/Heisler/Nitschke 2007; Enggruber 2003; Grimm/Vock 2007). In der Umsetzung der Maßnahmen lässt sich unterscheiden zwischen einem *additiven* Ansatz, bei dem sozialpädagogische Angebote zusätzlich zu und neben den anderen Ausbildungsbestandteilen stattfinden, und einem *integrativen* Ansatz, bei dem die sozialpädagogischen Fachkräfte stärker in alle Ausbildungsprozesse involviert sind und den sozialpädagogischen Grundgedanken der Subjekt- bzw. Lebensweltorientierung (Enggruber/Fehlau, 4. Kap.) in die gesamte Ausbildung einbringen.

### 2.1 Aufgaben und Ziel

Die zentrale Aufgabe der sozialpädagogischen Fachkräfte ist die **individuelle Unterstützung,** persönliche Betreuung und Beratung der Auszubildenden. Darunter fallen Krisenintervention, Konfliktbewältigung, Beratungsangebote und Verhaltenstrainings sowie Angebote zur Förderung eigenständigen Handelns, aber auch Alltagshilfen und Unterstützung bei der Beantragung von Sozialleistungen sowie Themen wie Suchtprävention und Prüfungsangst. Die sozialpädagogische Begleitung soll kontinuierlich und von den Fähigkeiten und Bedürfnissen der Auszubildenden ausgehend erfolgen.

Die kontinuierliche **individuelle Förderplanung** ist ein weiterer zentraler Bestandteil (Grimm/Vock 2007). Auch die **Vernetzung und Zusammenarbeit** mit den an der Ausbildung Beteiligten obliegt den sozialpädagogischen Fachkräften (ebd.). Sie beobachten, ob an den Lernorten Betrieb und Berufsschule die Ausbildung ordnungsgemäß verläuft und sollen so frühzeitig negative Entwicklungen erkennen und diesen entgegenwirken.

Die sozialpädagogischen Fachkräfte sind darüber hinaus für die **Kontrolle** und ggf. auch **Sanktionierung** der Auszubildenden zuständig, was die Anwesenheit und die Einhaltung von Maßnahmeregeln betrifft (ebd.). Die **Dokumentation** von Anwesenheits- bzw. Fehlzeiten, Absprachen und Entwicklungen und die **Übermittlung dieser Informationen an andere Stellen** fallen ebenfalls in ihren Zuständigkeitsbereich. Hervorzuheben ist hier die Kommunikation mit der zuständigen Arbeitsagentur über die elektronische Maßnahmeabwicklung (eM@w), vor allem die Übermittlung der sogenannten Leistungs- und Verhaltensbeurteilung (LuV) zu vorgegebenen Anlässen bzw. Zeitpunkten (vgl. Kap. 9).

Ebenso ist alles Aufgabe der sozialpädagogischen Fachkräfte, was mit dem **Übergang in eine betriebliche Ausbildung bzw. der Eingliederung in Beschäftigung** zu tun hat, z. B. Bewerbungstrainings, die Akquise von und Kontaktpflege zu Kooperations-/Praktikumsbetrieben sowie die Beobachtung des Ausbildungs- und Arbeitsmarktes vor Ort (ebd.).

Das seitens der Auftraggeber, also Arbeitsagentur, Jugendamt oder Jobcenter vorgegebene Ziel der sozialpädagogischen Arbeit ist die Stabilisierung der Auszubildenden, um deren dauerhafte Eingliederung zu erreichen. Sozialpädagogik wird hier Mittel zum Zweck:

*„Bei der (außerbetrieblichen Berufsausbildung, K. J.) handelt es sich in erster Linie um eine Ausbildung (…). Damit die berufliche Integration von Jugendlichen mit besonderem Förderbedarf gelingt, ist es jedoch unerlässlich, dass das berufliche Qualifizierungskonzept auch sozialpädagogische Elemente enthält." (BMBF 2005, S. 106; Grimm/Vock 2007)*

Letztendlich dient sie somit der Eingliederung in den Arbeitsmarkt und soll die jungen Menschen möglichst schon während der Ausbildung vermitteln, spätestens aber nach deren erfolgreichem Abschluss.

## 2.2 Herausforderungen, Grenzen und Widersprüche

Die Sozialpädagogik in der außerbetrieblichen Berufsausbildung ist also in gesellschaftliche und institutionelle Rahmenbedingungen eingelassen, die sie beeinflussen, ihr Grenzen setzen und Anforderungen an sie stellen. Katja Grimm und Rainer Vock (2007, S. 89–179) benennen die – häufig widersprüchlichen – Anforderungen ausführlich, die von außen, u. a. durch gesetzliche Bestimmungen, Arbeitsagenturen, Jobcenter oder Jugendämter sowie die Bildungseinrichtungen selbst oder die Betriebe an die Soziale Arbeit herangetragen werden.

Zudem gelten für die Soziale Arbeit eigene professionstheoretisch begründete Anforderungen. So ist ihr Auftrag nach Hans Thiersch (2002) zwar die Vermittlung zwischen den Anforderungen der Lebenswelt des Individuums und der Gesellschaft (vgl. Kap. 4). Jedoch versteht er diese Vermittlung stets als Handeln aus der Perspektive des Individuums, in „spezifischer Parteilichkeit für die Subjekte" (Thiersch 2002, S. 212). Demnach ist der Auftrag Sozialer Arbeit nicht vorrangig ein Befassen mit den von außen zugeschriebenen Problemen, die die Gesellschaft mit den Menschen hat, sondern mit den Schwierigkeiten, die sich die Menschen selbst zuschreiben und mit ihrem Leben haben (ebd.). Versteht man *Soziale Arbeit* so, so ergibt sich ein erster Konflikt aus der starken Inanspruchnahme der Sozialpädagogik in der außerbetrieblichen Berufsausbildung durch die zentralen Ziele, die Auszubildenden zum Abschluss zu bringen und schnell in Erwerbsarbeit zu vermitteln. Denn dies geschieht unabhängig von den Wünschen oder Problemdefinitionen der Auszubildenden und somit gerade nicht aus Perspektive des Individuums.

Unter den Bedingungen von Aktivierung und Ökonomisierung ergeben sich aus den externen und professionstheoretischen Anforderungen Spannungen und Grenzen für die Soziale Arbeit im Arbeitsfeld der Jugendberufshilfe (vgl. Kap. 7). Als Stichworte dazu seien die Ausschreibungspraxis und ein damit einhergehender Preiswettbewerb einschließlich zunehmender Beschäftigungsrisiken (Grimm/Vock 2007; Eckert/Heisler/Nitschke 2007) sowie Vermittlungsdruck genannt. Letztere bringen wiederum eine Verschärfung des Normalisierungsauftrages mit sich (Enggruber 2003) und führen bei der Zuweisung von Teilnehmer*innen zu einer Konzentration auf Populationen jenseits der eigentlichen Adressat*innengruppen – bei gleichzeitiger Zunahme der Problemdichte bei der originären Klientel (Enggruber 2007; Grimm/Vock 2007).

Manfred Eckert, Dietmar Heisler und Karen Nitschke (2007, S. 22) warnen in diesem Kontext vor einem Qualitätsverlust. Katja Grimm und Rainer Vock (2007) befürchten, dass die sozialpädagogische Arbeit aus dem Blick gerät, Michael Galuske (2005) und Ruth Enggruber (2010, S. 49) warnen vor einem Autonomieverlust und einer Deprofessionalisierung Sozialer Arbeit in diesem Arbeitsfeld.

Während diese Aussagen das gesamte Arbeitsfeld der Jugendberufshilfe betreffen, stellt sich speziell in der außerbetrieblichen Berufsausbildung die Problematik des Übergangs von der Ausbildung in Erwerbsarbeit. An dieser ‚zweiten Schwelle' haben Absolvent*innen einer außerbetrieblichen Berufsausbildung größere Schwierigkeiten als jene einer regulären Ausbildung (Grimm/Vock 2007, 49 f.). Dem soll seit einiger Zeit mit einer größeren Betriebsnähe durch eine Verlagerung hin zum Lernort Betrieb begegnet werden. Dies geschieht z. B., indem die sogenannte ‚Assistierte Ausbildung' (AsA) eingesetzt wird (vgl. Kap. 15), oder durch eine Verschiebung der Teilnehmer*innenplätze weg von integrativen hin zu kooperativen Angeboten, so dass es in den letzten Jahren seltener Maßnahmen gibt, „bei denen die Träger die ausbildenden ‚Stammbetriebe' und damit für die Organisation und den Großteil der Berufsausbildung zuständig sind" (Heisler 2011, S. 9). Diese Verlagerung führt zu einer veränderten Rolle der Bildungseinrichtungen und der dort tätigen Sozialpädagog*innen, die neue Herausforderungen birgt. Denn für sie bedeutet dies, dass es weniger Kontaktzeit und so geringere Möglichkeiten für Begegnung und Austausch mit den

Auszubildenden gibt. Die generelle Tendenz, dass sich aus ihrer Sicht die Beziehungsarbeit in den Maßnahmen ändert und es eine größere Distanz zu den Auszubildenden gibt (Eckert/Heisler/Nitschke 2007), dürfte sich hierdurch noch einmal verschärfen.

Zudem wird es durch die Verlagerung weg von den außerbetrieblichen Ausbildungsstätten hin zu Betrieben schwieriger, sozialpädagogische Perspektiven in allen Maßnahmeteilen zu integrieren. In diesem Fall ist demnach eher von einem *additiven* statt eines *integrativen* Ansatzes auszugehen. Schon vor fast 15 Jahren stellte Ruth Enggruber (2003, S. 238) infrage, ob dann überhaupt noch von „sozialpädagogisch orientierte(r) Berufsausbildung" (BMBW 1992) gesprochen werden kann. Auch wenn kritische Stimmen von Exklusion und Besonderung in den Maßnahmen im Übergang Schule-Beruf sprechen: Für die Auszubildenden bedeutet es, dass hier ein möglicher Schonraum für sie verloren geht, den außerbetriebliche Einrichtungen im besten Fall darstellen können. Es kann in Zweifel gezogen werden, ob die betriebsnahen Modelle für alle jungen Menschen geeignet sind, die an einer außerbetrieblichen Ausbildung teilnehmen sollen oder wollen.

In der Konsequenz kann die veränderte Rolle der Bildungseinrichtungen und der Sozialpädagog*innen zu einem Rückgang der Bedeutung und des Einflusses der sozialpädagogischen Begleitung führen. Für die sozialpädagogische Arbeit in der außerbetrieblichen Berufsausbildung lässt sich zusammenfassend festhalten: Die genannten Veränderungen führen zunehmend dazu, dass die Behauptung professioneller Standards sozialpädagogischen Handelns schwieriger und die Spielräume sozialpädagogischer Fachkräfte enger werden. Es lässt sich sagen, dass unter den genannten Bedingungen die Erfüllung des externen Auftrags (der Vermittlung in Arbeit) in den Vordergrund rückt, wohingegen die Erfüllung des eigenen Auftrags Sozialer Arbeit (Parteilichkeit, Lebensweltorientierung) erschwert ist.

### Literatur

BA – Bundesagentur für Arbeit (Hrsg.) (2013): Außerbetriebliche Berufsausbildung (BaE) nach den §§ 57, 59, 74 und 76 bis 80 SGB III. Geschäftsanweisungen (Stand: Mai 2013). Nürnberg. URL: https://www.arbeitsagentur.de/web/wcm/idc/groups/public/documents/webdatei/mdaw/mta1/ (Zugriff: 09.08.2016).
BMAS – Bundesministerium für Arbeit und Soziales (Hrsg.) (2011): Berufsbildungswerke. Einrichtungen zur beruflichen Rehabilitation junger Menschen. Bonn.
BMBF – Bundesministerium für Bildung und Forschung (Hrsg.) (2005): Berufliche Qualifizierung Jugendlicher mit besonderem Förderbedarf – Benachteiligtenförderung. Bonn/Berlin.
BMBW – Bundesministerium für Bildung und Wissenschaft (Hrsg.) (1992): Sozialpädagogisch orientierte Berufsausbildung. Bonn.
Eckert, Manfred/Heisler, Dietmar/Nitschke, Karen (2007): Sozialpädagogik in der beruflichen Integrationsförderung. Band 2: Handlungsansätze und aktuelle Entwicklungen. Münster.
Enggruber, Ruth (2003): Sozialpädagogik in der beruflichen Integrationsförderung. In: Bonifer-Dörr, Gerhard/Thiel, Jürgen (Hrsg.): Berufliche Integration junger Menschen mit besonderem Förderbedarf. Entwicklung – Stand – Perspektiven. Darmstadt, S. 227–245.

Enggruber, Ruth (2005): Zur Vielfalt benachteiligter junger Menschen – Ein Systematisierungsversuch. In: Berufsbildung, Zeitschrift für Praxis und Theorie in Beruf und Schule, 93, S. 35–37.

Enggruber, Ruth (2007): Rückschau auf das vergangene Jahrzehnt der Benachteiligtenförderung. In: Jugend Beruf Gesellschaft: Zeitschrift für Jugendsozialarbeit, 2, S. 94–105.

Enggruber, Ruth (2010): Professionelle Grundlagen Sozialer Arbeit für den Arbeitsmarkt. In: Burghardt, Heinz/Enggruber, Ruth (Hrsg.): Soziale Dienstleistungen am Arbeitsmarkt in professioneller Reflexion Sozialer Arbeit. Berlin, S. 13–59.

Galuske, Michael (2005): Hartz-Reformen, aktivierender Sozialstaat und die Folgen für die Soziale Arbeit – Anmerkungen zur Politik autoritärer Fürsorglichkeit. In: Burghardt, Heinz/Enggruber, Ruth (Hrsg.): Soziale Dienstleistungen am Arbeitsmarkt. Soziale Arbeit zwischen Arbeitsmarkt- und Sozialpolitik. Weinheim, S. 193–212.

Grimm, Katja/Vock, Rainer (2007): Sozialpädagogik in der beruflichen Integrationsförderung. Band 1: Anforderungen, Zielgruppenwahrnehmung, Rollendefinitionen. Münster.

Heisler, Dietmar (2011): Zukunftsmodelle in der Berufsbildung und deren Potenziale und Auswirkungen für die zukünftige Gestaltung von Maßnahmen der Jugendberufshilfe. Eine Expertise im Auftrag der BAG ÖRT. Berlin. URL: http://www.bagkjs.de/media/raw¬/Zukunftsmodelle_in_der_Berufsbildung_Studie_BAG_OeRT.pdf (Zugriff: 27.08.2016).

Thiersch, Hans (2002): Sozialpädagogik – Handeln in Widersprüchen? In: Otto, Hans-Uwe/Rauschenbach, Thomas/Vogel, Peter (Hrsg.): Erziehungswissenschaft: Professionalität und Kompetenz. Wiesbaden, S. 209–222.

# KAPITEL 15: AUSBILDUNGSBEGLEITENDE HILFEN UND ASSISTIERTE AUSBILDUNG – JUGENDBERUFSHILFE IN DER REGULÄREN BETRIEBLICHEN AUSBILDUNG

Birgit Beierling & Ralf Nuglisch

**Überblick**

In diesem Kapitel werden mit den Ausbildungsbegleitenden Hilfen (abH) und der Assistierten Ausbildung (AsA) die Angebotstypen der Jugendberufshilfe behandelt, die zur Begleitung betrieblicher Ausbildungsverhältnisse eingesetzt werden können. Der Beitrag erläutert die Entwicklung der beiden Instrumente und gibt jeweils einen Überblick zu deren Zielen und konzeptionellen Rahmenbedingungen. Neben einer Bewertung ihrer Zielsetzungen und des für sie bestehenden Umsetzungsrahmens im Hinblick auf eine lebensweltorientierte Ausgestaltung, werden auch Chancen und Möglichkeiten für die daraufhin orientierte Weiterentwicklung der beiden Maßnahmentypen formuliert.

## Einleitung

Über die ausbildungsbegleitenden Hilfen (abH) und die Assistierte Ausbildung (AsA) ist es möglich, junge Menschen mit Unterstützungsbedarf im Rahmen einer regulär absolvierten, betrieblichen Berufsausbildung durch die Jugendberufshilfe zu fördern. Die Rechte und Pflichten der Ausbildungspartner*innen werden durch die abH und AsA nicht berührt. Die Verantwortung für die Ausbildung bleibt bei den Betrieben und den jungen Menschen. Da die abH und AsA die reguläre Berufsausbildung in einem Betrieb unterstützen, muss ein Ausbildungsvertrag mit entsprechenden Vereinbarungen zu Inhalten, Ablauf, Ausbildungsvergütungen usw. vorliegen. Diese Einbettung in ein als ‚normal' geltendes, also reguläres Ausbildungsgeschehen birgt besondere Chancen für eine lebensweltorientierte Begleitung und ist – bei entsprechend festgestelltem Förderbedarf der jungen Menschen – gleichzeitig ein wesentlicher Erfolgsfaktor der Angebote. Sie stellt aber auch besondere Anforderungen an die beteiligten Fachkräfte und an die Gestaltung der Förderung. Und sie setzt Maßstäbe für die Weiterentwicklung der Rahmenbedingungen beider Instrumente.

# 1 Ausbildungsbegleitende Hilfen (abH)

## 1.1 Die Geschichte der ausbildungsbegleitenden Hilfen

Die abH stellen eines der älteren Unterstützungsangebote der Jugendberufshilfe dar: Ausgehend davon, dass alle jungen Menschen die Chance einer Berufsausbildung und damit auf gesellschaftliche Teilhabe haben sollten, wurden zu Beginn der 1980er Jahre sozialpädagogisch orientierte Förderangebote entwickelt. Diese sollten auch für diejenigen jungen Menschen im Übergang von der Schule in den Beruf, die in dem wettbewerblichen Markt um Ausbildungsstellen aufgrund ihrer Lebensgeschichte und ihrer Lebenssituation keinen Ausbildungsabschluss erreichen konnten, den Zugang zur und den Abschluss der Berufsausbildung ermöglichen. Dazu zählten auch die abH. Diese Unterstützungsangebote, bestehend aus sozialpädagogischer Begleitung und Förderunterricht zum Ausgleich allgemein- und berufsbildender Defizite, richteten sich an Jugendliche, die wegen ihrer schulischen Voraussetzungen, ihres Leistungsvermögens oder anderer Probleme Hilfen für das erfolgreiche Absolvieren einer Berufsausbildung benötigten. 1988 wurden auch die abH, so wie die anderen Angebote, die im Modellprogramm des Bundesministeriums für Bildung und Wissenschaft (BMBW 1992) erprobt worden waren, in das Arbeitsförderungsgesetz als Instrument der Ausbildungs- und Arbeitsmarktpolitik fest- und fortgeschrieben (vgl. Kap. 3). Träger dieser Maßnahmen, die ab diesem Zeitpunkt aus Versicherungsleistungen der Arbeitnehmer*innen und Arbeitgeber*innen, mithin von der Bundesagentur für Arbeit finanziert wurden, waren Träger der freien Jugendhilfe, Bildungseinrichtungen von Wirtschafts- und Arbeitnehmerorganisationen, Betriebe, Kommunen und sonstige Einrichtungen (Stiftungen, Vereine etc.) (Würfel 2001).

Die gesetzliche Grundlage der abH ist gegenwärtig § 75 SGB III. Seit 1. Mai 2015 gilt eine erweiterte Zielgruppenbeschreibung, die nun alle Jugendlichen mit Förderbedarf in betrieblichen Bildungsprozessen, also jene in einer betrieblichen Berufsausbildung oder nach erfolgreichem Abschluss ihrer betrieblichen Ausbildung im Übergang in eine anschließende Berufstätigkeit sowie Teilnehmer*innen einer berufsvorbereitenden Einstiegsqualifizierung (van Rießen, 12. Kap.) einschließt. Im Folgenden liegt jedoch der Fokus auf abH während einer betrieblichen Ausbildung.

## 1.2 Ausbildungsbegleitende Hilfen heute

Junge Menschen können während einer betrieblichen Ausbildung abH beantragen, wenn sie ohne diese Hilfe die Ausbildung nicht erfolgreich abschließen können. Das Angebot der abH bezieht sich ausschließlich auf eine duale Berufsausbildung unter den regulären ausbildungsrechtlichen Bedingungen in einem Betrieb. Vollzeitschulische Berufsausbildungen sind nicht förderfähig.

Laut aktueller Leistungsbeschreibung der Bundesagentur für Arbeit (BA 2016a) zu den abH (nach § 75 SGB III) sind deren Kernelemente der Stütz- und Förderunterricht zum Abbau von Sprach- und Bildungsdefiziten und zur Förderung fachtheoretischer Fertigkeiten, Kenntnisse und Fähigkeiten sowie eine sozialpädagogische Begleitung. Zusätzlich zur Ausbildung in Betrieb und Berufsschule wird den Jugendlichen also individueller ‚abH-Unterricht' ermöglicht, dieser kann auch in homogen nach Ausbildungsberufen zusammen gesetzten Kleingruppen von maximal acht Teilnehmenden angeboten werden. Die hier geleisteten Hilfen müssen über die Vermittlung von betriebs- und ausbildungsüblichen Inhalten in einer betrieblichen Berufsausbildung hinausgehen. Ein besonderer Schwerpunkt des Stütz- und Förderunterrichts soll auf der Stärkung von Deutsch- und Mathematikkenntnissen und auf der Vorbereitung von Prüfungen liegen. Auch sind im Rahmen des Förderunterrichts neue auf die einzelnen Teilnehmer*innen abgestimmte Lerntechniken zu eröffnen. Hierbei ist eine zielgruppengerechte Methodik und Didaktik zu berücksichtigen.

Des Weiteren sollen durch die sozialpädagogische Begleitung die beruflichen Handlungskompetenzen gestärkt und die Persönlichkeitsentwicklung der Teilnehmenden unterstützt werden. Ein Schwerpunkt der sozialpädagogischen Arbeit liegt in der Sicherstellung der kontinuierlichen Ausbildungsteilnahme und dem Vermeiden von Ausbildungsabbrüchen. Die Förderung von Schlüsselkompetenzen stellt eine Querschnittsaufgabe der sozialpädagogischen Begleitung dar, die individuelle Förderplanung dient der Steuerung und Absicherung des Maßnahmeerfolgs. Ferner soll sie – zumindest in ihrem Anspruch – eine Anlaufstelle für die Jugendlichen und jungen Erwachsenen sein, wo sie ihre lebensweltlichen Probleme besprechen und gemeinsam mit den Fachkräften nach Lösungen suchen können.

Die abH werden von Bildungseinrichtungen im Auftrag der Bundesagentur für Arbeit oder der Jobcenter als Träger der Grundsicherung für Arbeitsuchende (im Falle einer Förderung nach SGB II) angeboten. Seit dem 1. August 2009 können diese nach Abbruch einer betrieblichen Berufsausbildung bis zur Aufnahme einer weiteren betrieblichen bzw. einer außerbetrieblichen Berufsausbildung oder nach erfolgreicher Beendigung bis Begründung oder Festigung eines Arbeitsverhältnisses fortgeführt werden.

## 1.3 Bewertung des Instruments abH

Konzipiert, um leistungsschwächere Jugendliche durch schulische und sozialpädagogische Unterstützung erfolgreich zum Berufsabschluss zu bringen, hat sich das Instrument der abH im Laufe der Zeit zu einer eher berufsschulunterstützenden Maßnahme mit einigen sozialpädagogischen Elementen entwickelt. Dazu beigetragen haben auch die Konsequenzen aus der Vergabepraxis der Bundesagentur für Arbeit, Maßnahmen mittels öffentlicher Ausschreibung zu vergeben, so dass vor allem die Bildungsträger mit dem preiswertesten Angebot den Zuschlag erhalten (vgl. Kap. 7).

Dennoch ist der Umfang des Förderangebots der abH trotz sinkender Schulabgangszahlen und abnehmender Zahl an Ausbildungsverträgen in den letzten Jahren nahezu konstant geblieben. Im Jahr 2014 betrug der Bestand im Jahresdurchschnitt für abH 42.385 Teilnehmende. Junge Frauen sind in abH – wie bereits in den Jahren zuvor – unterrepräsentiert, sie stellten 2014 nur 30 Prozent der Teilnehmenden. Über die Hälfte der Teilnehmenden hatte einen Hauptschulabschluss (58 Prozent), knapp ein Drittel die Mittlere Reife (32 Prozent), und sieben Prozent verfügten über keinen Schulabschluss (BIBB 2016, S. 443).

Angesprochen sind heute vor allem Auszubildende, die im Wesentlichen ‚Nachhilfeunterricht' für die Berufsschule benötigen. Auszubildende ohne Schulabschluss nehmen die Unterstützungsleistung nur in verschwindend geringem Maße in Anspruch, auch weil ihnen der Zugang zu einer Berufsausbildung nur selten gelingt. Die Schwäche der sozialpädagogischen Unterstützung zeigt sich auch in der geringen Personalressource, für 36 Teilnehmende steht eine sozialpädagogische Fachkraft zur Verfügung. Dieser Personalschlüssel ist für eine intensive sozialpädagogische Unterstützung von benachteiligten Zielgruppen viel zu gering.

Mindestens seit 2015 stellen die abH eher ein Förderinstrument für leistungsstärkere Auszubildende dar. Denn seitdem besteht für jene mit einem größeren Unterstützungsbedarf die Möglichkeit zu einer Assistierten Ausbildung (AsA).

## 2 Assistierte Ausbildung (AsA)

### 2.1 Eckpunkte – Der gesetzliche und konzeptionelle Rahmen der Assistierten Ausbildung

Die AsA wurde 2015 als neues Instrument der Ausbildungsförderung unter dem § 130 ins SGB III aufgenommen. Sie wurde zur Erprobung (zunächst) für Ausbildungen befristet, die bis zum 30. September 2018 beginnen und kann auch für junge Menschen, die im SGB II betreut werden, genutzt werden.

Als Zielgruppe der AsA werden im Gesetz lernbeeinträchtigte und sozial benachteiligte junge Menschen bezeichnet, die wegen in ihrer Person liegender Gründe ohne die Förderung eine betriebliche Berufsausbildung nicht beginnen, fortsetzen oder erfolgreich beenden können. Damit ist die Zielgruppe im Unterschied zur abH wesentlich enger gefasst. Erst die Feststellung von Lernbeeinträchtigungen und sozialen Benachteiligungen begründen den Zugang zur Unterstützung. Junge Menschen mit Behinderungen zählen ebenfalls zur Zielgruppe.

Die AsA verfolgt das Ziel, dass die genannte Zielgruppe eine reguläre betriebliche Ausbildung beginnen und erfolgreich absolvieren kann. Daher kann sie von der Ausbildungssuche bis hin zum Abschluss der Ausbildung kontinuierlich eingesetzt werden.

Wie bei abH können mit der AsA ausschließlich betriebliche Ausbildungen sowie Altenpflegeausbildungen gefördert werden, die nach Bundesgesetzen geregelt sind. Rein schulische Abschnitte der ansonsten betrieblichen Ausbildung sind nicht förderfähig. Dies ist jedoch in unterschiedlichen Regionen Deutschlands in verschiedenen Ausbildungsberufen im ersten Ausbildungsjahr der Fall.

Die AsA wurde nach dem Konzept der Bundesagentur für Arbeit (BA 2015) in eine ausbildungsvorbereitende Phase I und eine ausbildungsbegleitende Phase II gegliedert. Es ist möglich, junge Menschen auch erst während der Berufsausbildung mit AsA zu unterstützen, wobei die Förderung dem Konzept nach zu jedem Zeitpunkt der Ausbildung einsetzen kann. Während der ausbildungsvorbereitenden Phase haben die geförderten jungen Menschen Anspruch auf Berufsausbildungsbeihilfe nach § 56 SGB III.

Die AsA wendet sich auch direkt an die (potentiellen) Ausbildungsbetriebe. Sie können Unterstützungen bei administrativen und organisatorischen Aufgaben während der Anbahnung und Durchführung der Ausbildung in Anspruch nehmen. Die Personalstruktur ähnelt der in den außerbetrieblich durchgeführten berufsvorbereitenden Bildungsmaßnahmen (vgl. Kap. 12). Das Konzept der Bundesagentur für Arbeit (ebd.) verlangt von einem Bildungsträger drei Akteur*innen zur Durchführung von AsA, im Einzelnen:

1. Die Ausbildungsbegleiter*in übernimmt die koordinierende Schlüsselrolle und ist die zentrale Ansprechperson für die Jugendlichen, Betriebe und Berufsschulen. Auch Sozialpädagog*innen können als Ausbildungsbegleiter*in tätig werden, sofern sie entsprechende Kenntnisse der jeweiligen regionalen Bildungslandschaft sowie des Ausbildungs- und Arbeitsmarktes nachweisen können.
2. Die Lehrkraft leistet Stütz- und Förderunterricht für alle Teilnehmer*innen der AsA.
3. Die Sozialpädagog*in soll mit den Teilnehmer*innen Hemmnisse beseitigen, die einer erfolgreichen Einmündung in und der Durchführung der Ausbildung entgegenstehen. Dazu soll sie ein positives Lern- und Arbeitsverhalten bei den Jugendlichen stärken und dafür sorgen, dass insbesondere zwischen Ausbildungsbegleiter*in, ihr selbst und den Teilnehmer*innen ein Vertrauensverhältnis aufgebaut wird. Zumindest bei kleineren Gruppen können die Ausbildungsbegleitung und sozialpädagogische Betreuung von einer Person in Personalunion wahrgenommen werden.

Die zeitlichen Vorgaben zur Teilnahme sind im Konzept der Bundesagentur für Arbeit fest vorgegeben, die Inhalte weitgehend definiert. Letztere sind aufgrund des umfassenden Auftrages der AsA breit gefächert und reichen von berufsorientierenden Angeboten über Kompetenzentwicklung bis hin zur Vorbereitung des Übergangs in eine Beschäftigung nach Abschluss der Ausbildung.

Die gesetzlich eröffnete Möglichkeit, spezifische Förderansätze zur Unterstützung besonderer Adressat*innengruppen unter einer Mitfinanzierung Dritter zu fördern (§ 130, Abs. 8 SGB III), wurde auf Länderebene, so zumindest nach Stand im Oktober 2016, bisher nur in Sachsen-Anhalt genutzt. Auch branchenspezifische Ansätze, wie z. B. mit der Bauwirtschaft in Bayern, sind bis dato eher die Ausnahme.

Da die AsA erst seit kurzem als Instrument der Jugendberufshilfe eingesetzt wird, liegen noch keine belastbaren Erfahrungen dazu vor, inwieweit sie ihre Ziele unter den jetzigen Rahmenbedingungen erreichen kann. Laut Statistik der Bundesagentur für Arbeit (BA 2016b) nahmen daran im September 2016 rund 6.200 junge Menschen und damit deutlich weniger als an abH (42.385, s. o.) teil.

## 2.2 Grundlegende Ideen zur Assistierten Ausbildung

Dem Grunde nach kann die AsA durchaus als bedeutender Schritt hin zu einem Paradigmenwechsel in der Ausbildungsförderung angesehen werden. Denn die Förderung im betrieblichen Regelsystem erfolgt nicht mehr nur partiell und ‚nebenher' wie bei den abH, sondern sie bezieht sich auf das Gesamtgeschehen der Anbahnung und des Verlaufs der betrieblichen Ausbildung, und sie kann alle Akteur*innen aktiv einbeziehen.

Darüber hinaus kann die AsA als Instrument gelten, das mit seinem umfassenden Handlungsansatz die Potenziale sowohl der jungen Menschen als auch der Betriebe zur Aufnahme einer Berufsausbildung im Regelsystem entwickeln und unterstützen kann. Statt zusätzlicher und damit kompensatorischer Maßnahmen für fehlende betriebliche Ausbildungsplätze wie eine außerbetriebliche Berufsausbildung (vgl. Kap. 14) kann die AsA als inklusiver Förderansatz verstanden werden, der mehr jungen Menschen als bisher einen Zugang zum Regelsystem der betrieblichen Ausbildung eröffnet (vgl. Kap. 17). Dieses inklusive Verständnis wurde in einem der wichtigsten Vorläuferprojekte zur AsA, dem Projekt „carpo – Assistierte Ausbildung in Baden-Württemberg", als „Normalitätsprinzip" bezeichnet (Nuglisch 2011, S. 242 ff.). Leitend war im Projekt carpo zudem das „Dienstleistungsprinzip" (ebd.). Dieses umschreibt das erforderliche Handlungsverständnis der Jugendberufshilfe als Dienstleister*in, wenn sie im Regelsystem sowohl für die jungen Menschen als auch für deren Ausbildungsbetriebe nützlich sein und erfolgreich agieren will. Im Sinne des diesem Lehrbuch zugrundeliegenden Professionsverständnisses Lebensweltorientierter Sozialer Arbeit betreffen das Normalitäts- und Dienstleistungsprinzip die Struktur- und Handlungsmaxime der *Integration* (vgl. Kap. 4). Sie zielt auf Unterstützung, die nicht in besonderen Maßnahmen, sondern innerhalb des Regelsystems, hier also in einer regulären betrieblichen Berufsausbildung stattfindet.

Nach den Erfahrungen aus dem Modellprojekt carpo (Der Paritätische Gesamtverband 2013) ist es wichtig, die AsA grundsätzlich als Moderation des Ausbildungsverhältnisses zu verstehen, die alle Akteur*innen und Umfeldbedingungen einbezieht. So kamen im Modellprojekt je nach individuellem Bedarf und jeweiligen Gegebenheiten auch Case-Management, Coaching, Unterricht und weitere Interventionen zum Einsatz. Auf diese Weise wurde der Aufbau einer sachorientierten Zusammenarbeit auf der Basis einer vertrauensvollen Beziehung zu einer Ausbildungsassistent*in möglich, die gleichermaßen flexible und verlässliche Angebote an junge Menschen und Betriebe sicherstellte. Weitere Fachkräfte kamen im Projekt carpo nach Bedarf zum Einsatz. Dieses hoch individualisierte Vorgehen im Rahmen eines flexiblen Handlungskonzepts wurde nicht zuletzt durch eine gemeinsame Finanzierung des Landes Baden-Württemberg, des Europäischen Sozialfonds sowie der BA und den Trägern der Grundsicherung ermöglicht.

## 3 (Entwicklungs-)Chancen der Förderung einer Berufsausbildung durch ausbildungsbegleitende Hilfen oder Assistierte Ausbildung

Die Zahl der Ausbildungsplatzsuchenden hat sich in den letzten Jahren der Zahl der offenen betrieblichen Ausbildungsstellen angenähert. Dennoch gibt es immer noch eine nicht unerheblich große Gruppe von Ausbildungsinteressierten, die trotzdem unversorgt geblieben ist, und eine nicht kleine Zahl von Ausbildungsstellen in Betrieben, die unbesetzt bleiben. Das scheint nicht nur ein sogenanntes ‚Matching-Problem' zu sein (vgl. Kap. 8), sondern auch eine Herausforderung zur Flexibilisierung von Förderangeboten der Jugendberufshilfe.

AbH müssen als Unterstützungsangebot bei einer regulären Ausbildung – genauso wie die AsA – für alle junge Menschen (ohne Zugangsbarrieren) zur Verfügung stehen, so dass auch jene mit schlechten Startchancen auf dem Weg in die Berufsausbildung und während der Berufsausbildung ausreichend individuell unterstützt werden können. Das Förderangebot sollte also zukünftig so gestaltet werden, dass es keine Zugangsbarrieren mehr gibt und zwar auch nicht für junge Menschen mit Behinderungen und junge Geflüchtete mit hohem Sprachförderbedarf (vgl. Kap. 17).

Eine Herausforderung besteht darin, die Förderung – trotz der Standardisierungsvorgaben der Bundesagentur für Arbeit im Rahmen ihrer Ausschreibungsverfahren bei der Maßnahmenvergabe (vgl. Kap. 9) – so individuell zu gestalten, dass die sozialpädagogische Begleitung, der Stütz- und Förderunterricht sowie die Unterstützung des betrieblichen Kontextes den individuellen Bedarfen der Jugendlichen bzw. jungen Erwachsenen und Betrieben zu entsprechen vermögen. Weiterhin sollte – auch unter den föderalistischen Strukturen mit 16 Bundesländern – zukünftig dafür gesorgt werden, dass ebenfalls vollzeitschulische Berufsausbildungen nach Landesrecht in die Förderung einbezogen werden können. Für die jungen Menschen macht es keinen Unterschied, in welcher Berufsausbildung ihr Unterstützungsbedarf entsteht. Insgesamt gilt es also, ein inklusives, für alle zugängliches Regelunterstützungsangebot zu unterbreiten, dessen Ausgestaltung individuell und flexibel der Lebenssituation der Jugendlichen und jungen Erwachsenen gerecht werden kann (vgl. Kap. 17). Deshalb sollte auch die Finanzierung und Gestaltung der Jugendberufshilfe im Rahmen der Sozialgesetzgebung stärker von den jungen Menschen und ihren Bedürfnissen sowie Lebenslagen ausgedacht und justiert werden. Damit ist die hier bereits von Peter Schruth (vgl. Kap. 6) problematisierte sozialrechtliche Verankerung der Maßnahmen im SGB II und III anstatt in der Jugendhilfe nach SGB VIII angesprochen. Allerdings können die jetzt schon bestehenden fachlichen Freiräume von abH und AsA genutzt werden, notwendig sind aber dennoch auch entsprechende konzeptionelle und gesetzliche Weiterentwicklungen.

Am meisten erfolgreich werden beide hier behandelten Angebotstypen dann sein können, wenn sie aus Sicht der Jugendlichen und jungen Erwachsenen tragfähige Berufsausbildungen fördern, die deren ‚eigensinnige', subjektiv sinnvolle Berufsvorstellungen in den Mittelpunkt stellen. Dazu müssen sie auf die Lebenslagen und Lebenswelten der jungen Menschen ebenso Bezug nehmen, wie auf deren Passung mit den Gegebenheiten auf dem Ausbildungsmarkt und in den Betrieben.

 Literatur

BA – Bundesagentur für Arbeit (Hrsg.) (2015): Konzept – Assistierte Ausbildung (AsA) nach § 130 SGB III (Stand April 2015). Nürnberg.
BA – Bundesagentur für Arbeit (Hrsg.) (2016a): Leistungsbeschreibung: Ausbildungsbegleitende Hilfen (§ 75 SGB III sowie § 16 Abs. 1 SGB II i. V. m. § 75 SGB III) – abH/2016 (Stand 19.01.2016). Nürnberg.
BA – Bundesagentur für Arbeit (Hrsg.) (2016b): Teilnehmer in ausgewählten arbeitsmarktpolitischen Instrumenten, September 2016. Nürnberg. URL: https://statistik.arbeitsagentur.de/nn_31934/SiteGlobals/Forms/Rubrikensuche/Rubrikensuche_Form.html?view=processForm&resourceId=210368&input_=&pageLocale=de&topicId=17450&year_month=aktuell&year_month.GROUP=1&search=Suchen (Zugriff: 07.10.2016).
BIBB – Bundesinstitut für Berufsbildung (Hrsg.) (2016): Datenreport zum Berufsbildungsbericht 2016. Informationen und Analysen zur Entwicklung der beruflichen Bildung. Bonn.
BMBW – Bundesministerium für Bildung und Wissenschaft (Hrsg.) (1992): Sozialpädagogisch orientierte Berufsausbildung. Bonn.
Der Paritätische Gesamtverband (Hrsg.) (2013): Assistierte Ausbildung – Ein erfolgreiches Praxismodell zur intensiven Ausbildungsvorbereitung und -begleitung. Berlin.
Nuglisch, Ralf (2011): Normalität statt Maßnahme – Assistierte Berufsausbildung für chancenarme junge Menschen. In: Henry-Huthmacher, Christine/Hoffmann, Elisabeth (Hrsg.): Aufstieg durch (Aus-)Bildung – Der schwierige Weg zum Azubi. St. Augustin/Berlin, S. 238–249.
Würfel, Walter (2001): Berufsausbildung benachteiligter Jugendlicher. In: Fülbier, Paul/Münchmeier, Richard (Hrsg.): Handbuch der Jugendsozialarbeit, Band 2. Münster, S. 923–945.

# AUSBLICKE

# KAPITEL 16: FREIRÄUME LEBENSWELT- ORIENTIERTER FACHLICHKEIT IN DER JUGENDBERUFSHILFE

*Michael Fehlau*

## Überblick

Das übergeordnete Ziel einer lebensweltorientierten Professionalität Sozialer Arbeit, Teilnehmer*innen an den Maßnahmen der Jugendberufshilfe zu einem ‚gelingenderen Alltag' zu verhelfen, erscheint herausfordernd. Denn dieser Fachlichkeit sind vor allem arbeitsmarktpolitisch enge institutionelle Grenzen gesetzt. Vor diesem Hintergrund geht der Beitrag mit Bezug auf die Struktur- und Handlungsmaxime Partizipation sowie anwaltschaftliche Einmischung auf Spurensuche nach möglichen Freiräumen, in denen Sozialpädagog*innen ohne Selbstüberforderung die jungen Menschen darin unterstützen können, sich als Subjekte ihrer alltäglichen Verhältnisse erfahren zu können.

## Einleitung

Grenzen sind der Fachlichkeit Sozialer Arbeit immer gesetzt. Peter Pantuček-Eisenbacher (2015, S. 30) weist darauf hin, dass eine sozialpädagogische Professionalität nicht autonom, sondern nur unter institutionellen „Regeln der Gesetze und sozialen Normen" sowie „Regeln der Organisation" agieren kann. Für die Jugendberufshilfe lassen sich z. B. gesetzgeberische Regeln im erwerbsarbeitszentrierten Integrationsauftrag der Sozialgesetzbücher (SGB) II und III (vgl. Kap. 6), soziale Normen in gesellschaftlich vermittelten Normalitätsmustern von Beruflichkeit sowie in selbstverantwortlichen Normalerwerbsbiografien verorten (vgl. Kap. 2). Die Regeln der Organisationen, also im Fall der Jugendberufshilfe deren freie Träger, pendeln – vereinfacht formuliert – zwischen ökonomischem Selbsterhalt und anwaltschaftlichem Selbstverständnis (vgl. Kap. 7). Der Integrationsauftrag an Jugendberufshilfe stößt weiterhin an die ‚harte' institutionelle Grenze des Ausbildungs- und Arbeitsmarktes, der vor allem durch Regeln ökonomischer Verwertbarkeit und selektiv wirkende Angebot-Nachfrage-Relationen strukturiert wird (vgl. Kap. 3).

Für Fachkräfte Sozialer Arbeit sind hingegen vorrangig die „Regeln des Faches" (Pantuček-Eisenbacher 2015, S. 30) relevant. Ihr professionelles Handeln orientiert sich – idealtypisch – an den oftmals quer zu den institutionellen Regelsystemen liegenden Eigensinnigkeiten der jungen Nutzer*innen und erfordert Räume für subjekt- und verständigungsorientiertes Handeln außerhalb eng verregelter Routinen und fremddefinierter Probleme (vgl. Kap. 4). Das Ausmaß so verstandener *fachlicher Freiräume* bleibt aber im Wesentlichen abhängig von zeitlichen, personellen und materiellen Ressourcen, die die Träger der Jugendberufshilfe den Fachkräften Sozialer Arbeit einräumen wollen und können. Zusätzlich erfahren Bildungseinrichtungen und die darin angestellten Fachkräfte strukturellen Druck von Seiten der öffentlichen Kostenträger, insbesondere denen der Arbeitsverwaltung, das Problem (drohender) Ausbildungs- und Erwerbslosigkeit vorrangig zu behandeln. Sowohl Kosten- als auch freien Trägern im Tätigkeitsfeld stehen vertraglich geregelte Disziplinarmittel zur Durchsetzung ihrer Handlungsaufträge zur Verfügung, den Fachkräften Sozialer Arbeit hingegen nicht (ebd.).

Angesichts dieses von ökonomischen Abhängigkeitsverhältnissen geprägten und damit asymmetrischen Beziehungsgefüges erscheint aus Sicht sozialpädagogischer Fachkräfte das emanzipatorische Selbstverständnis einer lebensweltorientierten Professionalität als sehr ambitioniert bis überfordernd. Immerhin ist auch Soziale Arbeit Erwerbsarbeit und damit zum Teil fremdbestimmt (Krafeld 2015, S. 17). Es ist daher nachvollziehbar, wenn lohnabhängige und oftmals nur befristet angestellte Sozialpädagog*innen in ‚vorauseilendem Gehorsam' und ‚Trägerloyalität' fachlich durchaus mögliche Standards unterschreiten aus Sorge, ihren Arbeitsplatz zu gefährden (Pantuček-Eisenbacher 2015, S. 33). Gleichwohl bleibt das übergeordnete Ziel des ‚gelingenderen Alltags' die Messlatte lebensweltorientierter Professionalität in der Jugendberufshilfe, wie sie von Ruth Enggruber und Michael Fehlau hier im vierten Kapitel dargestellt wurde. Somit stellt sich die Frage, ob und inwiefern fachliche Freiräume innerhalb der institutionell eng gezogenen Grenzen ohne Überforderung von den Sozialpädagog*innen lebensweltorientiert gefüllt oder sogar ausgeweitet werden können.

Um die einführend skizzierten institutionellen Grenzziehungen näher zu bestimmen, werden (1) zunächst mögliche Freiräume der Fachlichkeit reflexiv erschlossen. Anschließend werden (2) Anregungen für ein lebensweltorientiertes Handeln in den Maximen Partizipation und (3) anwaltschaftliche Einmischung (Thiersch 2014, S. 30 ff.; vgl. Kap. 4) gegeben. Diese werden jedoch nicht als verbindliche Empfehlungen, sondern lediglich als Handlungsvorschläge verstanden, die innerhalb der institutionellen Grenzen der konkreten Maßnahmen mit den beteiligten Akteur*innen behutsam ausbalanciert werden müssen.

## 1 Räume lebensweltorientierter Fachlichkeit und institutionelle Grenzen

Der Handlungsauftrag Sozialer Arbeit in der Jugendberufshilfe kann mit Hans Thiersch (2014) als Unterstützung junger Menschen, sich als selbstbestimmte(re) Subjekte ihrer alltäglichen Verhältnisse erfahren zu können, professionstheoretisch begründet werden. *Alltägliche Verhältnisse* verweisen auf das wechselseitige Verhältnis von Subjekt und gesellschaftlichen Strukturen und damit auf die institutionalisierten „Regeln der Gesetze und sozialen Normen" (Pantuček-Eisenbacher 2015, S. 30) sowie die ‚Spielregeln' der Ausbildungs- und Arbeitsmärkte. Diese zeitigen diejenigen sozialen Probleme, die in der Jugendberufshilfe sozialpädagogisch am Individuum bearbeitet werden sollen. Die eigentlich entscheidende ‚Stellschraube' zur Erhöhung sozialer Teilhabe auch am Arbeitsleben ist jedoch strukturell verortet. Vor allem die Gesetzgebung sowie der Ausbildungs- und Arbeitsmarkt liegen jedoch weit außerhalb der Reichweite des Einflusses einzelner sozialpädagogischer Fachkräfte.

Zugängliche Räume für ein fachliches Handeln öffnen sich auf der Ebene der Maßnahmen. Mit Hans Thiersch (2014, vgl. auch Kap. 4) kann nicht nur der pseudokonkrete Alltag der Nutzer*innen mit ihnen gemeinsam reflektiert werden. Auch die sozialpädagogische Praxis in der Jugendberufshilfe kann in ihren eingrenzenden Abhängigkeitsverhältnissen und Widersprüchen als doppelbödiger Berufsalltag verstanden und in ihren verfestigten, unhinterfragten Routinen infrage gestellt werden.

- Damit lokalisiert sich Fachlichkeit als ein *Reflexionsraum* zuallererst ‚im Kopf' sozialpädagogischer Fachkräfte, also in einem gefestigten professionellen Selbstverständnis und Deutungswissen. Die in diesem Lehrbuch immer wieder problematisierten Cooling-Out-Prozesse sowie individualisierenden Reproduktionen sozialer Regeln von Selbstverantwortlichkeit und Eigenschuld, Zuschreibungen mangelnder Ausbildungsreife oder Maßregelungen ‚störender' Nutzer*innen zur Aufrechterhaltung trägerinterner Ordnungsregeln lassen sich auf diesem Fundament als Übersetzungen institutioneller Regeln in bevormundende Handlungsroutinen aufdecken.
- Weiterhin kann mit den jungen Menschen gemeinsam ein *Verständigungsraum* geschaffen werden, in dem die oben skizzierten Regelsysteme z. B. des Ausbildungsmarktes oder der Gesetze der Arbeitsförderung in ihrem Verhältnis zu einem gemeinsam erfahrenen Maßnahmenalltag dialogisch rekonstruiert, d. h. transparent und bewusst gemacht werden.
- Ein derartiger Verständigungsraum wird gleichzeitig zum *Aushandlungsraum*, wenn den Jugendlichen und jungen Erwachsenen die institutionell gesetzten Grenzen des fachlichen Handelns offengelegt werden. Auch eine lebensweltorientierte Professionalität unter den gegebenen Verhältnissen zaubert keine Wunschausbildungsstellen herbei oder kann nicht die Sanktionsregeln des SGB II außer Kraft setzen. Sie ermöglicht aber innerhalb der Maßnahmen Verhältnisse, in denen sich die jungen Menschen nicht fortgesetzt als Versager*innen erfahren (müssen).

Nach dieser grundlegenden und damit noch eher abstrakt bleibenden Suche nach möglichen Freiräumen für Fachlichkeit werde ich im Folgenden *Räume* skizzieren, in denen sich die jungen Nutzer*innen selbstbestimmt(er) als Subjekte ihrer Verhältnisse erfahren können. Die damit verbundene Subjektorientierung konkretisiert sich im Konzept Lebensweltorientierter Sozialer Arbeit nach Hans Thiersch (2014) in der Handlungs- und Strukturmaxime Partizipation (vgl. Kap. 4).

## 2 Räume der Partizipation

*Partizipation* verweist auf die sozialethische und demokratische Dimension lebensweltorientierten Handelns und bemisst sich an der Gewährleistung von Antrags-, Einspruchs- und Verweigerungsrechten der Teilnehmer*innen in der Jugendberufshilfe sowie an deren Mitbestimmung bei Planung, Gestaltung und Durchführung der Angebote (Thiersch 2014, S. 31). Dies bedeutet, den jungen Menschen Entscheidungsrechte zuzuerkennen und damit Macht, aber auch Verantwortung mit ihnen zu teilen und an sie abzugeben (Stange 2013, S. 9). Auf selbstbestimmte Beteiligung ausgerichtete partizipative Strukturen stören jedoch eingefahrene Routinen, stellen Selbstsichten sozialpädagogischer Fachkräfte in Frage und erfordern unvorhergesehene Korrekturen in den eingespielten Abläufen der Maßnahmen. Ein oft sperrig und widerspenstig erscheinendes Kritik-, Beschwerde- oder Verweigerungsverhalten der Nutzer*innen ist aber in subjektorientierter Perspektive nicht als Störung oder sogar „Bedrohung" (Graßhoff/Paul/Yeshurun 2015) zu sehen, sondern als eigensinniger Ausdruck von Selbstbestimmung im Vertreten eigener Interessen respektvoll anzuerkennen, zuzulassen und ggf. auch auszuhalten. *Aushalten* meint in diesem Zusammenhang ebenfalls die irritierende, paradox anmutende Situation, wenn sich Teilnehmer*innen selbstbestimmt Partizipation verweigern, denn diese hat stets nur einen Angebots-, aber niemals einen Pflichtcharakter.

Nach Waldemar Stange (2013, S. 47) lassen sich „kleine Formen" von Partizipation im Alltag der Maßnahmen ohne größeren Aufwand verwirklichen. Mit einer an *dialogischer Aushandlung* orientierten Grundhaltung wird Selbstbestimmung über Beteiligung und Mitbestimmung in den unspektakulären, täglichen Begegnungsanlässen zwischen Nutzer*innen, Sozialpädagog*innen und anderen Akteur*innen erfahrbar. In diesen können die vielfältigen Themen des Alltags, Konflikte und Absprachen mit dem nötigen Takt ausgehandelt werden. Für das tägliche Miteinander könnten die Sozialpädagog*innen gemeinsam mit den jungen Menschen ein für alle verbindliches Regelwerk zum Umgang miteinander entwickeln.

In Fällen von tiefgreifenderen Beschwerdeanlässen wären die Nutzer*innen grundsätzlich an das Personal in den Maßnahmen oder ihre Berufsberater*innen bzw. Fallmanager*innen verwiesen, die jedoch das Kriterium der Unabhängigkeit nicht erfüllen und darüber hinaus Gegenstand der Beschwerde sein können. Peter Schruth hat im sechsten Kapitel bereits auf die fehlende Institutionalisierung unabhängiger Beschwerdestellen, sogenannter „Ombudsstellen", hingewiesen. Die jungen Teilnehmer*innen werden auch nicht durch die Betriebs- oder Personalräte der Bildungsträger – sofern überhaupt vorhanden – vertreten. Einspruchs- und Beschwerderechte, mit denen Nutzer*innen selbstbestimmt auf ein Missverhältnis zwischen eigenen Interessen und Angebot aufmerksam machen und um Abhilfe bitten können, bilden jedoch einen Prüfstein *echter Partizipation*. Dazu sind folgende Anregungen denkbar:

- Mit dem Argument pädagogischer Qualitätssicherung können Sozialpädagog*-innen mit den zuständigen Berufsberater*innen oder Fallmanager*innen kon-

struktive Formen des Umgangs mit Beschwerdeanliegen ohne Nachteil für die vorsprechenden jungen Menschen aushandeln und festlegen. Ein derartiges Beschwerdemanagement kann ebenfalls als verbindlicher Bestandteil der pädagogischen Konzepte, die den Maßnahmen zugrunde liegen, eingebracht werden.
- Weiterhin können innerhalb der Trägerstrukturen „zumindest weiche Stellvertretende Formen" (Stange 2013, S. 46) wie die geheime Wahl einer erwachsenen Interessenvertreter*in, die das Vertrauen der jungen Menschen besitzt, ausgelotet und implementiert werden. Den jungen Menschen kann auch ermöglicht werden, aus ihren eigenen Reihen eine Sprecher*in zu wählen, die in dieser Rolle dann aber anerkannt werden muss.
- Diejenigen, die in integrativen oder kooperativen Modellen außerbetrieblich ausgebildet werden (vgl. Kap. 14), ausbildungsbegleitende Hilfen erhalten oder an einer Assistierten Ausbildung teilnehmen (vgl. Kap. 15) können sich in Konfliktfällen an die ausbildungsüberwachenden Kammern (z. B. Industrie- und Handelskammer, Handwerks- oder Ärztekammer) wenden, die Möglichkeiten eines Schlichtungsverfahrens anbieten.
- Auch ohne ‚offizielle' Vertretung durch Betriebs- oder Personalräte kann mit diesen über Möglichkeiten einer eigenen Sprechstunde und trägerinterner Mediationsverfahren verhandelt werden. Jugend- und Auszubildendenvertreter*innen können unter Umständen ebenfalls als Ansprechpartner*innen gewonnen werden.

Die Nutzer*innen sind in diesen Fällen über ihr Beschwerderecht und Zugänge zu den entsprechenden Stellen zu informieren – und entsprechend sozialpädagogisch zu unterstützen. Echte *Partizipation* ist jedoch nur dann gegeben, wenn diese Optionen zur Beschwerde und Selbstvertretung verlässlich aufrechterhalten werden und erfahrbare Veränderungen im Sinne der jungen Menschen auslösen. Dies gilt auch, wenn ‚Meckerbriefkästen' und ‚Feedbackrunden' eingerichtet oder die obligatorischen Zufriedenheitsbefragungen durchgeführt werden. Ansonsten verbleiben diese Strukturen in der Sphäre von „Schein-Partizipation" (Stange 2013, S. 8, Fn. 1).

Es ist zu berücksichtigen, dass die Nutzer*innen in den Rechtskreisen SGB II und III, nach denen die meisten der Angebote der Jugendberufshilfe finanziert werden, den Maßnahmen durch Berufsberater*innen in den Agenturen für Arbeit oder Fallmanager*innen in den Jobcentern zugewiesen werden. Vor allem Verweigerungsrechte werden durch die Sanktionsregeln des SGB II für die davon betroffenen jungen Menschen deutlich eingeschränkt. Damit bleiben Erfahrungen selbstbestimmten Handelns weitgehend auf die Mitbestimmung bei der Gestaltung und Durchführung der Maßnahmen und in seltenen Fällen auch auf deren Planung begrenzt. Diese können als gering gelten, weil die Ausschreibungsmodalitäten der Arbeitsverwaltung verlangen, eine entlang eines geforderten Leistungskatalogs ausgearbeitete und bei Zuschlag verbindlich durchzuführende Konzeption bereits vor Beginn der Maßnahme einzureichen. Trotz dieser Vorgaben ist es dennoch möglich, die dort geforderten Inhalte konzeptionell um Freiräume zu ergänzen, in denen mit den jungen Menschen gemeinsam alternative Ansätze geplant, gestaltet und umgesetzt werden können.

- Bei Projektansätzen in vorgegebenen Berufsfeldern: Wenn z. B. für das Berufsfeld Metall konzeptionell als Projekt beschrieben wäre, ein motorisiertes Go-Kart zu bauen, die Teilnehmer*innen aber eine Reparatur ihrer Mofas und Fahrräder sinnhafter fänden, könnte das Projekt entsprechend modifiziert werden.
- Bei erlebnispädagogischen Einheiten, wie sie z. b. in Berufsausbildungen in außerbetrieblichen Einrichtungen (vgl. Kap. 14) vorgesehen sind: Hier wird etwa verlangt, ein mehrtägiges Freizeitangebot mit Übernachtungen im Voraus zu planen, in dem die Teilnehmer*innen in ihren Sozialkompetenzen und ihrer Teilnahmemotivation gefördert werden sollen. Vor allem mit Verweis auf diese Ziele kann ein Konzept um den Zusatz ergänzt werden, dass die Planungen durch Einbeziehung der jungen Menschen modifiziert werden können. Dies könnte letztendlich auch bedeuten, vollständig von dem ursprünglich vorgesehenen Angebot abzuweichen.
- Zum Teil wird eine Beschreibung der räumlichen Ausstattung gefordert. Auch hier könnte konzeptionell ergänzt werden, dass die Nutzer*innen an der Gestaltung der Räume grundlegend beteiligt werden.
- Konzepte zur Berufsorientierung (vgl. Kap. 10) könnten derart erweitert werden, dass die Angebote zur beruflichen Erprobung mit den Jugendlichen im Vorfeld abgestimmt werden, um deren Wünschen und Interessen gerechter werden zu können. Dies bedeutet zwar einen organisatorischen Mehraufwand, kann aber das Angebotsspektrum um ansonsten eventuell unberücksichtigt bleibende berufliche Ideen bereichern. Verringert wird damit auch eine Praxis, die z. B. Förder- oder Hauptschüler*innen lediglich Angebote macht, die ihren eingeschränkten Berufswahlchancen vermeintlich zu entsprechen scheinen.
- Wenn sogenannte Kompetenzbilanzierungen oder Eignungsfeststellungen Bestandteil der Maßnahmen sind, wird in der Regel nicht vorgegeben, wie dies erfolgen soll. In diesen Fällen besteht die Chance für den Einsatz biografischer, stärken- oder ressourcenorientierter formativer Verfahren (vgl. Kap. 8).
- Auch in sogenannten Potenzialanalysen für Schüler*innen (vgl. Kap. 10) bestehen Möglichkeiten, die Jugendlichen zumindest in die Auswertung einzubeziehen und diese gemeinsam mit ihnen vorzunehmen.
- Teilnehmer*innen in der Jugendberufshilfe können zwar nicht direkt an den Konzepten ihrer Maßnahme mitarbeiten. Sie können aber an der Planung zukünftiger Angebote beteiligt werden. Angedachte Ideen können vorgestellt und kritisch diskutiert werden. Eingebrachte Vorschläge müssen dann von den Sozialpädagog*innen in die Sprache des Konzepts übersetzt werden. Gleichzeitig ermöglicht dieses Vorgehen eine gemeinsame kritische Auseinandersetzung mit der jeweils aktuellen Maßnahmekonzeption.

*Partizipation* schließt weiterhin Selbstbestimmung über Problemdefinitionen und -lösungen in dialogischen Aushandlungsprozessen ein (vgl. Kap. 2). Für die einzelnen Teilnehmer*innen werden Probleme und Lösungen u. a. in Förderplänen und Leistungs- und Verhaltensbeurteilungen (LuV) verschriftlicht, die die Arbeitsverwaltung vorgibt. Dies geschieht inzwischen fast durchgehend mit Verwaltungs- und Dokumentationsprogramme, die Förderkategorien und programmatische Ziele beinhalten (vgl. Kap. 9). Außerdem stellen die LuVs eine Entscheidungsgrundlage für weitere Förderangebote der Arbeitsverwaltung dar. Von den sozialpädagogischen Fachkräften werden die Dokumentationspflichten in der Jugendberufshilfe in ihrem zeitlichen Aufwand als belastend bewertet. Zudem ist davon auszugehen, dass sie diese Arbeiten vielfach nicht gemeinsam mit den jungen Menschen, also dialogisch, erledigen (Ley 2010, S. 225). Ich möchte daher anregen, die Dokumentation nicht als lästige Verwaltungspflicht, sondern als eigenständigen, sozialpädagogischen Verständigungs- und Aushandlungsraum zu begreifen. So könnten die Funktion, Begriffe und Routinen (z. B. Zielvereinbarungen) der EDV-Programme zusammen kritisch-spielerisch entdeckt, entschlüsselt und in eine Sprache des jugendlichen Alltags übersetzt werden. Die Eingabefelder der Programme könnten mit gemeinschaftlich erarbeiteten Inhalten gefüllt werden. Zielvereinbarungen würden dann nur vorläufig geschlossen und blieben jederzeit korrigierbar. Die jungen Menschen erhielten Zugang und Einfluss auf den Prozess der schriftlichen Förderplanung, könnten Einspruch gegen defizitäre Beschreibungen und Bewertungen erheben und über ihre Ziele und Lösungswege eher bestimmen.

Auch Fälle, in denen Jugendliche vorzeitig aus der Maßnahme aussteigen, können aus diesem Blickwinkel gesehen werden. Wenn die Gründe für den Abbruch dem zuständigen Kostenträger elektronisch oder postalisch gemeldet werden müssen, sind Formulierungen wie ‚motivationsbedingter Abbruch' oder ‚vertragswidriges Verhalten' zu hinterfragen. Diese folgen einer institutionellen Regel, den jungen Menschen einseitig die Schuld zuzuschreiben. Stattdessen könnten Formulierungen gewählt werden, die auf Wechselwirkungen von Angebot und individuellen Interessen abstellen. Auf diese Weise lassen sich unter Umständen Sanktionsfolgen oder Verweigerungen weiterer Förderangebote durch die Arbeitsverwaltung abmildern. Im günstigsten Fall dokumentieren die Sozialpädagog*innen gemeinsam mit den jeweiligen jungen Menschen, wie es zu dem Abbruch kommen konnte. Vielfach ergibt sich diese Chance jedoch nicht, weil die Jugendlichen nicht mehr erreichbar sind. In diesen Situationen tritt stattdessen das stellvertretende bzw. anwaltschaftliche Handeln der sozialpädagogischen Fachkräfte in den Vordergrund.

## 3 Räume anwaltschaftlicher Einmischung

Der Alltag von Nutzer*innen der Jugendberufshilfe ist häufig geprägt durch Erfahrungen von Stigmatisierungen, Identitätsverletzungen und Ausgrenzungen, die sie in Situationen in der Schule, bei der Arbeitsverwaltung, im Betrieb, bei der Polizei, in ihrer Familie u. a. erleben. Gefühle von Hilf- und Machtlosigkeit haben dort ihren Ort. Wenn Soziale Arbeit ihre Nutzer*innen unterstützen will, sich selbstbestimmt(er) in diesen Verhältnissen erfahren zu können, muss sie auch dort handeln, oder pointierter formuliert sich anwaltschaftlich einmischen. *Einmischung* markiert nach Hans Thiersch (2014) die sozialpolitische und organisationelle Dimension einer lebensweltorientierten Fachlichkeit. Dies mag aus der Perspektive sozialpädagogischer Praktiker*innen zu anspruchsvoll sein. *Sozialpolitik* im weiten Sinne verstanden vollzieht sich jedoch auch auf der regionalen Ebene und repräsentiert sich in den konkreten Akteur*innen vor Ort, die diese institutionell umsetzen.

Wie in diesem Lehrbuch mehrfach herausgestellt wird, sind die meisten Angebote der Jugendberufshilfe zum einen durch vielfältige Schnittstellen zu anderen Institutionen bzw. Organisationen gekennzeichnet (z. B. Kap. 3). Zum anderen werden die jungen Menschen nicht nur von sozialpädagogischen Fachkräften unterstützt, sondern auch durch Ausbilder*innen und Lehrer*innen in schul- oder einrichtungseigenen Werkstätten und Unterrichtseinheiten qualifiziert. Sozialpädagog*innen sind daher gefordert, die institutionellen Grenzen ihrer eigenen Fachlichkeit mit Blick auf die beruflichen Selbstverständnisse anderer Akteur*innen zu überschreiten, um für die Belange ihrer Nutzer*innen anwaltschaftlich einzutreten.

Vernetzung und Kooperation sowie das Zusammenwirken des Personals sind in den Leistungsbeschreibungen der Arbeitsverwaltung für Maßnahmen nach SGB II und III ausdrücklich vorgesehen. In Angeboten nach § 13 SGB VIII gilt der jugendpolitische Auftrag, „dazu bei(zu)tragen, positive Lebensbedingungen für junge Menschen (…) zu schaffen" (§ 1, Abs. 3 SGB VIII). So verstanden sind sozialpädagogische Fachkräfte dazu legitimiert, Verständigungs- und Aushandlungsräume in einrichtungsinterne und regionale Zusammenhänge auszuweiten und den Teilnehmer*innen im schulischen Alltag, in betrieblichen Praktika und Ausbildungen, in der Werkstattarbeit und auch bei Terminen mit ihren fallführenden Berufsberater*innen alltagsnah zur Seite zu stehen. Dies setzt ein fachliches Selbstverständnis voraus, Soziale Arbeit in der Jugendberufshilfe nicht additiv, sondern alltagsintegriert in taktvoller Begleitung, respektvoller Anteilnahme und gewünschter Unterstützung in allen für die jungen Menschen relevanten Zusammenhängen zu praktizieren. In diesen Optionen verbergen sich vielfältige *Begegnungsräume* mit regionalen Akteur*innen, die für die Teilnehmer*innen Bedeutung haben oder erlangen können.

Aus einer lebensweltorientierten Fachlichkeit heraus können Sozialpädagog*innen auch Lehrer*innen, Ausbilder*innen, Betriebsverantwortliche oder Berufsberater*innen in ihrer eigensinnigen Subjektivität verstehen und anerkennen und mit ihnen zusammen verständigungs- und nicht konfliktorientiert Schnittmengen gemeinsamer Interessen im Sinne der jungen Menschen („anwaltschaftlich') aushandeln. Gleichzeitig kann so offensiv für deren Belange sensibilisiert und geworben werden.

Soziale Arbeit in der Jugendberufshilfe überschreitet damit ihre eigenen institutionellen Grenzen und agiert auf unsicherem Terrain. Mit einer für dieses Handeln unter Bedingungen der Ungewissheit notwendigen „Gelassenheit und Souveränität" (Thiersch 2014, S. 34) lassen sich aber regionale Arbeitsbündnisse schmieden, um den jungen Menschen verständnisvollere Begegnungen und lebensweltlich bedeutsame Ressourcen zu eröffnen.

Eine Art ‚Mikroarena' sozialpolitischer Einmischung kann in kommunalen Arbeitskreisen oder Gremien betreten werden, in denen sich Vernetzung vollzieht. Dort gestaltet sich ein Begegnungsraum mit Vertreter*innen relevanter Institutionen, in dem auch Sozialpädagog*innen kritisch, aber konstruktiv an der Umsetzung struktureller Vorgaben auf der regionalen Ebene mitwirken können. Ein weiteres Sprachrohr steht mit Mitteln der Öffentlichkeitsarbeit zur Verfügung. Vertreter*innen lokaler Zeitungen können eingeladen werden, um mit den jungen Menschen Artikel in ihrem Sinn zu formulieren. Auch über einen Besuch bei einem regionalen Radiosender kann nachgedacht werden. So kann in der Öffentlichkeit auf die Belange der jungen Menschen aufmerksam gemacht werden.

Zu einem Begegnungsraum kann vor allem die jeweilige Bildungseinrichtung werden, wenn diese für Besucher*innen geöffnet wird. Berufsberater*innen, mögliche Arbeitgeber*innen und viele andere werden so in Kontakt mit den Teilnehmer*innen im Maßnahmenalltag gebracht. Im sinnlich-konkreten Erfahren des Umgangs mit der Individualität, den Stärken und Nöten der jungen Menschen lassen sich so eher Perspektivwechsel anstoßen.

## 4 Fazit

Die Frage nach möglichen Freiräumen für sozialpädagogische Professionalität in der Jugendberufshilfe kann unter den gegenwärtigen Bedingungen unter Vorbehalt bejaht werden. Es wird die grundlegende Notwendigkeit erkennbar, sich fortgesetzt einer lebensweltorientierten Fachlichkeit gegenüber den dominierenden institutionellen Grenzziehungen selbstbewusst und selbstkritisch versichern zu können. Ohne entsprechende Ressourcen der arbeitgebenden Trägerorganisation ‚im Rücken', ohne aufgeschlossene Vorgesetzte und stützende Teams, die regelmäßig Methoden zur Professionalisierung wie Kollegiale Beratung (z. B. Adler 2014) einsetzen, erscheint dies allerdings als ein schnell überforderndes Unterfangen (Krafeld 2015, S. 19). Mit diesem Beitrag soll dafür aber ausdrücklich sensibilisiert werden, um nicht angesichts der in diesem Lehrbuch vielfach thematisierten Einschränkungen und Widersprüche zu resignieren, sondern mögliche fachliche Freiräume aufzuspüren und kreativ umzusetzen. Es soll weiterhin dazu ermuntert werden, mehr Mut zur Abgabe von Entscheidungsmacht an die jungen Menschen und zur anwaltschaftlichen Einmischung aufzubringen. Dieses Plädoyer bezieht sich zwar auf die Jugendberufshilfe unter den gegebenen institutionellen Bedingungen, würde jedoch auch im Rahmen einer inklusiv gestalteten Berufsausbildung gelten. Im folgenden, dieses Lehrbuch abschließenden Beitrag skizziert Ruth Enggruber Eckpunkte einer Vision inklusiv gestalteter Berufsausbildung, womit auch eine grundlegende Neuorganisation der Jugendberufshilfe verbunden wäre.

### Literatur

Adler, Simone (2014): Professionalisierung in der Berufseinstiegsbegleitung. Eine neue Herausforderung. In: Wirtschaft & Beruf. Zeitschrift für berufliche Bildung, 1, S. 40–45.
Krafeld, Franz Josef (2015): Überleben in der Sozialen Arbeit. In: TOA-Magazin. Fachzeitschrift zum Täter-Opfer-Ausgleich, 1, S. 17–19.

Graßhoff, Gunther/Paul, Laura/Yeshurun, Stéphanie-Aline (2015): Adressat/-innen und Nutzer/-innen als Bedrohung der sozialpädagogischen Profession. In: Becker-Lenz, Roland/Busse, Stefan/Ehlert, Gudrun/Müller-Hermann, Silke (Hrsg.): Bedrohte Professionalität. Einschränkungen und aktuelle Herausforderungen für die Soziale Arbeit. Wiesbaden, S. 303–316.

Ley, Thomas (2010): „Unser Schreibzeug arbeitet mit an unseren Gedanken." Oder: Zur Konstruktion des sozialpädagogischen Falles in computerisierten Arbeitsumgebungen. In: Cleppien, Georg/Lerche, Ulrike (Hrsg.): Soziale Arbeit und Medien. Wiesbaden, S. 219–233.

Pantuček-Eisenbacher, Peter (2015): Bedrohte Professionalität? Welche Professionalität? Über Gegenstand und Missverständnisse. In: Becker-Lenz, Roland/Busse, Stefan/Ehlert, Gudrun/Müller-Hermann, Silke (Hrsg.): Bedrohte Professionalität. Einschränkungen und aktuelle Herausforderungen für die Soziale Arbeit. Wiesbaden, S. 29–42.

Stange, Waldemar (2013). Partizipation von Jugendlichen – Eine Herausforderung für die Angebote der Jugendsozialarbeit/Jugendberufshilfe – eine Expertise. Berlin.

Thiersch, Hans (2014): Lebensweltorientierte Soziale Arbeit. Aufgaben der Praxis im sozialen Wandel. 9. Aufl. Weinheim.

# KAPITEL 17: JUGENDBERUFSHILFE IM RAHMEN EINER INKLUSIV GESTALTETEN BERUFSAUSBILDUNG

*Ruth Enggruber*

## Überblick

Nicht nur wegen der Aktualität von Inklusion, sondern auch aufgrund der grundlegenden Weiterentwicklungen, die mit einer inklusiven Gestaltung der Berufsausbildung für die Jugendberufshilfe verbunden wären, schließt das Lehrbuch mit einer Gegenüberstellung der beiden Inklusionsbegriffe der UN-Behindertenrechtskonvention und der UNESCO. Basierend auf dem weiten Inklusionsverständnis der UNESCO werden dann Reformvorschläge für eine ‚inklusive Berufsausbildung' skizziert, mit denen auch eine Neuorganisation der Jugendberufshilfe verbunden wäre. In einer Befragung von Berufsbildungsexpert*innen werden diese Reformideen jedoch als kaum umsetzbar erachtet. Trotzdem schließt der Beitrag mit einem Plädoyer für eine mit Unterstützung der Jugendberufshilfe inklusiv gestaltete Berufsausbildung.

## Einleitung

2009 hat Deutschland die UN-Konvention über die „Rechte von Menschen mit Behinderungen" (UN-BRK) unterzeichnet. Seitdem sind vor allem in Debatten zu Reformen des allgemeinbildenden Schulwesens das Verständnis und die Umsetzung von *Inklusion* strittig. Im Mittelpunkt stehen Fragen zur Beschulung von Schüler*innen mit Behinderungen in Regelschulen. Inzwischen haben die Diskussionen auch die duale Berufsausbildung erreicht (z. B. Bylinski/Vollmer 2015). Dort finden sich besonders zu den beiden folgenden Fragen kontroverse Positionen:

1. Strittig ist, ob sich *Inklusion* im Sinne der UN-BRK nur auf junge Menschen mit Behinderungen bezieht oder im weiten Sinne der bildungspolitischen Leitlinien der UNESCO (Deutsche UNESCO-Kommission 2014) generell auf alle Ausbildungsinteressierten abzielt, die aufgrund des marktgesteuerten Zugangs zur dualen Berufsausbildung darin behindert werden, die von ihnen gewünschte Ausbildung zu absolvieren (vgl. Kap. 3).
2. Vertreter*innen wie Michael Winkler (2014, S. 27) stellen infrage, inwieweit die separierte Beschulung bzw. Förderung von besonderen Adressat*innengruppen noch zulässig oder sogar im Sinne von Artikel 5, Absatz der UN-BRK ausdrücklich vorgesehen ist: „Besondere Maßnahmen, die zur Beschleunigung oder Herbeiführung der tatsächlichen Gleichberechtigung von Men-

schen mit Behinderungen erforderlich sind, gelten nicht als Diskriminierung". In der Berufsausbildung gerieten damit nicht nur Sonderberufsschulen und Berufsbildungswerke (BBW) für junge Menschen mit Behinderungen sowie die Berufsausbildung in den sogenannten „Behindertenberufen" nach § 66 BBiG (Berufsbildungsgesetz) in den Fokus, sondern auch die berufsvorbereitenden Angebote der Jugendberufshilfe (vgl. Kap. 12–14). Denn dort werden Jugendliche, nachdem ihnen bestimmte Defizite wie fehlende ‚Ausbildungsreife' (vgl. Kap. 5), eine Behinderung oder andere Benachteiligungen attestiert worden sind, nur auf eine Berufsausbildung vorbereitet, aber nicht regulär ausgebildet. Der unmittelbare Beginn der von ihnen gewünschten Berufsausbildung im Anschluss an ihren allgemeinbildenden Schulbesuch wird ihnen damit verwehrt. Somit wäre eine inklusive Gestaltung der dualen Berufsausbildung je nach Inklusionsbegriff auch mit bedeutsamen Konsequenzen für die institutionelle Ordnung der Jugendberufshilfe verbunden.

Im Folgenden werde ich zunächst begründen, warum ich mich für das weite Inklusionsverständnis der UNESCO (Deutsche UNESCO-Kommission 2014) entschieden habe. Darauf aufbauend werde ich erläutern, wie die Jugendberufshilfe im Rahmen einer so verstandenen, inklusiv gestalteten Berufsausbildung weiterzuentwickeln wäre. Um kritisch zu hinterfragen, inwieweit diese weitreichenden Reformvorschläge auch realisierbar wären, wurden rund 300 Berufsbildungsexpert*innen befragt (Enggruber u.a. 2014). Das im Ergebnis kritisch stimmende Resümee werde ich abschließend zwar kurz vorstellen, aber dennoch nochmals die Chancen herausstellen, die mit einer inklusiv gestalteten Berufsausbildung für junge Menschen verbunden wären.

# 1 Entscheidung für eine inklusive Gestaltung der Berufsausbildung im weiten Sinne der UNESCO

In den Fachdebatten besteht Einigkeit darüber, dass sich mit *Inklusion* der Fokus auf die institutionellen bzw. strukturellen Bedingungen bzw. Ausgrenzungsmechanismen im Bildungssystem richtet. Diese sind im weiten Inklusionsverständnis der UNESCO (Deutsche UNESCO-Kommission 2014) so zu verändern, dass alle Menschen – unabhängig von ihren individuellen Fähigkeiten, ihrem Geschlecht, ihrer sozialen und ethnischen Herkunft, einer Behinderung oder anderen persönlichen Merkmalen (wie ihre religiöse oder sexuelle Orientierung) – Zugang zu allen Angeboten des Bildungssystems haben und bei Bedarf individualisiert unterstützt und gefördert werden. Diese Entscheidung für das weite Verständnis der UNESCO beruht zum einen auf der grundlegenden Skepsis gegenüber der präzisen Diagnostizierbarkeit von Lern- und seelischen, teilweise auch geistigen Behinderungen, zum anderen auf den marktwirtschaftlich und damit institutionell bedingten Zugangshürden zu einer dualen Berufsausbildung, die nicht nur Jugendliche mit, sondern auch viele ohne eine attestierte Behinderung betreffen.

Sowohl in der UN-BRK als auch von Seiten der UNESCO wird *Behinderung* als relationale Kategorie gefasst, mittels derer das Wechselverhältnis zwischen den individuellen Dispositionen der Menschen und deren Lebensverhältnissen im jeweiligen historisch-gesellschaftlichen Kontext bezeichnet wird. Im Weiteren gehen jedoch die beiden Verständnisse auseinander. Denn die UN-BRK basiert auf der grundsätzlichen Annahme, dass Menschen in jene mit und ohne *Behinderungen* kategorisiert werden können. So heißt es in Artikel 1:

> *„Zu den Menschen mit Behinderungen zählen Menschen, die langfristige körperliche, seelische, geistige oder Sinnesbeeinträchtigungen haben, welche sie in Wechselwirkung mit verschiedenen Barrieren an der vollen, wirksamen und gleichberechtigten Teilhabe an der Gesellschaft hindern können."*

Im Gegensatz dazu wird von der UNESCO grundsätzlich hinterfragt, inwieweit Menschen präzise binären Kategorien wie ‚behindert – nicht behindert', ‚benachteiligt – nicht benachteiligt' usw. zugeordnet werden können. Dieser *De-Kategorisierungsthese* schließe ich mich an. Während körperliche und Sinnesbeeinträchtigungen medizinisch eindeutiger zu diagnostizieren sind, ist dies bei seelischen und Lernbehinderungen, auch in Abgrenzung zu geistigen Behinderungen, schwieriger und eröffnet Definitionsspielräume. Deshalb gilt *Behinderung* auch als soziales Konstrukt, mit dessen Zuschreibung erhebliche Stigmatisierungs- und Diskriminierungsrisiken sowie Identitätszumutungen für die damit etikettierten Menschen verbunden sein können. Dies ist auch einer der Gründe dafür, dass die UNESCO von der *De-Separierungsthese* ausgeht, nach der, wie schon oben erwähnt, auf eine separierte Förderung in Sonderschulen oder anderen Sondermaßnahmen verzichtet werden soll.

Schon im dritten Kapitel habe ich ausgeführt, dass für die duale Berufsausbildung – im Gegensatz zu allen anderen Bildungsgängen im deutschen Bildungssystem – grundsätzlich keine formalen Zugangsvoraussetzungen, z. B. ein bestimmter Schulabschluss, gelten. So sollen auch junge Menschen mit Behinderungen gemäß §§ 64 f. BBiG in einem anerkannten Ausbildungsberuf ausgebildet werden. Die Sonderregelungen nach § 66 BBiG gelten nur bei einer besonderen Art und Schwere der Behinderung. So gesehen kann auch davon gesprochen werden, dass die duale Berufsausbildung programmatisch von dem bildungspolitischen Leitsatz ‚Ausbildung für alle' geprägt ist.

Trotzdem gelingt es gegenwärtig jährlich rund 100.000 Jugendlichen mit und ohne eine diagnostizierte Behinderung aufgrund des marktwirtschaftlich geregelten Zugangs zur dualen Berufsausbildung nicht, im Anschluss an ihren Schulbesuch eine Berufsausbildung zu beginnen. Stattdessen werden sie in eine berufsvorbereitende Maßnahme der Jugendberufshilfe verwiesen, die für viele von ihnen eine Warteschleife bedeutet und meistens mit Nachteilen für den weiteren Berufsweg verbunden ist (Enggruber/Ulrich 2014). Bei einem engen Inklusionsverständnis würden nach Schätzungen von Dieter Euler und Eckart Severing (2014, S. 119) von einer inklusiven Gestaltung der Berufsausbildung nur rund 50.000 Jugendliche mit einer diagnostizierten Behinderung profitieren, während die anderen ca. 50.000 Unversorgten pro Jahr vernachlässigt würden. Auch aus diesem Grund habe ich mich – neben den grundsätzlichen Bedenken zur Diagnostizierbarkeit insbesondere von seelischen und Lernbehinderungen und den damit verbundenen Stigmatisierungsrisiken für die jungen Menschen (De-Kategorisierungsthese) – für das weite Inklusionsverständnis der UNESCO entschieden. Eine schrittweise Einführung inklusiver Berufsausbildung könnte zu mehr Bildungsgerechtigkeit in der dualen Berufsausbildung beitragen.

## 2 Jugendberufshilfe im Rahmen einer inklusiv gestalteten Berufsausbildung

Es würde hier zu weit führen, alle institutionellen Reformen vorzustellen, die für eine inklusive Gestaltung der Berufsausbildung im Sinne der UNESCO notwendig wären (Enggruber/Ulrich 2016). Bezogen auf die berufsvorbereitenden Maßnahmen der Jugendberufshilfe ist interessant, dass alle ausbildungsinteressierten Jugendlichen, unabhängig von ihren individuellen Voraussetzungen und damit auch einer Behinderung oder Benachteiligung, unmittelbar nach Verlassen der allgemeinbildenden Schule eine Berufsausbildung in ihrem Wunschberuf beginnen könnten. Eine solche Ausbildungsgarantie würde nur für eine anerkannte Ausbildung nach § 4 BBiG gelten, d. h., sogenannte Behindertenberufe nach § 66 BBiG würden entfallen. Zudem könnte der De-Kategorisierungsthese der UNESCO folgend darauf verzichtet werden, die Jugendlichen nach ihrer ‚Ausbildungsreife' oder einer sonstigen Benachteiligung oder Behinderung zu kategorisieren und danach in Sondermaßnahmen wie berufsvorbereitende Angebote, Sonderberufsschulen oder BBW zu vermitteln.

Die Auszubildenden würden an den beteiligten Lernorten, d. h. Betrieb, berufsbildende Schule oder Bildungseinrichtung, ihren individuellen Bedürfnissen entsprechend von multiprofessionellen Teams aus der Jugendberufshilfe berufs-, sonder- und sozialpädagogisch so unterstützt, dass möglichst viele von ihnen ihre Berufsausbildung erfolgreich abschließen könnten. Nicht nur zur Gestaltung solcher individualisierten Ausbildungsarrangements z. B. durch Assistierte Berufsausbildung (vgl. Kap. 15), sondern auch zu flexibilisierten Ansätzen wie Teilzeitberufsausbildung, Verlängerung der Ausbildungszeit bis zu fünf Jahren und Modularisierung der Berufsausbildung liegen umfangreiche Erfahrungen und erfolgreich erprobte Konzepte vor, auf die in einer ‚inklusiven Berufsausbildung' zurückgegriffen werden könnte.

Wie schon erwähnt würden mit einer Ausbildungsgarantie alle berufsvorbereitenden Angebote der Jugendberufshilfe überflüssig. Der De-Separierungsthese folgend wären diese Sondermaßnahmen ebenso wie Sonderberufsschulen und BBW in reguläre Ausbildungsstätten umzuwandeln. Eine Ausbildungsgarantie wäre jedoch nur realisierbar, wenn der gegenwärtig dominierende Marktzugang zu einer Berufsausbildung zugunsten eines Regelzugangs aufgegeben würde und es zu einer „gleichberechtigten Pluralisierung der Lernorte" (Solga 2009) käme. Neben Betrieben würden dann ebenfalls berufliche Schulen und Bildungseinrichtungen, so auch ‚ehemalige' BBW und Sonderberufsschulen, als gleichberechtigte, teilweise auch kooperierende Anbieter von regulären Ausbildungsplätzen treten, zwischen denen sich die Jugendlichen entscheiden könnten. An diesen Lernorten wäre die Jugendberufshilfe mit ihren integriert sozial-, berufs- und sonderpädagogischen Angeboten flexibel tätig, um bedarfsgerecht und individuell die Auszubildenden im Sinne Lebensweltorientierter Sozialer Arbeit zu unterstützen.

Der De-Kategorisierungsthese entsprechend würde die sozialrechtlich verankerte Einzelfallprüfung und -förderung aufgegeben, so dass die Jugendlichen nicht mehr nach Behinderungen oder Benachteiligungen kategorisiert und nach entsprechenden Gesetzen gefördert würden (vgl. Kap. 3 und Kap. 6). Stattdessen wäre die Jugendberufshilfe rechtskreisübergreifend zu finanzieren und in flexibel an den beteiligten Lernorten einsetzbaren, ggf. sozialräumlich verorteten Teams zu organisieren (Oehme 2010).

Schließlich wären die Auszubildenden auf allen institutionellen Ebenen der dualen Berufsausbildung in den für sie relevanten Planungs- und Entscheidungsprozessen aktiv zu beteiligen, so dass sie ihre Expertise in eigener Sache einbringen könnten. Mithin wären institutionelle Strukturen und eine pädagogische Praxis zu schaffen, die die Partizipation der jungen Menschen im Sinne Lebensweltorientierter Sozialer Arbeit (vgl. Kap. 16) gewährleisteten.

## 3   Kritisch stimmendes Resümee

Um es nicht nur bei Reformvorschlägen zu einer inklusiven Gestaltung der dualen Berufsausbildung zu belassen, sondern auch ihre Realisierbarkeit kritisch zu überprüfen, wurden rund 300 Berufsbildungsfachleute befragt (Enggruber u.a. 2014). Angesichts der grundlegenden institutionellen Änderungen, die mit einer inklusiven Gestaltung der Berufsausbildung verbunden wären, sind die Befragungsergebnisse nicht überraschend ausgefallen: Obwohl die meisten Reformideen überwiegend auf Zustimmung stießen, überwog vor allem aufgrund der gegenwärtigen politischen Mehrheitsverhältnisse und des machtvollen Einflusses der Arbeitgeber- und Wirtschaftsverbände die Skepsis, dass sie umgesetzt werden könnten.

Trotz dieser pessimistischen Einschätzungen der befragten Bildungsexpert*innen plädiere ich abschließend zu meinem Beitrag und dem gesamten Lehrbuch für eine schrittweise Einführung inklusiv gestalteter Berufsausbildung im Interesse der jungen Menschen und zur Förderung von mehr Bildungsgerechtigkeit. Die meisten derjenigen, die bei ihrer Ausbildungsplatzsuche erfolglos bleiben, sind von Problemen am Ausbildungsmarkt sowie merklichen Ungleichheiten aufgrund ihrer ethnischen und sozialen Herkunft oder einer Behinderung betroffen (vgl. Kap. 1). Angesichts dieser ungleichen Zugangschancen ist die soziale Integrationsfähigkeit der dualen Berufsausbildung nach Schätzungen von Dieter Euler und Eckart Severing (2014, S. 119) grundsätzlich in Frage zu stellen, wenn es zukünftig nicht gelingen wird, sie mit Unterstützung der Jugendberufshilfe inklusiv zu gestalten.

## 📖 Literatur

Bylinski, Ursula/Vollmer, Kirsten (Hrsg.) (2015): Wege zur Inklusion in der beruflichen Bildung. In: Bundesinstitut für Berufsbildung (Hrsg.): Wissenschaftliche Diskussionspapiere, Heft 162. Bonn.

Deutsche UNESCO-Kommission (2014): Inklusion: Leitlinien für die Bildungspolitik. 3. erw. Aufl. Bonn.

Enggruber, Ruth/Gei, Julia/Lippegaus-Grünau, Petra/Ulrich, Joachim Gerd (2014): Inklusive Berufsausbildung. Ergebnisse aus dem BIBB-Expertenmonitor 2013. Bonn. URL: https://www.bibb.de/dokumente/pdf/bericht_expertenmonitor_2013.pdf (Zugriff: 20.01.2017).

Enggruber, Ruth/Ulrich, Joachim Gerd (2014): Schwacher Schulabschluss – und dennoch rascher Übergang in Berufsausbildung. Einflussfaktoren auf die Übergangsprozesse von Hauptschulabsolventen/-absolventinnen mit Konsequenzen für deren weitere Bildungswege. In: Bundesinstitut für Berufsbildung (Hrsg.): Wissenschaftliche Diskussionspapiere, Heft 154. Bonn.

Enggruber, Ruth/Ulrich, Joachim Gerd (2016): Was bedeutet „inklusive Berufsausbildung"? Ergebnisse einer Befragung von Berufsbildungsfachleuten. In: Zoyke, Andrea/Vollmer, Kirsten (Hrsg.): Inklusion in der Berufsbildung: Befunde – Konzepte – Diskussionen. Bielefeld, S. 59–76.

Euler, Dieter/Severing, Eckhard (2014): Inklusion in der Berufsbildung. In: Zeitschrift für Berufs- und Wirtschaftspädagogik, 1, S. 114–132.

Oehme, Andreas (2010): Inklusion als neues Paradigma. Hauptreferat auf der Fachtagung „Pädagogik der Inklusion. Annäherung an eine Pädagogik der Inklusion aus Perspektive der Jugendsozialarbeit" der Bundesarbeitsgemeinschaft Katholische Jugendsozialarbeit am 13.12.2010. URL: http://www.bagkjs.de/2756 (Zugriff: 09.08.2016).

Solga, Heike (2009): Wissensgesellschaft. Paradigmenwechsel in der beruflichen Bildung. In: Heidemann, Winfried/Kuhnhenne, Michaela (Hrsg.): Zukunft der Berufsausbildung. Düsseldorf, S. 21–37.

Winkler, Michael (2014): Kritik der Inklusion – oder: Über die Unvermeidbarkeit von Dialektik in der Pädagogik. Ein Essay. In: Widersprüche, 133, S. 25–39.

# Register

## A

Abbruchquote 129, 146
Abhängigkeit 25, 27, 82, 125, 190
Ablehnungsbescheid 84
Ablehnungspraxis 84
Abwertungs- und Stigmatisierungsprozesse 63
adaptierte Präferenz 62
additiver Ansatz 174, 177
Adressat*innen 17, 19, 24 f., 39–42, 47–49, 54, 57–66, 78, 91, 99, 102, 106 f., 123, 126, 129, 132, 134 f., 137, 145, 150 f., 157, 176, 183, 199
Adressat*innenforschung 24 f.
Akademisierung 56 f.
Akteur*innen 17, 20, 23 f., 39, 52, 96, 101, 127, 131, 146, 156, 162, 170, 183 f., 190, 192, 196
aktivierende Sozialstaatlichkeit 33
Aktivierung 16, 47, 55, 87 f., 115 f., 149, 176
Aktivierungshilfe 158
Aktivierungsprogrammatik 16, 55
allgemeinbildende Schule 15, 41, 44, 70, 73, 76, 113, 152, 165 f.
Allgemeinbildung 166
Alltag 21, 57, 59 f., 63 f., 67, 105, 126, 146, 191 f., 195 f.
Alltagsbewältigung 23, 25, 50, 128, 154
Alltagsnähe 65 f.
Alltagsverständnis 60
Altersgrenze 46
Analyse 56, 115, 151
Anforderungsprofil 111 f.
Angebot-Nachfrage-Relationen 189
Antrags-, Einspruchs- und Verweigerungsrechte 192
anwaltschaftliche Einmischung 21, 146, 189 f., 195–197
Arbeitgeber- und Wirtschaftsverbände 51, 98, 174, 203
Arbeitgeber*innen 31 f., 161, 180, 197
Arbeits- und Sozialverhalten 73 f., 136
Arbeitsalltag 34, 106, 153
Arbeitsbedingungen 18, 96, 120
Arbeitsbereich 120, 171
Arbeitsfähigkeit 162
Arbeitsfeld 7, 15, 18, 57, 78, 92, 96, 176

Arbeitsförderung 45 f., 84, 89, 191
Arbeitsförderungsgesetz (AFG) 44 f., 71 f., 180
Arbeitskräftebedarf 71
Arbeitsleben 87 f., 191
Arbeitslosengeld II 16, 61, 91
Arbeitslosigkeit 33, 42, 45, 54 f., 58, 65, 70 f., 75, 81, 173
Arbeitsmarkt 7, 13, 15, 33, 40, 42, 44, 47, 50–52, 54, 58, 70, 72, 75 f., 78, 85–88, 120, 124, 135, 137, 144, 170, 175, 189, 191
Arbeitsmarktfixierung 45
Arbeitsmarktorientierung 17, 39, 44, 47, 49 f., 52, 61, 99
Arbeitsmarktpolitik 16, 19, 40, 45, 54, 57, 70, 96, 103, 111, 123 f., 130, 141 f., 145, 156, 180, 189
arbeitsmarktpolitische Zielsetzung 103, 123
Arbeitsplatz 13 f., 40, 44, 48 f., 51, 55, 61, 71, 75, 103, 137, 162, 169, 190
Arbeitsplatzsicherheit 49
Arbeitstätigkeit 120
Arbeitsverdichtung 65
Arbeitsverwaltung 15, 19, 27, 49, 61, 65, 71, 82, 102, 123 f., 126–129, 131, 135, 137, 157, 170, 172, 190, 193–196
Arbeitswelt 54, 80, 83, 106, 111 f., 129 f., 135 f., 141–143, 148
Armut 16, 58, 60, 62, 94
Assistierte Ausbildung (AsA) 20, 41, 88, 176, 179, 182–185, 193, 202
Asylbewerberleistungsgesetz 79
aufsuchende Schulsozialarbeit 169
Ausbilder*innen 15, 17, 33, 39 f., 47–50, 144 f., 150, 168 f., 174, 196
Ausbildung 14, 19, 23, 25 f., 28, 31–34, 41–43, 55, 57, 66, 69–72, 75, 80–84, 86 f., 91, 97, 111, 113, 128–130, 134, 142, 145 f., 148, 151–154, 156–163, 172–176, 179–185, 196, 199, 201 f.
Ausbildung für alle 42, 44, 201
Ausbildungs- und Berufsmöglichkeiten 61, 142
Ausbildungs- und Beschäftigungsmaßnahmen 80, 83–85
Ausbildungs- und Erwerbsarbeitsmarktorientierung 55

Ausbildungsabbrecher*innen 82, 90
Ausbildungsabbruch 142, 195
Ausbildungsabschluss 70, 171 f., 175, 180
Ausbildungsangebot 142
ausbildungsbegleitende Hilfen (abH) 20, 41, 72, 145, 179–185, 193
Ausbildungsbegleiter*in 183
Ausbildungsberuf 30, 42, 112, 142, 172, 201
Ausbildungsbetrieb 32, 51, 159, 169, 183
Ausbildungsförderung 98, 103, 182, 184
Ausbildungsgarantie 21, 65, 202
Ausbildungshemmnis 159
Ausbildungsinteressent*innen 15, 21, 42 f., 70, 75, 142, 171, 185, 199
Ausbildungsjahr 71, 166 f., 173, 182
Ausbildungslosigkeit 16, 33, 44, 62, 65, 75 f., 157, 190
Ausbildungsmarkt 14, 17, 21, 27, 30, 39 f., 50–52, 54, 58, 62, 75 f., 87, 124, 129, 142, 144 f., 148, 154, 159, 175, 186, 189, 191, 203
Ausbildungspartner*innen 179
Ausbildungsplatzangebot 163
Ausbildungsplatzbewerber*innen 75, 159
Ausbildungsplatzsuche 144 f., 203
Ausbildungsplatzsuchende 75 f., 159, 185
Ausbildungsquote 75
Ausbildungsreife 43 f., 72–76, 111, 123, 129, 157, 159 f., 191, 200, 202
Ausbildungsstelle 34, 48, 51, 75 f., 142, 162 f., 166, 169, 185
Ausbildungsvergütung 172, 179
Ausbildungsverhältnis 33, 145
Ausbildungsvertrag 29, 172, 179, 181
Ausbildungsvertragsauflösung 142
Ausgleichsabgabe 43 f.
Ausgrenzung 33, 60, 62, 66, 81, 129, 153, 195, 200
Aushandlungsraum 191, 195
Ausländerrecht 79
Ausschreibung 102 f., 123, 127 f., 181
Ausschreibungspraxis 176
Ausschreibungsverfahren 19, 51, 107, 123, 128, 130, 185
außerbetriebliche Berufsausbildung 20, 41, 72, 80, 171–177, 181, 184
außerbetriebliche Bildungseinrichtungen 48 f., 72, 171, 173, 177, 194
außerschulische Maßnahme 20, 156, 166

B

bedarfsgerechte Hilfe 80, 89
Beeinträchtigung 71, 81, 128, 201
Begegnungsräume 130, 196 f.
Behindertenberufe 200, 202
Behinderung 41–43, 66, 82 f., 88, 128, 172 f., 200–203
Benachteiligtenförderung 15, 44–46
Benachteiligtenprogramm 72
Benachteiligung 45, 80–82, 99, 128, 161, 202 f.
Beratung 27, 48, 74 f., 83, 87, 92, 94, 111, 117, 119 f., 135, 143, 169, 174
Beratungs- und Ombudsstelle Jugendhilfe (BBO) 94
Beratungsstelle 52, 92
berufliche Bildung 136
berufliche Eingliederung 80, 86, 88, 92, 149, 157
berufliche Grundfertigkeiten 158
berufliche Integrationsförderung 15, 159
berufliche Orientierung 32
berufliche Um- oder Neuorientierung 115
berufliches Gymnasium 165
Berufsabschluss 13 f., 26, 45, 48, 50, 150, 181
Berufsalltag 59, 65, 191
Berufsausbildung 7, 14 f., 19–21, 26, 34, 40 f., 43, 45–51, 55, 59–61, 64, 66, 70, 73, 76, 78 f., 83, 87–89, 91, 103, 121, 141, 144–146, 148, 157, 163, 166, 169, 171, 177, 179–182, 184 f., 197, 199 f., 202 f.
Berufsausbildung in außerbetrieblichen Einrichtungen (BaE) 20, 72, 171
Berufsausbildungsbeihilfe 87, 183
Berufsausbildungsvorbereitung 7, 20, 110, 129, 165
Berufsberater*in 129, 145, 192 f., 196 f.
Berufsberatung 98, 111, 143, 174
berufsbezogene und betriebsorientierte Qualifizierung 158
berufsbildende Schule 15, 20, 41, 48, 127, 152, 165–170, 202
Berufsbildungsbericht 75, 158, 160, 167
Berufsbildungsgesetz (BBiG) 13, 42 f., 45, 50, 129, 172–174, 200–202
Berufsbildungsmaßnahme 80, 118
Berufsbildungswerke (BBW) 44, 173, 200, 202
Berufsbiografie 141

berufsbiografische Steuerungskompetenzen 118, 120
Berufseignung 111, 129, 157
Berufseinstiegsbegleiter*innen 145 f.
Berufseinstiegsbegleitung (BerEb) 19, 41, 87, 126, 141, 143–146
Berufsentscheidung 118
Berufserfolg 111
Berufserkundung 143
Berufsfachschule 165–167
Berufsfeld 17, 142, 144, 152, 166, 172, 194
Berufsfixierung 45, 54
Berufsförderung 83
Berufsgrundbildung 72, 165–167
Berufsgrundbildungsjahr 166 f.
Berufsgruppen 20, 40, 48, 52, 126 f., 131, 146, 150, 171, 174
Berufsinformationszentrum der Agentur für Arbeit (BIZ) 143
Berufsinteressen 30
Berufskolleg 165
Berufsorientierung 7, 18, 41, 83, 87, 103, 106, 110 f., 113, 117–120, 141–146, 152, 158, 162 f., 194
Berufsorientierungsjahr 167
Berufsorientierungsprogramm (BOP) 143
Berufspädagogik 15, 148
Berufsplan 169
Berufsprinzip 13, 70
Berufsschule 7, 14 f., 42, 49, 165, 172–175, 181–183
Berufsschulpflicht 166 f.
Berufsschulunterricht 48, 160
Berufstätigkeit 111, 117 f., 180
Berufsumfeld 153
Berufsvorbereitende Bildungsmaßnahmen (BvB Pro) 149
Berufsvorbereitende Bildungsmaßnahmen der Agentur für Arbeit (BvB) 20, 29, 72, 112, 126, 128 f., 156–161, 183
Berufsvorbereitung 41, 66, 87 f., 149, 156, 165 f., 168, 201
Berufsvorbereitungsjahr 71, 82, 166 f.
Berufsvorstellung 185
Berufswahl 7, 74, 110–112, 118, 142–145, 152, 157 f., 169, 194
Berufswahlentscheidung 14
Berufsweg 120, 201
Berufswegeplanung 151
Berufswunsch 28, 50, 62, 111, 137

Beschäftigungsfähigkeit 47, 49, 58, 87, 123, 154
Beschäftigungsrisiken 176
Beschäftigungssystem 153
Beschäftigungsverhältnis 14, 61, 157 f., 162
Beschwerdemanagement 193
Beteiligung 58, 93 f., 150, 192
Betreuung 71, 74, 83, 87, 119, 143, 174, 183
Betrieb 7, 14, 40, 42, 48, 72, 143, 152, 160 f., 163, 166, 173, 175 f., 179–181, 195, 202
betriebliche Berufsausbildung 20, 43, 88, 160, 179–182, 184
betriebliche Einstiegsqualifizierung (EQ) 20, 157, 159–161, 180
betriebliche Rollenanforderungen 152
betrieblicher Ausbildungsplatz 14, 20, 39–42, 44, 71, 85, 171
Betriebspraktikum 31, 33, 162
betriebswirtschaftliche Instrumente 103, 106
Bewerbungstraining 48, 135–137, 162 f., 169, 175
Bewertungsmatrix 127
Bezahlung 106
Beziehungsarbeit 130, 150, 177
Beziehungskultur 151
Bildungs- und Erziehungsauftrag 152
Bildungsabschluss 26
Bildungschancen 94
Bildungseinrichtung 40 f., 47, 49, 51, 61, 96 f., 99 f., 102–108, 112 f., 126 f., 143, 152, 172 f., 175–177, 180 f., 190, 197, 202
Bildungserfolg 27
Bildungsgang 71 f., 165–167, 201
Bildungsgerechtigkeit 202 f.
Bildungshaushalt 149
Bildungskette 143
Bildungslandschaft 149, 183
Bildungspolitik 44 f., 50, 70, 96, 156, 158
Bildungsprozess 48–50, 115, 121, 174, 180
Bildungssystem 113, 121, 153, 169, 200 f.
Bildungsträger 18, 41, 98, 116 f., 127 f., 130, 143, 181, 183, 192
Biografisches Ressourceninterview 132
Budget 130
Bundes- und Teilhabepaket 168

Bundesagentur für Arbeit 51, 72, 79 f.,
   84, 87, 91, 94, 98, 100, 103, 106, 108,
   112, 128, 135, 143, 145, 156–161,
   171 f., 174 f., 180–183, 185, 193
Bundesfreiwilligendienst (BFD) 130
Bundesministerium für Bildung und Forschung 72, 143, 180
Bürgerpflicht 16

## C

Career Management Skills 118
Case-Management 184
Coaching 115, 184
Cooling-Out 30, 34, 50, 191

## D

Defizit 21, 33, 44, 46, 63 f., 72, 129, 137, 151, 154, 180
De-Kategorisierungsthese 201–203
demografischer Wandel 16
De-Separierungsthese 201 f.
Deutungsmuster 17, 23, 25
Dezentralisierung/Regionalisierung 58, 66
Diagnostik 114, 131, 133 f., 201
diagnostische Verfahren 124, 131 f., 136
dialogische Aushandlung 34, 192
dialogisches Arbeitsbündnis 31
Dienstleister 102, 184
Dienstleistungsbereich 150, 152
Dienstleistungsprinzip 184
Diskriminierung 94, 200 f.
Disziplinarmittel 190
Disziplinierung 169
Dokumentation 131, 144, 151, 175, 195
Dokumentationsarbeit 131
Dokumentationspflicht 195
Dokumentationssoftware 49, 65, 131, 133 f., 195
duale Berufsausbildung 7, 13–15, 17, 21, 29, 39–44, 52, 70–72, 75 f., 165, 171, 180, 199–203
duales System 70, 172

## E

Effektivität 17, 23 f., 105, 113
Effizienz 24
Eigenverantwortlichkeit 78, 90 f., 191
Eigenverantwortung 18, 33, 90 f., 136
Eignungsanalyse 112, 158

Eignungsfeststellung 132, 194
Eignungsmerkmale 111
eingetragener Verein 99 f.
Eingliederung 80, 83, 86 f., 91, 128 f., 159, 175
Eingliederungshilfe 18, 78 f., 88–90
Eingliederungsleistung 84, 87, 91
Eingliederungsquote 25, 158–160
Eingliederungsvereinbarung 28
Einmündung 28, 32–34, 157 f., 163, 183
Einmündungsquote 160, 162
Einsparungspotenzial 102
Einstiegsqualifizierung 156, 159
Einstiegsvoraussetzungen 42
Einzelfallhilfe 48, 170
Eltern 29, 48, 59, 70, 144, 169
emanzipatorisch 24, 63, 78, 190
Entscheidungsrechte 101, 192
Entwicklungsbegleitung 128
Entwicklungsförderung 113
Entwicklungsplanung 151
Ergebnis- und Prozessorientierung 129
Ergebniskontrolle 131, 134
erhöhter Unterstützungsbedarf 78, 81–84, 90, 92
Ertragsorientierung 101, 106 f.
Erwerbsarbeit 7, 13–16, 19 f., 23, 25 f., 28 f., 31–33, 41, 45–47, 49–51, 55, 59–61, 64, 69–71, 74, 79 f., 91, 103, 128 f., 134, 148, 153 f., 156, 162 f., 169, 176, 190
Erwerbsarbeitsfähigkeit 15 f.
Erwerbsarbeitsorientierung 27, 103, 106
Erwerbslosigkeit 16, 28, 59, 190
erzieherische Hilfen 79
ethnische Herkunft 75, 203
Etikettierung 29, 46, 129
Europäische Sozialfonds (ESF) 45, 143, 149, 168, 184
Evaluation 117, 146
Existenzgefährdung 91
Exklusion 177
Expertenherrschaft 57, 64

## F

Fachkräftenachwuchs 71 f.
fachliche Freiräume 7, 16, 21, 50, 52, 61, 108, 146, 185, 189–191, 197
Fachlichkeit 7, 16 f., 21, 39, 48, 50, 52, 54 f., 61, 84, 89, 189–191, 196 f.
Fachoberschule 165

Fachpersonal 117
Fähigkeitsprofil 111 f.
Fallmanager*innen 129, 192 f.
Fehlverhalten 28, 47, 93
Feldkenntnisse 31 f.
Finanzierung 97, 101, 103, 143, 168, 183–185
Finanzierungsregelung 66
Flexibilisierung 107, 185
flexible Zielplanung 134 f.
Föderalismus 165, 185
Förderdiagnostik 116, 131 f.
Förderdschungel 16, 18 f., 23, 26, 40, 46, 141, 156
Förderempfehlung 117
Förderinstrumente 129, 141
Fördern und Fordern 16, 28, 47, 91
Förderplan 131, 133, 194
Förderplangespräch 131, 134
Förderplanung 19, 123, 135, 195
Förderungsbedürftigkeit 19, 87–89, 141, 145, 157
Förderunterricht 172–174, 180, 183, 185
formative Verfahren 113 f., 132
freie Wohlfahrtspflege 18, 96
frei-gemeinnütziger Verein 97
Freiwilliges Ökologisches Jahr (FÖJ) 130
Freiwilliges Soziales Jahr (FSJ) 130
Freiwilligkeit 28 f., 44, 79, 87, 130
Fremdbestimmung 18, 28, 34, 90, 190
Fürsorge 162 f.

## G

ganzheitliche Lebensorientierung 44, 54
Ganzheitlichkeit 46, 48–50, 52, 54, 65 f., 124, 129
Geflüchtete 66, 97, 185
gelingender Alltag 15, 21, 62 f., 65, 189 f.
gemeinnützige GmbH (gGmbH) 98 f., 101, 104
gemeinnütziger Verein 101, 104
Gemeinwohl 103
Gender Mainstreaming 127
Geschäftsführung 101, 104, 106
Geschlecht 29, 75, 133, 200
Geschlechterrollen 61
geschlechtsrollenkonform 142
geschlechtsspezifische Angebote 169
gesetzlicher Alleinstellungsauftrag 47, 90
Gewerkschaften 51, 98

Gewinnstreben 102
Gleichberechtigung 199
Globalisierung 58
Globalisierungsprozesse 60
GmbH 98, 100 f., 104
Grenzen 20 f., 40, 49, 55, 64, 84, 96, 127, 151, 171, 175 f., 189–191, 196
Grundsicherung 17, 40, 45 f., 74, 84, 90, 181, 184
Gruppenangebote 48
Gruppenarbeit 48, 83, 162

## H

Haftentlassung 173
Handlungs- und Strukturmaxime 18, 21, 54, 56, 65–67, 184, 189, 191
Handwerksordnung (HwO) 129, 172–174
Hartz IV 17, 27, 88
Hartz-Gesetze 16, 40, 46, 55, 124, 126
Hartz-IV-Reform 88
Hauptschulabschluss 29, 82, 130, 167, 182
Heterogenität 117, 151
Hilfe und Kontrolle 59–61
Hilfebedarfsverfahren 94
Hilfebedürftigkeit 28, 63, 91
Hilfebegriff 91
Hilfeplanverfahren 86, 94
Hilfsarbeit 137
Historie 18, 54, 57, 69 f., 180
homo oeconomicus 111
Humankapital 154

## I

Identität 13, 26, 50, 62, 76, 201
Individualisierung 44, 72, 75–77, 151
Individualisierung von Lebensverhältnissen 58
Individualisierungsprozess 60
individuelle Beeinträchtigung 41, 43, 72, 75 f., 78, 80–82, 90, 92, 143, 160, 172
individuelle Förderplanung 124, 127, 131, 134, 145, 175, 181
individuelle Unterstützung 30–32, 174
individueller Förderbedarf 112, 158
Inklusion 21, 52, 66, 93, 184 f., 197, 199–203
Institutional Selves 64
institutioneller Widerspruch 42 f., 72

Integration 26, 45, 54, 66, 69, 82, 89, 92, 128 f., 146, 154, 156, 173, 175, 184, 189
Integration in Erwerbsarbeit 45, 189
integrativer Ansatz 174, 177
Interessenvertreter*in 193
interkulturelle Kompetenzen 127

**J**

Jobcenter 15 f., 28, 46–48, 51, 61, 79, 84, 87, 90 f., 94, 98, 129, 161, 169, 172, 175, 181
Jugendamt 20, 46, 51 f., 78–80, 84, 89–94, 98, 168 f., 171 f., 175
Jugendausbildungs- und Jugendarbeitslosigkeit 14, 39, 44, 71, 156
Jugendbericht 56, 58 f.
Jugendberufsagentur 93
Jugendhilfe 17, 39, 52, 56, 78–80, 83 f., 87–90, 92–94, 96, 98, 136, 143, 149, 157, 170, 180, 185
Jugendhilfeausschuss 52
Jugendhilfeförderung 92
Jugendhilfeplanung 168
Jugendhilferecht 18, 78 f., 86, 93
jugendhilferechtliche Gewährleistungen 92
Jugendhilfeträger 15, 80 f., 84
Jugendpolitik 39, 45 f., 56, 156
Jugendsozialarbeit 18, 78–80, 83–85, 88–91, 93 f., 98
Jugendverbände 79, 97
Jugendwerkstatt 20, 41, 157, 171
Jugendwohlfahrtsgesetz (JWG) 56, 89
Justizvollzuganstalt (JVA) 173

**K**

Kammern 15, 51, 160 f., 174, 193
Kann-Leistung 84
Kapitalismus 58, 69
Kategorisierung 76
Kennzahlen 106
Kinder- und Jugendeinrichtungen 52
Kinder- und Jugendhilfe 7, 45 f., 56
Kinder- und Jugendhilfegesetz (KJHG) 56, 58, 88, 96
klassifikatorisches Diagnostikmodell 132
Kognitivismus 119
Kollegiale Beratung 197
kommunale Träger 98, 168
Kommunalverwaltung 168

Kommunikationsfähigkeit 73, 127, 136
Kompetenz 19, 110, 112–117, 120, 145, 148, 151, 154, 157, 173
Kompetenzansatz 18, 110–112, 116 f., 132 f., 151, 153
Kompetenzenbilanz 115, 194
Kompetenzentwicklung 114, 129, 150 f., 154, 183
Kompetenzfeststellung (KFS) 18, 110–114, 116 f., 132, 144, 151
Kompetenzfeststellungsverfahren 64, 119, 143
Kompetenzförderung 128 f., 137
Kompetenzmerkmal 117, 133
Kompetenzmodell 114, 116
kompetenzorientierte Laufbahnberatung 115
Kompetenzprofil 114, 118, 144
Konflikt 15, 40, 47 f., 131, 133, 169, 176, 192 f.
Konfliktfähigkeit 74, 127, 136
Konkurrenz 27, 88, 102, 104, 152
Konstruktivismus 119
Kontrollauftrag 59
Kontrolle 99, 175
Kooperation 15, 92, 151 f., 170, 173, 196
Kooperationsauftrag 79
Kooperationsbetrieb 173–175
Kooperationsbeziehung 51 f., 152
Kooperationspartner*innen 51
Kosten 28, 49, 84, 102, 106 f., 130, 190
Kostenträger 123 f., 153, 190, 195
Krankenhilfe 80
Krisen- und Konfliktbewältigung 135, 169, 174
Kriterienkatalog zur Ausbildungsreife 72–74, 133
Kritikfähigkeit 74, 136
Kritischer Bildungsbegriff 153
Kund*innen 19, 148 f., 152
Kündigung 142

**L**

Langzeitpraktikum 159, 161, 163
Laufbahnentwicklung 110, 118 f.
Lebensbedingungen 62, 94, 196
Lebensbewältigung 63
Lebensbewältigungskompetenz 151
Lebenschancen 76
Lebensentwurf 13, 15, 26, 41, 55, 154
Lebensführungskompetenzen 48, 166

Lebenslage 81, 185
Lebensplan 62, 169
lebenspraktische Fertigkeiten 127
Lebensraum 59
Lebenssituation 34, 180, 185
Lebensunterhalt 28, 69, 91
Lebensverhältnisse 57 f., 62, 201
Lebensweltbezug 48 f.
lebensweltlich 60, 128, 181, 196
Lebensweltorientierte Soziale Arbeit 7, 17, 50, 54–59, 61, 64–67, 99, 108, 125, 154, 168, 184, 191, 203
Lebensweltorientierung 7, 15–17, 19–21, 47, 50, 52, 54–58, 60, 63–65, 123 f., 126–130, 132, 137, 161, 163, 165, 168, 170, 174, 177, 179, 189–192, 196 f.
Lebensweltverständnis 59 f., 63
Lebenswirklichkeit 27, 34, 117
Lebenswünsche 47
Lehr- und Ausbildungspläne 50, 169
Lehrer*innen 15, 17, 39 f., 47–50, 119, 143, 145, 150, 168 f., 183, 196
Leistungs- und Verhaltensbeurteilung (LuV) 61, 131, 135, 137, 175, 194
Leistungsanbieter 102
Leistungsangebot 18, 78, 128
Leistungsanspruch 91
Leistungsbedarf 86, 94
Leistungsberichte 131, 135
Leistungsbeschreibung 102, 123, 126–128, 130, 133 f., 137, 180, 196
Leistungserbringer 97, 99 f.
Leistungserbringung 84, 94, 126
Leistungsgegenstand 80
Leistungskatalog 92, 193
Leistungskonkurrenz 86, 89–92
Leistungskürzungen 16, 47
Leistungsträger 92
Leitungskräfte 106 f.
Leitungsstrukturen 106
Lernalltag 149, 153
Lernbeeinträchtigung 159, 172, 182
Lernbiografie 151
Lernort 5, 48 f., 152, 175 f., 202 f.
Lerntheorie 118 f.
Lernumgebung 152
Life/Work-Planning 114, 119 f.
lokale (kleine) Vereine 98

**M**

Management 107

Männer- und Frauenberufe 142
Markt 102, 180
Marktmechanismen 103
Marktorientierung 149, 153
Marktwirtschaft 7, 42, 72, 76, 99, 102 f., 108, 200 f.
marktwirtschaftliche Prinzipien 14
marktwirtschaftliche Steuerung 42 f., 99
Maßnahmeabwicklung 175
Maßnahmeerfolg 181
Maßnahmen 7, 14, 16–19, 21, 23, 25–31, 34, 39, 41, 45–49, 51, 55, 61, 70 f., 75 f., 80, 82 f., 85, 87, 97 f., 102 f., 106, 108, 110 f., 113, 116, 123, 127, 129–137, 145 f., 149, 151, 156 f., 159, 161–163, 166, 172, 174, 176 f., 180 f., 184 f., 189–194, 196, 199, 202
Maßnahmenabbrüche 61, 66
Maßnahmenformen 172 f.
Maßnahmenkarriere 28
Matching 111 f., 117, 185
Mediationsverfahren 193
Menschen mit Behinderungen 41 f., 44–46, 157, 159, 173, 182, 185, 199–201
Menschenbild 117, 151
Menschenwürde 94
Methode 19, 83, 115 f., 123 f., 126, 129–132, 134–137
Methoden 64, 90, 118, 123–126, 128, 130 f., 137, 151, 161, 169, 197
methodische Kompetenzen 127, 133
Migrationshintergrund 14, 41, 128, 167
Mindestanforderungen 126
Mitbestimmung 31, 34, 58, 154, 192 f.
Modularisierung 202
multidisziplinäre Teams 47
multiprofessionelle Arbeit 173 f.

**N**

Nachrang 84, 86, 89, 92
Neokorporatismus 99
Neoliberalismus 58
Netzwerk 31 f., 120, 170
Netzwerkarbeit 17, 39 f., 51, 131
Neuorganisation 197, 199
Normalarbeitsverhältnis 30
Normalbiografie 29, 42, 44, 54, 79, 189
Normalisierungsauftrag 59, 176
Normalität 189
Normalitätsprinzip 184
Normalitätsverhältnis 29

Normalsystem 29
Normalvorstellung 59 f.
normativer Anforderungskatalog 117
Normativität 62
Nutzen 25, 29 f., 32–34, 60, 118, 163
nutzenfördernde Aspekte 23 f., 30–32, 34
Nutzenlimitierung 23 f., 30, 32–34
Nutzer\*innen 21, 23–26, 28, 30–34, 126, 130, 189, 191–196
Nutzer\*innenforschung 24–26

## O

Ökonomisierung 18, 96, 101, 104, 106, 108, 176
Ombudsstellen 192
Organisation 96, 103–107, 111, 124, 128, 176, 189
Organisationskultur 52, 104 f.
Organisationstypus 105
Organisationsvariante 168
Orientierungs- und Beratungsmaßnahmen 118
Orientierungsdilemma 15, 17, 44, 55

## P

Pädagogisierung 33, 44, 72, 76 f.
Paradigmenwechsel 118, 184
Parteilichkeit 176 f.
Partizipation 21, 24, 56, 58, 66, 77, 163, 189–194, 203
Passung 27, 64, 111 f., 186
Passungsproblem 19, 141 f., 145
Paternalismuskritik 62
Personal 13, 44, 126, 145, 150, 192, 196
Personalauswahl 104
Personalentwicklung 104
Personalentwicklungsgespräch 115
Personalrekrutierung 106 f.
Personalschlüssel 145, 168, 182
persönliche Kompetenzen 127
Persönlichkeitsentwicklung 15, 23, 46, 129, 152, 154, 181
Persönlichkeitsförderung 18
Persönlichkeitsmerkmale 111
Perspektivlosigkeit 173
Pflichtverletzung 91
Planned-Happenstance 118 f.
Pluralisierung der Lernorte 202
Pluralisierung von Lebenslagen 58
Potenzial 116, 184

Potenzialanalyse 116, 132, 143–145, 194
Praktikum 32, 151 f., 159 f., 163, 166, 196
Praktikumsbetrieb 32 f., 51, 169, 175
Praktikumsplatz 48, 51
Praktikumsvergütung 160
Prävention 65, 174
präventiver Handlungsansatz 19, 141 f.
Praxis der Kompetenzfeststellung 116
Preiswettbewerb 176
prekär 14, 27 f., 137, 158
Prekarisierung 107 f.
Produktion 149, 153
Produktionsprozess 148 f., 152 f.
Produktionsschule 19, 49, 148–154
Professionalität 17, 19, 21, 50, 55, 117, 123–125, 127 f., 137, 144, 189–191, 197
Pseudokonkretheit 63
psychische Erkrankungen 41
psychosoziale Betreuung 87, 91

## Q

Qualifizierungsebene 158
Qualifizierungsergebnisse 159
Qualifizierungsmaßnahmen 113, 159
Qualifizierungsplan 112
Qualifizierungsplanung 117
Qualität 23 f., 65, 102 f., 121, 137
qualitative Sozialforschung 25
Qualitätskriterien 113
Qualitätssicherung 192
Qualitätsstandard 117
quantitative Sozialforschung 114
Quasi-Markt 102

## R

Rationalität 105, 135
Rechtsanspruch 80 f., 86, 88, 157
Rechtsfolge 83 f., 86, 89
Rechtsform 99–101, 106
Rechtskreis 75, 93 f., 96, 104, 108, 146, 193, 203
Rechtsverpflichtung 81, 88
Reflexion 65 f., 108, 114 f.
Reflexionsraum 191
Reformvorschläge 21, 199 f., 203
Regelschule 199
regionale Einbindung 152

Regionale Einkaufszentren (REZ)  102, 108, 127 f.
Rehabilitation  46, 173
Rehabilitationsspezifische Berufsausbildung (BaE-Reha)  173
Reichtum  58
rekonstruktives Diagnostikmodell  132 f.
Resilienz  151
Ressource  32, 34, 59, 63, 76, 116, 151, 170, 194, 197

S

Sachziel  100, 106
Sanktion  18, 28, 47, 52, 61, 90 f., 93, 191, 195
Sanktionierung  90, 93, 175
Sanktionspraxis  40, 47
Sanktionsregel  191, 193
Schein-Partizipation  193
Schlichtungsverfahren  193
Schlüsselqualifikationen  116, 127–129, 158
Schnittstelle  61, 80, 93, 131, 174
Schulabgangszahlen  181
Schulabschluss  14, 27, 29, 41 f., 75, 82, 144–146, 159 f., 166 f., 182, 201
Schule  7, 14, 19 f., 26–28, 40, 59, 70, 74, 80 f., 83, 121, 136 f., 141, 143–146, 148 f., 152 f., 166–170, 177, 180, 195, 202
Schulentwicklungsplanung  168
Schulgesetze  96, 160, 165
schulische Berufsausbildung  29, 41, 165
Schulpraktika  143
Schulprofil  170
Schulsozialarbeit  20, 41, 79, 83, 92, 143, 165–170
Schulsozialarbeiter*innen  20, 145, 165–170
Schulverwaltung  80
Schulverwaltungsämter  168
Schulwerkstätten  49, 168 f.
Selbst- und Fremdwahrnehmung  136
Selbstbestimmung  15, 24, 27, 34, 47, 61, 63, 77, 90, 94, 99, 126, 130, 153 f., 190–195
Selbstbild  29, 127, 136 f.
Selbstvermittlungscoaching  119
Selbstverständnis  13, 17, 19, 40, 50, 52, 54, 97, 129 f., 132, 144, 148, 190 f., 196

Selbstvertretung  193
Selbstverwirklichung  78
Selbstwertgefühl  27, 115, 120
Selbstwirksamkeit  152, 163
Selektivität  153
SGB II  16–18, 28, 40, 45–47, 49, 51 f., 55, 57, 61, 64, 74 f., 78 f., 84–93, 96, 102, 123, 126, 128, 149, 156, 161, 168, 172, 181 f., 185, 189, 191, 193, 196
SGB III  18, 45 f., 49, 51, 57, 61, 64, 72, 78 f., 84–93, 96, 102, 123, 126, 128, 141, 143–146, 149, 156–159, 172 f., 180, 182 f., 185, 189, 193, 196
SGB VIII  7, 18, 45 f., 51, 56, 58, 78–90, 92 f., 96, 102, 156, 172, 185, 189, 196
SGB IX  45 f., 51, 156
SGB XII  84, 93, 102
§ 13 SGB VIII  18, 78–83, 87–93, 143, 145, 157, 168, 172, 196
solidarische Bürgerleistung  99
solidarische Hilfe  99
Sonderberufsschule  41, 173, 200, 202
Sondermaßnahme  201 f.
sonderpädagogisch  48, 203
Sondersanktionierung  93
Sonderschule  201
Sozialamt  46, 51, 79, 94, 98
soziale Benachteiligung  18, 27, 41, 43, 62, 71, 75 f., 78, 81 f., 88–90, 92, 143, 159, 172, 182
soziale Daseinsvorsorge  99, 102
soziale Dienstleistungen  40, 106
soziale Dienstleistungsangebote  66, 170
soziale Gerechtigkeit  63, 67
soziale Herkunft  75, 203
soziale Infrastruktur  52, 65
soziale Integration  45, 76, 78–80, 83, 90, 93, 103, 203
soziale Ungleichheit  153
sozialer Aufstieg  27
Sozialgesetzbuch  18, 45, 78
Sozialgesetze  17, 39, 45, 79, 88 f., 102
Sozialisation  50, 82
Sozialkompetenzen  127, 129 f., 136, 158, 194
Sozialleistung  174
Sozialleistungsgesetz  84 f., 87
Sozialleistungsträger  84, 89, 92
Sozialmanagement  104, 106, 108
sozialpädagogisch  15, 17 f., 20, 25, 34, 40, 45, 47 f., 50, 52, 54, 65, 72, 79, 82, 84 f., 89, 91, 123–125, 127 f., 131 f.,

134, 144, 148 f., 154, 171, 173–177, 180–182, 189, 191, 193, 195, 197, 202
sozialpädagogisch begleitete Wohnformen 80, 92
sozialpädagogisch orientierte Berufsausbildung 44, 71, 174, 177
sozialpädagogische Begleitung 7, 14, 20, 40, 47 f., 72, 80, 83–85, 129, 141, 158–160, 171, 174, 177, 180 f., 185
sozialpädagogische Beratungs- und Betreuungsangebote 87
sozialpädagogische Diagnosen 82, 132
sozialpädagogische Fachkräfte 7, 15–17, 19, 29, 31 f., 34, 39 f., 44, 47–51, 55, 60–62, 65, 90, 106, 124, 126 f., 130 f., 134 f., 137, 145 f., 150, 162, 166, 171, 174–177, 182 f., 189–192, 194–197
sozialpädagogische Hilfen 78, 80–83, 85, 89, 92, 94
sozialpädagogische Standards 117
sozialpädagogischer Unterstützungsbedarf 84, 93, 126, 172
sozialpädagogischer Unterstützungsbedarf 90
Sozialpolitik 14, 16, 40, 44 f., 49 f., 58, 100 f., 103, 196
sozialpolitische Einmischung 56, 67
sozialpolitischer Auftrag 15, 47, 63
Sozialrecht 45, 78, 91
sozialstaatliche Verpflichtung 91
sozialtechnologisch 19, 58, 125, 137
Sozialtraining 29, 136 f.
Soziologie 60, 114
Spielräume 27 f., 34, 65, 129, 177, 201
Spitzenverbände der Wohlfahrtspflege 98
Sprachförderbedarf 185
staatliche Leistungen 58
Stabilisierung 87 f., 145, 175
Standardisierung 19, 32, 65, 124, 127, 137, 185
Stand-by-Falle 29
Stärken- oder Defizitorientierung 128
statische Zielplanung 134
Stellenfinanzierung 168
Steuerungsfunktion 93
Steuerungslogik 102
Stigmatisierung 46, 76, 201
Strafvollzugsgesetz (StVollzG) 173
strukturierte Offenheit 125, 134
Stützunterricht 48
subjekt- und kompetenzentwickelnde Berufsorientierung 117

Subjektorientierung 116, 151, 174, 191
summative Verfahren 113, 132

T

Tarifrecht 107
Tätigkeitsfeld 14 f., 20, 23, 39, 41, 46 f., 54 f., 58, 113, 124, 141, 190
Teamfähigkeit 74, 127, 136, 151, 157
Teilhabe 13, 15, 26, 34, 45 f., 54, 59, 70, 76, 82, 88, 94, 153, 180, 191, 201
Teilzeitberufsausbildung 202
Teilzeitform 165
Theaterpädagogik 20, 156 f., 161–163
Träger 18, 20, 44, 46, 51 f., 66 f., 80 f., 83–85, 94, 96–100, 102–105, 112 f., 143, 149, 168, 171, 176, 180 f., 184, 189 f., 193, 197
Trägerlandschaft 97, 102
Trägerloyalität 190
Trägertypen 97
‚Trait-and-Factor'-Ansatz 111
Transferwirkung 162

U

Übergang 7, 14, 19 f., 25 f., 40, 49, 61, 70, 74, 83, 111, 129, 134, 141, 144–146, 148 f., 151–154, 159, 162, 173, 175–177, 180, 183
Übergangsbegleitung 129, 146
UN-Behindertenrechtskonvention (UN-BRK) 21, 199, 201
UNESCO 21, 199–202
Ungleichheit 203

V

Verbände 97, 104
Verbetriebswirtschaftlichung 55
Verdrängungswettbewerb 75
Verfahrensrecht 85 f.
Vergabe 102–104, 129
Vergabepraxis 50, 108, 181
Vergabeverfahren 102
Vergemeinschaftungsprozesse 162
Verhaltenstraining 19, 123, 125, 129, 135, 137, 174
Verhältnisprävention 65
Vermittlung 23, 33, 48, 50, 61, 64, 74 f., 87, 89–91, 103, 105 f., 111, 113, 128, 149, 159, 162, 175, 177, 181

Vermittlungsauftrag 55
Vermittlungsdruck 19, 28, 137, 176
Vermittlungserfolg 49, 103, 159
Vermittlungshemmnis 87, 128, 133
Vermittlungsquote 51, 55, 64, 129, 134 f., 154
Vernetzung 52, 58, 66, 127, 152, 175, 196
Verständigungsraum 191
Vertragsstrafen 128
Verwaltungsakt 28
Verwissenschaftlichung 57
Verzahnte Ausbildung mit Berufsbildungswerken (VAmB) 173
Vollausbildung 72
Vollzeitform 165
vollzeitschulische Berufsausbildungen 180, 185
Vorrang 79, 83 f., 86, 89–93, 102
Vorrang-/Nachrangregelungen 46 f., 79, 83 f., 86, 89

## W

Wandel des Sozialstaats 96
Welfare-Ansatz 91
Werkstatt 48, 150, 152, 166, 196
Werkstatt- oder Produktionsschulpädagog*innen 150
Wertorientierung 106, 114
Wettbewerb 14, 58, 82, 128
Wirksamkeit 25, 136

Wirkung 25, 102, 153, 160
Wirkungsforschung 24 f.
Wirkungsorientierung 106
Wirtschaftsfaktor 101 f.
Wirtschaftswachstum 71
Wohlfahrtspflege 18, 24, 96, 99, 101 f., 104, 108
Wohlfahrtsverbände 97, 99
Workfare-Ansatz 91

## Z

Zeit 32, 46, 59 f., 73 f., 86, 113, 126, 156, 163, 166, 169, 173, 176, 181
Zeitarbeit 137
Zeiträume 32, 160, 172
Zertifikat 160
Zertifizierung 160 f.
Zielgruppe 19, 45, 76, 80 f., 83, 85, 90, 96, 99, 105, 126 f., 129, 136, 141, 143, 145, 172, 182
Zielgruppenbeschreibung 172, 180
Zielplanung 131, 134
Zielvereinbarung 124, 134 f., 145, 195
Zugangsvoraussetzungen 33, 41–43, 65, 72, 201
Zukunftsperspektive 59
Zuweisung 27 f., 84, 87, 128, 153, 176
Zuweisungsprozess 28
Zuwendung 102–104
Zuwendungsrecht 102
Zwang 16, 28 f., 103
Zwangskontext 28, 31

# Angaben zu den Autor*innen und Herausgeber*innen

**Birgit Beierling,** Deutscher Paritätischer Wohlfahrtsverband, Gesamtverband e. V., Oranienburger Str. 13–14, 10178 Berlin, Tel.: 030/24636-408, E-Mail: jsa@paritaet.org.

**Dr. Ruth Enggruber,** Professorin für Erziehungswissenschaften, insbesondere Sozial- und Berufspädagogik, Hochschule Düsseldorf, Fachbereich Sozial- und Kulturwissenschaften, Tel.: 0211/4351-3316, E-Mail: ruth.enggruber@hs-duesseldorf.de.

**Michael Fehlau,** M. A., wissenschaftlicher Mitarbeiter, Hochschule Düsseldorf, Fachbereich Sozial- und Kulturwissenschaften, Tel.: 0211/4351-3077, E-Mail: michael.fehlau@hs-duesseldorf.de.

**Dr. Cortina Gentner,** Fachreferentin Übergang Schule Beruf, insbesondere Produktionsschulen, Hamburger Institut für Berufliche Bildung (HIBB), Tel.: 040/42863-3878, E-Mail: cortina.gentner@bsb.hamburg.de.

**Katja Jepkens,** M. A., wissenschaftliche Mitarbeiterin, Hochschule Düsseldorf, Fachbereich Sozial- und Kulturwissenschaften, Tel.: 0211/4351-3336, E-Mail: katja.jepkens@hs-duesseldorf.de.

**Ralf Nuglisch,** Deutscher Paritätischer Wohlfahrtsverband, Landesverband Baden-Württemberg e. V., Hauptstr. 28, 70563 Stuttgart, Tel.: 0711/2155-213, E-Mail: nuglisch@paritaet-bw.de.

**Dr. Rüdiger Preißer,** Freiberuflicher Sozialwissenschaftler, Berater und Trainer, Tel.: 0151/14427427, E-Mail: info@ruediger-preisser.de.

**Dr. Peter Schruth,** Professor für Recht in der Sozialen Arbeit, Hochschule Magdeburg-Stendal, Fachbereich Soziale Arbeit, Gesundheit und Medien, Tel.: 0391/8864350, E-Mail: peter.schruth@hs-magdeburg.de.

**Dr. Anne van Rießen,** Gastprofessorin für Soziale Arbeit und ihre Adressat*innen und (Nicht-)Nutzer*innen, Hochschule Düsseldorf, Fachbereich Sozial- und Kulturwissenschaften, Tel.: 0211/4351-3361, E-Mail: anne.van_riessen@hs-duesseldorf.de.

**Lutz Wende,** Mag. Soziologie, selbstständiger Sozialwissenschaftler und Organisationsberater, insbesondere soziale Dienstleistungsorganisationen sowie lokale Integrationsstrategien, Tel.: 0228/35016530, E-Mail: lutz.wende@t-online.de.